LA CRÉANCE

ET LE

DROIT COMMERCIAL

DANS L'ANTIQUITÉ

LEÇONS PROFESSÉES A L'ÉCOLE DU LOUVRE

PAR

E. REVILLOUT

PARIS

ERNEST LEROUX, ÉDITEUR

28, RUE BONAPARTE

—

1897

LA CRÉANCE

ET LE

DROIT COMMERCIAL

DANS L'ANTIQUITÉ

LA CRÉANCE

ET LE

DROIT COMMERCIAL

DANS L'ANTIQUITÉ

LEÇONS PROFESSÉES A L'ÉCOLE DU LOUVRE

PAR

E. REVILLOUT

PARIS

ERNEST LEROUX, ÉDITEUR

28, RUE BONAPARTE

1897

AU GRAND ASSYRIOLOGUE ET BABYLONISANT

AU GRAND JURISTE ET ROMANISANT

QUI AVAIT NOM

DOCTEUR VICTOR REVILLOUT

TÉMOIGNAGE DES REGRETS ÉTERNELS ET DE LA VIVE AFFECTION

DE SON FRÈRE

EUGÈNE REVILLOUT.

AVIS AU LECTEUR

« Ceci est un livre de bonne foi », comme l'a dit notre vieux Montaigne en parlant du sien.

Pas plus que dans Montaigne il ne faut y chercher une méthode stricte, un ordre vraiment régulier, de même qu'il n'y faut pas chercher un *système* proprement dit.

En pareille matière, un système trop absolu nous ferait peur : il ferait trop sacrifier *la bonne foi* à l'idée préconçue. Nous avons voulu seulement donner nos impressions sur les mirages que présente ce terrain, mouvant par excellence, qu'on appelle le droit. Aussi nous serions-nous bien gardé de vouloir, comme c'est la coutume, faire rentrer dans une même série logique les diverses conventions que la *bonne foi (bona fides)* avait créées chez les divers peuples anciens, conventions d'origine et d'esprit aussi divers que possible.

Au fond, quand on veut bien étudier la nature intime des choses, tout le droit antique s'est mu entre deux pôles, dont l'un se trouvait en Égypte et l'autre à Babylone.

Le droit précis, à contours hiératiques, à principes fixes et immuables, est d'origine égyptienne. Le droit conventionnel, basé sur la seule volonté des parties, à formes multiples, est d'origine babylonienne.

1

Toutes les obligations égyptiennes doivent être unilatérales et consenties directement, sans aucun mandat d'aucune sorte, par la partie qui doit en supporter les conséquences.

Les obligations babyloniennes, le plus souvent réciproques et bilatérales, peuvent être prises par le premier venu sous sa propre responsabilité.

S'il s'agit d'une vente, les Égyptiens, considérant la propriété comme une sorte de légitimité, de droit immatériel à la chose, veulent qu'elle soit transférée au moment même de l'aliénation et que, par conséquent, le prix soit alors intégralement payé. Les Babyloniens, au contraire, y voient une convention comme une autre, pouvant se prêter à toutes les combinaisons possibles.

Il en est de même pour tout le reste du code des contrats. Rien de plus dissemblable, sous ce rapport, que l'Égypte et Babylone. Et c'est cependant à ces deux sources que les droits célèbres de la Grèce et de Rome ont pris indifféremment. A l'Égypte, les Quirites empruntèrent d'abord leur droit civil primitif; à Babylone, leur droit prétorien et commercial.

Mais, que de confusions, que d'erreurs, que d'appropriations maladroites et de regrettables combinaisons!

Et puis, quel singulier amalgane faisaient souvent ces emprunts mal digérés, quand ils s'appliquaient à un peuple de caractère essentiellement dissemblable de celui des vieux maîtres de notre civilisation!

Le droit égyptien était toute une philosophie, très élevée, très large d'allure, très immatérielle dans son point de départ : et les premiers fondateurs de la ville éternelle qui le copièrent servilement formaient bien la horde la plus barbare, la plus matérielle pour ainsi dire, dans ses conceptions, de tous les peuples d'alors.

De leur côté, les Babyloniens étaient les hommes

d'affaires les plus rusés, les plus retors, et les juristes pratiques les plus habiles de toute l'antiquité, — à ce point que les Juifs n'ont été pour eux, depuis la Captivité, que de petits commis et de mauvais disciples : — tandis que les vieux Romains ne pouvaient comprendre des opérations commerciales que l'usure, pratiquée par .eurs patriciens de toute antiquité, et considéraient le commerce proprement dit comme une honte pour ces mêmes patriciens se bornant à le faire exercer à leur profit par des esclaves.

Et encore cette idée du pécule personnifié et vivant de sa vie propre entre les mains d'un esclave gérant, d'où est sorti notre droit commercial [1], est-elle toute babylonienne d'origine, — on le verra dans ce livre même.

Bien mettre en lumière le caractère des deux grands peuples à qui tout le droit romain (et par suite le nôtre) a été emprunté, en partie par les décemvirs, en partie par les préteurs pérégrins et urbains, en partie par les jurisconsultes phéniciens de l'époque des seconds Antonins, et finalement enfin par les Césars qui succédèrent au révolutionnaire Constantin; rendre à chacun de ces deux peuples ce qui lui appartient dans nos origines sans craindre les heurts et les contrastes, — tel a été le but de l'ouvrage actuel, qui fait directement suite, sous ce rapport, à notre volume précédent sur les obligations. Je dis : qu'il fait directement suite. En effet, c'est non seulement par la doctrine, mais par la consécution de nos cours publics.

Ces cours doivent ramener tous les trois ans : 1° l'état

---

1. Cette idée avait été développée aussi pour l'histoire juridique de Rome même par mon frère Victor dans ses travaux sur « la profession médicale chez les Romains », dont le début remonte à 1865. — On pourra d'ailleurs lire avec fruit, en ce qui concerne le « *servus vicarius* », un travail que vient d'écrire mon ami le professeur Erman de Lausanne, — bien des années après le cours que je publie ici.

des personnes ; 2° l'état des biens ; 3° les obligations et actions. Mais cette troisième partie est de beaucoup la plus riche et j'ai dû souvent, par nécessité, en diviser le cadre. Le plus habituellement, c'est sur les obligations que je me suis le plus appesanti. On peut le constater dans mon livre qui porte ce titre [1], et dans le livre actuel.

La première partie de celui-ci renferme le cours professé trois ans après celui qui a été imprimé. Je l'ai consacré surtout à la créance et au droit commercial tant en Égypte qu'en Chaldée.

La seconde partie est extraite d'un cours de trois ans encore postérieur (1893-1894). J'avais voulu y bien mettre en lumière le point de vue religieux qui dominait en Égypte tout le droit des obligations. Mais il m'a semblé inutile — pour éviter des doublons avec mes autres volumes — d'en donner au lecteur tout l'ensemble. On n'en trouvera donc ici que cinq leçons : les quatre premières, particulièrement importantes au point de vue des origines; la dernière surtout intéressante au point de vue du formulaire qu'avait eu parallèlement la créance en Égypte, à l'époque classique, dans le droit égyptien proprement dit et dans le droit grec, puis ensuite, à l'époque basse, dans le droit gréco-égyptien, d'où est résulté le droit copte.

La troisième partie est une sorte de supplément à la première. En effet, c'est l'écho des conférences données pour la préparation des élèves aux examens dans la même année que le cours publié dans cette première partie. On y trouvera un questionnaire qui ne sera point

---

1. Ce cours, avait été précédé trois ans auparavant (la seconde année depuis la fondation *officielle* de l'école du Louvre et la troisième depuis le commencement réel de mon enseignement) par un autre cours très abrégé et encore inédit sur les obligations et actions.

inutile pour ceux qui voudront se donner une idée nette des institutions chaldéennes et égyptiennes relatives à la créance.

Enfin, dans un autre volume actuellement sous presse, on trouvera le cours professé trois ans après celui qui est contenu dans la seconde partie, — c'est-à-dire cette année même, — cours exclusivement consacré aux actions civiles et criminelles.

Il ne me reste plus qu'à demander au lecteur une grande indulgence pour ces livres, que j'avais rêvés beaucoup plus complets et bien meilleurs.

Hélas! c'est le propre de l'homme de n'arriver jamais à l'idéal qu'il se propose. Mais c'est déjà quelque chose que de travailler en vue de cet idéal, au lieu de se laisser absorber par le hideux spectacle des convoitises, des jalousies et des injustices contemporaines.

PREMIÈRE PARTIE

PREMIÈRE LEÇON

Trois ans se sont écoulés depuis le jour où nous avons abordé, pour la première fois, avec vous, d'une façon détaillée, l'étude comparative de cette partie du droit que l'on croyait naguère commune dans ses principes à tous les peuples : celle des conventions, des contrats, des obligations.

Nous avons alors déjà montré que, suivant la différence des points de vue où s'étaient placés les législateurs, suivant l'organisation sociale et les mœurs de chaque nation, cette partie du droit avait pu prendre les aspects les plus divers, sans cesser pour autant d'être coordonnée avec méthode et logiquement conçue.

Le droit égyptien, le droit babylonien, le droit grec, bien supérieurs au droit des Quirites, sont devenus les principales sources où puisaient les jurisconsultes de la grande époque. C'est donc là qu'il nous faut chercher les origines de notre droit actuel. Mais, au point de vue historique, il faut avoir soin de conserver à chacun sa physionomie et les grands traits qui lui donnent son caractère.

La caractéristique principale du droit égyptien, c'est la morale qui en est la base. Nous vous avons exposé cette année, dans la leçon d'ouverture du cours de démotique, à propos du grand papyrus que nous y traduisons, ce qu'était cette merveilleuse morale. Elle ne permettait pas d'abuser de la force, de la situation sociale, du pouvoir résultant d'un titre, d'une dignité, d'une magistrature, pour faire tort à quelqu'un, pour violenter les faibles, pour s'enrichir à leurs dépens. Vous voyez, Messieurs, que les premiers principes, si je puis m'exprimer ainsi, étaient diamétralement l'inverse de ceux qui servaient de base à la constitution et au droit du peuple romain, à ces principes développés si longuement par les jurisconsultes de la ville impériale.

A Rome, tout découlait de l'*imperium*, de ce pouvoir sans bornes et sans recours qui, des anciens rois, avait passé aux magistrats de la république et de ceux-ci aux empereurs.

Le droit, c'était le *jus*, c'était l'ordre, c'était l'ensemble des ordres donnés par ceux qui possédaient en mains cette puissance illimitée, cette force sans frein, l'*imperium*.

Voilà la théorie ; et on sait qu'en pratique, quand Rome s'était emparée d'une riche province, elle la livrait au gouvernement d'un proconsul qui s'enrichissait en la grugeant. Qu'on lise les lettres de Cicéron sur son gouvernement d'Asie, sur l'administration d'Appius son prédécesseur, sur les exploiteurs officiels qui réclamaient des troupes afin de pouvoir forcer par la terreur les sénats des villes à leur faire gagner davantage, et l'on apprendra plus sur cette situation des peuples conquis par les Romains qu'en lisant les *Verrines* elles-mêmes : quoiqu'Appius, Brutus et les autres, dont les actions nous sont connues par toute cette correspondance, n'aient jamais été poursuivis, ainsi que Verrès l'avait été.

Si nous quittons les sphères politiques pour entrer dans la vie intime du peuple Quirite, le spectacle est toujours le même : c'est le fort écrasant le faible.

Dans la famille, le pouvoir sans frein prend un autre nom : on ne l'appelle plus l'*imperium*, mais la *potestas*. Les abus n'en sont pas moins grands pour cela.

Le chef de famille exploite sa femme et ses enfants. Il en fait ce qu'il veut. Il s'enrichit par eux. Mais ils ne peuvent en rien l'appauvrir. Étant libres, ils peuvent s'obliger. Mais tant qu'il vit, leurs obligations ne comptent pas; car tous leurs biens, quelle qu'en soit l'origine, sont dans le patrimoine du père de famille : et ils ne peuvent pas diminuer ce patrimoine en payant leurs dettes. Il les livre noxalement, comme il livrerait des esclaves, s'ils ont fait du tort à quelqu'un par un vol ou par quelque autre acte entraînant une réparation pécuniaire : et il ne paie rien.

Le créancier est féroce pour ses débiteurs, comme le père pour ses enfants. Il les attache par des chaînes de fer, dont le poids *minimum* est fixé par la loi et qu'il a le droit d'alourdir. Pour toute nourriture, il leur donne un peu de farine, et, d'après la loi des XII Tables, s'ils ne trouvent pas le moyen de s'acquitter au temps voulu, il en vient en définitive à convoquer un jour ses confrères, les autres créanciers du même, pour que, chacun prenant son couteau, ils se partagent le corps de l'homme : *si plus minusve secuerit ne fraudi esto*, dit la loi. S'il coupe plus ou moins qu'il ne devrait couper pour que le morceau soit proportionnel au montant de sa créance par rapport au total des créances réclamées, qu'on ne lui fasse pas de mauvaise querelle pour ce détail : *ne fraudi esto.*

La faible femme ne jouait pas grand rôle dans cette république de vautours. Et, plus tard même, beaucoup plus tard, sous la dynastie phénicienne, quand, à force d'emprunts aux droits des autres peuples, on avait rendu le droit quirite infiniment moins monstrueux, Papinien observait encore que, dans une multitude d'articles de ce droit spécial, la condition des femmes restait plus mauvaise que celle des hommes : « *In multis juris nostri articulis deterior est conditio feminarum quam masculorum*[1]. » Remarquez bien, Messieurs, ces mots : « de notre droit », *nostri juris*. Papinien, en effet, était de race phénicienne, comme l'empereur Sévère, son ami ; et lui qui brisait si souvent les vieux cadres du droit romain pour se rapprocher des droits orientaux, il n'ignorait pas que la femme avait dans les droits des vieux peuples une situation légale beaucoup moins abaissée.

Dans mon cours de l'année dernière, je vous ai longuement entretenu de la situation de la femme, soit en Égypte,

---

1. Dig., liv. II, tit. IV, loi 9.

soit en Chaldée, et je vous ai fait déjà sentir qu'en ce qui touche notamment le sujet de notre cours de cette année, c'est-à-dire les contrats et les obligations considérés au point de vue actif ou passif, la capacité juridique des femmes était très étendue dans ces deux pays. En Égypte, sous le régime du code de Bocchoris, elle était absolument égale à celle de l'homme. En Chaldée, elle n'était guère moindre, soit en théorie, soit en pratique. En effet, les tablettes babyloniennes nous montrent des femmes, mariées ou non mariées, figurant comme créancières, comme débitrices, comme acheteuses, comme vendeuses, comme cautions.

Cette année, je dois vous ajouter que, dans celles qui ont été nouvellement publiées en texte, nous voyons notamment une mère de famille ne pas se borner à ajouter quelque chose à la dot, comme le fait une grand'mère dont nous vous avons déjà parlé [1] et comme le fait une mère dans une tablette datée de l'an 20 de Nabuchodonosor, mais marier elle-même sa fille, comme l'eut fait un père. C'est à elle que la demande est adressée par le futur. C'est elle qui accueille cette demande, qui accorde sa fille, qui règle les conditions pécuniaires du contrat, qui reçoit, au nom de sa fille, le don nuptial, qui stipule l'amende à payer par le mari pour le cas où il viendrait à prendre une autre femme, ce qui serait un cas de divorce.

Voici les termes de ce contrat, daté de l'an 13 de Nabuchodonosor et rédigé à Babylone :

« Dagililani, fils de Zambubu, (s'adressant) à la femme « Hammaï, fille de Nirgaliddina, de la tribu de Babutu, lui « parla ainsi, à savoir :

« La femme Latubazinni, ta fille, accorde-la moi, pour « qu'elle soit épouse, celle-là.

« La femme Hammaï l'écouta et elle lui donna en mariage « la femme Latubazinni, sa fille.

« Et Dagililani, dans la satisfaction de son cœur, donna à « la femme Hammaï, au nom de la femme Latubazinni, l'es-

---

1. Dans un acte de l'an 40 de Nabuchodonosor.

« clave Belamir, qui est reçu pour une demi mine, et une
« mine et demie d'argent. Le jour où Dagililani prendra
« une seconde femme, lui, Dagililani, il donnera une mine
« d'argent à la femme Latubazinni ; et elle, elle s'en retour-
« nera dans son ancienne résidence. (Cet acte est fait) avec
« l'assistance de Sumaiddina, fils de Kimtumedir, de la
« tribu de Sindamaku. »

J'ai tenu à vous donner la traduction littérale de cette
tablette, non seulement parce qu'elle nous permet de constater la situation relativement favorable de la femme dans la
Chaldée à cette époque, mais parce que c'est bien une des
démonstrations les plus nettes de l'influence des droits antiques les uns sur les autres et de leur pénétration mutuelle,
constituant dans chaque pays une sorte de droit des gens. En
effet, ce contrat de mariage est le premier qui nous offre en
Chaldée deux des clauses fondamentales d'un des principaux
genres des contrats de mariage égyptien : d'une part, le don
nuptial, et, d'une autre part, le dédommagement pécuniaire,
la clause pénale imposée au mari pour le cas où il voudrait
prendre une autre femme, ce qui amènerait le divorce. Il
faut remarquer que si la femme, ou du moins la mère de la
femme est bien de race babylonienne, puisqu'elle joint au
nom de son père le nom de tribu, le mari, au contraire,
n'ayant pas de nom de tribu, est un étranger dans Babylone.
C'est, par excellence, dans les cas semblables, lorsqu'il s'agit
de contractants qui sont de races, et peut-être même de
nationalités différentes, c'est dans ces cas, dis-je, par excellence, que l'on peut voir intervenir une sorte de droit des
gens au lieu du droit propre de la ville.

L'étude comparée des contrats dans le monde ancien nous
amène à la connaissance de certaines règles, aussi générales
autrefois qu'elles le sont restées et le resteront, sur ce que
modifie d'abord l'influence d'un droit des gens dans un pays :
ce qui se trouve atteint, ce n'est jamais le statut personnel,
car le statut personnel fait partie de l'organisation sociale
d'un peuple, de sa manière d'être individuelle, si je puis
m'exprimer ainsi.

Bien que par d'autres côtés cet acte ressemble étrange-
ment à certains contrats de mariage égyptiens, — au plus
commun de tous les genres de contrats de mariage égyptiens
— il s'en écarte en tout ce qui touche soit l'état des personnes, soit la forme extérieure, la tournure générale, les
éléments d'authentification, ou du moins de preuve des contrats. Ce sont là encore aujourd'hui deux des principes fondamentaux du droit international privé. On peut même dire
que ce sont là les seuls principes qui y soient universellement
reconnus. Ils étaient de même universellement reconnus et
on les trouve constamment appliqués chez les peuples les
plus antiques.

En ce qui touche la règle : *locus regit actum,* il n'y a pas
de notaire pour rédiger cet acte à Babylone, comme les
notaires égyptiens rédigeaient les contrats de mariage, parce
que le droit babylonien n'exigeait pas l'intervention de
notaires. Le nouveau mari, celui qui s'oblige, ne parle pas
seul et tout le temps comme il le ferait en Égypte, parce que
ce n'est pas la coutume en Babylonie pour aucun genre
d'actes, parce que les actes babyloniens sont rédigés comme
des conventions bilatérales, au lieu de l'être comme des
obligations unilatérales.

En ce qui touche le statut personnel, la jeune fille ne se
marie pas elle-même, comme elle l'aurait fait en Égypte,
parce que cette indépendance extrême de la jeune fille n'était
pas admise en Chaldée.

La demande est faite à la mère, comme ailleurs elle est
faite au père, exactement dans les mêmes termes, et elle est
accordée de même.

Le statut personnel de la mère de famille lui permettait
donc de donner sa fille en mariage à défaut du père.

Il est vrai que nous voyons ici intervenir à la fin de l'acte,
immédiatement avant la signature des témoins, un homme
qui joue exactement le même rôle que le κύριος dans les
actes grecs. Ce n'est pas un des agnats de la femme ; car celle-
ci est de la tribu de Babutu et le κύριος de la tribu de Sin
Damaqu. Or, s'ils étaient parents par le sang, ils appartien-

draient nécessairement à la même tribu d'origine. Serait-ce le mari actuel d'une femme remariée qui aurait eu d'une autre union la jeune fille dont il s'agit? Cela paraît probable, et, dans ce cas, le mari κυριος interviendrait, dans cet acte de Babylone, du temps de Nabuchodonosor, exactement comme, beaucoup plus tard, après le prostagma de Philopator, le mari égyptien intervenait dans les contrats faits par sa femme. Le prostagma de Philopator s'était inspiré du droit grec; et le droit grec, de son côté, s'était inspiré du droit chaldéen. En effet, en droit chaldéen, nous avons déjà eu plusieurs fois l'occasion d'en faire la remarque à propos d'autres documents, lorsqu'il s'agissait d'actes d'une très grande importance, tels qu'une cession de biens, etc., un membre de la famille intervenait souvent en qualité de κυριος pour assister la femme.

Quand, à défaut de père ou de mère, les frères marient et dotent leurs sœurs à Babylone, comme nous en avons plusieurs exemples dans les tablettes des divers règnes, c'est bien également en qualité de κυριος, et ils agissent alors exactement comme ils le feraient en droit athénien ou en droit gréco-macédonien. Tout le système du κυριος des femmes, en disposant ou les assistant, se trouve donc en germe dans ces tablettes; et celle que nous commentons se rattache à la partie de ce système qui s'est conservée en définitive jusque dans notre droit, celle qui touche l'assistance des femmes par leurs maris les autorisant à titre de maître, de κυριος. Ainsi l'on peut dire que le prostagma de Philopator eut ses origines premières en Chaldée, comme les conventions matrimoniales que nous rencontrons dans cet acte babylonien du temps de Nabuchodonosor, eurent leurs origines en Égypte. Ajoutons que nous avions déjà, dans d'autres contrats de mariage babyloniens ou ninivites, retrouvé également la trace de la plupart des autres espèces de conventions matrimoniales usitées en Égypte. Pensez-vous encore qu'il soit possible de s'enfermer dans un des droits antiques pour l'étudier isolément en croyant faire de l'histoire du droit?

Au fond, vous le voyez, Messieurs, en ce qui touche cette

question de la capacité des femmes, les deux extrémités, les deux pôles du droit se trouvent, d'une part, dans le droit des hordes sauvages et dans la loi des XII Tables, où la femme est toujours soumise, toujours en tutelle à cause de la faiblesse du sexe, *propter imbecillitatem sexus,* et, d'une autre part, dans le code de Bocchoris, où la femme est absolument l'égale de l'homme. Entre ces deux pôles flottent le droit babylonien et les droits grecs, se rapprochant plus, tantôt de l'un, tantôt de l'autre.

Chez les Égyptiens, un acte daté du temps de Darius nous montre une fille jouant le rôle de tutrice par rapport à ses frères plus jeunes, au point d'échanger à la fois leur part et la sienne avec la part d'une autre branche de la famille. En Babylonie, dans la tablette même que nous venons de citer, la mère joue aussi le rôle de tutrice par rapport à sa fille, puisqu'elle conclut en son nom certaines conventions pécuniaires. Nous voyons aussi dans d'autres tablettes chaldéennes la mère, en qualité de tutrice de sa fille, recevant des sommes dont celle-ci se trouvait être créancière en donner quittance.

Or l'idée d'une mère tutrice, que nous avons reçue nous-mêmes dans notre droit, n'a pénétré dans le droit romain de l'époque byzantine, où nous l'avons prise, qu'après plusieurs siècles de luttes entre le droit des gens et le vieux droit quirite. Dans le vieux droit quirite, la mère était toujours sous la tutelle de ses enfants mâles, si petits fussent-ils, eussent-ils deux ans ou moins encore. La faiblesse du sexe était censée dépasser la faiblesse de l'âge.

Quelle que soit la question soulevée par l'examen d'un document nouveau, en pénétrant dans le fond des choses nous en sommes toujours conduit à cette même conclusion : c'est le droit des gens qui l'emporte, en définitive, dans ce droit que les compilations justiniennes nous ont légué sous le nom de droit romain.

Je viens de vous le faire voir à propos d'une tablette babylonienne. Vous allez en juger également à propos des questions soulevées par un plaidoyer grec.

J'ai eu, cette année, la chance incroyable d'acheter pour le
Louvre un papyrus égyptien qui portait à l'extérieur quelques
comptes démotiques, mais où j'avais pu apercevoir en en sou-
levant l'extrémité, — car il était encore roulé, et très friable, —
un passage oratoire inédit sur la bataille de Chéronée et certaines autres indications qui me permettaient de l'assimiler
au célèbre chef-d'œuvre du rival de Démosthène, le grand
patriote Hypéride : le plaidoyer contre Athénogène.

Quand l'habile réparateur du Musée du Louvre, à force de
soins, fut parvenu à le développer — non sans fractures,
car c'était impossible — et quand j'eus remis les fragments
en place, je pus constater avec certitude que j'avais eu raison dans ma première vue et que c'était bien ce trésor inap-
préciable que j'avais entre les mains.

Au point de vue de l'art oratoire, ce plaidoyer était merveilleux.

Au point de vue purement historique, il nous donnait des
renseignements nouveaux sur les événements qui se pro-
duisirent entre la bataille de Chéronée, où Philippe le Macédonien avait écrasé les forces d'Athènes, et les victoires de
la guerre Lamiaque, où les Athéniens, à leur tour, avaient
anéanti l'armée du Macédonien Antipater ; obligeant celui-ci
à s'enfermer dans une ville forte où ils l'assiégeaient.

Au point de vue du droit, il soulève des questions nombreuses, très importantes, que nous ne pourrions toutes développer en ce moment, mais dont nous allons, du moins, vous
indiquer quelques-unes.

Le client d'Hypéride avait acheté d'un commerçant, qui
joua un grand rôle politique, une boutique de parfumerie
gérée par un esclave.

La gestion des boutiques par des esclaves se rattache à
l'histoire du commerce dans l'antiquité, histoire qui devra
nous occuper d'autant plus longuement dans la suite de ce
cours que toutes les règles formulées dans notre code commercial et appliquées aujourd'hui chez nous ne sont que la
suite de ce qui existait chez les plus vieux peuples. Tout ce
que nous pouvons vous dire aujourd'hui, c'est que les Athé-

niens rendaient dans tous les cas les maîtres responsables de la gérance qu'ils avaient confiée à un de leurs gens. Il n'y avait donc pas lieu de distinguer chez eux, comme sous le régime hypocrite qui fonctionna longtemps à Rome, entre le commerce fait par l'esclave au nom du maître et le commerce fait par l'esclave au nom du pécule. Le pécule avait ses origines en Babylonie. Mais les Athéniens s'étaient sur ce point inspirés surtout du droit de l'Égypte. Chez eux, l'esclave gérant était toujours considéré comme le représentant, l'homme d'affaires de son maître, son *ret*, pour nous servir du vieux terme égyptien.

Athénogène donc était vraiment le débiteur des gens auxquels devait Midas, son esclave gérant. Mais, d'après une loi de Solon, la liberté des conventions était tout à fait illimitée en droit athénien. Les clauses arrêtées de bon accord entre les parties étaient souveraines, κυρίαι, en ce qui les touchait. Athénogène avait donc pu, dans son contrat avec le client d'Hypéride, insérer une clause qui mettait à la charge de ce dernier tout le passif du fonds de commerce qu'il lui cédait. C'est encore un point sur lequel nous aurons longuement à revenir en faisant l'histoire du commerce chez les anciens [1]. Les renseignements fournis par notre papyrus nous seront précieux à bien des titres.

Dans la boutique de parfumerie qui était vendue par Athénogène, le passif se décomposait en deux genres de dettes : d'une part, le prix de marchandises qui avaient été livrées à crédit et qui se retrouvaient en nature dans cette boutique ; et, d'une autre part, les avances d'argent, faites à Midas et désignées sous le nom d'ερανα. Hypéride dit que les ερανα dont le vendeur n'avait pas parlé, se montaient à 5 talents, c'est-à-dire à trente mille unités d'argent correspondant de si près en poids de métal fin à notre franc actuel que les Grecs d'aujourd'hui ont nommé le franc drachme, mais qui, en valeur commerciale, représentait bien

---

1. Voir aussi sur toutes ces questions mon *Mémoire sur le discours d'Hypéride contre Athénogène,* publié depuis que cette leçon (à laquelle je ne veux rien changer) a été prononcée.

davantage à cause du bas prix des maisons et de la plupart des autres biens.

Qu'est-ce que c'étaient que ces ερανα qui pouvaient s'ajouter en si grande quantité au passif d'une maison de commerce ? Permettez-moi de m'arrêter quelques instants sur cette question, importante pour l'histoire du droit.

Vous vous rappelez que dans la leçon d'ouverture du cours de démotique, cette année, en vous lisant le papyrus de Pamont, je vous faisais remarquer, dans cette espèce de code de la morale égyptienne, l'esprit de charité qui y domine partout et qui fait mettre dans la bouche du juste, lors du jugement suprême de l'âme, des phrases telles que celles-ci : J'ai donné du pain à celui qui avait faim, de l'eau à celui qui avait soif, des vêtements à celui qui était nu, une barque à celui qui avait perdu la sienne, etc. Ces diverses formes de la charité, ces actes d'amour envers le prochain, se faisaient généralement en Égypte comme des libéralités pures et simples, comme des dons, qui ne comportaient pas de restitution par la suite.

Chez les négociants de la Chaldée, on regardait l'argent comme faisant des petits, comme devant grossir par lui-même, et l'on trouvait tout naturel, quand on était venu au secours du voisin, de voir rentrer son capital après que le voisin en aurait profité. L'acte d'amour n'était donc plus une libéralité : mais un *confiement* simple. L'homme charitable devenait ainsi le créancier de l'homme qu'il aidait. Mais cette créance différait de celle qui résultait d'un prêt proprement dit en ce que cette dernière produisait des intérêts fort élevés (de 20 pour 100 en Chaldée, parfois même, sous les Assyriens, de 30 pour 100 comme en Égypte), tandis que la somme confiée à celui qui en avait besoin, afin de lui rendre service, ne produisait pas d'intérêts.

Je ne puis résister au désir de vous faire comprendre, par un exemple, comment les choses se passaient :

Dans une série d'actes datés de l'an 15 de Nabonid, il s'agit justement d'un esclave chargé de certaines parties des affaires de son maître, — comme l'était l'esclave Midas dans la boutique d'Athénogène : — et nous voyons un prêt d'amitié intervenir dans des circonstances vraiment curieuses.

Cet esclave, nommé Neboiutirru, appartenait au grand banquier Ittimerodach baladu, dont j'ai eu souvent à vous parler. Il était chargé de l'exploitation d'un fonds de terre et, en outre, du recouvrement de certaines créances qui lui étaient confiées pour cela.

Le 14 du mois d'Airu de l'an 15 de Nabonid, il fit ses comptes avec son maître par un acte écrit pour lequel intervinrent trois témoins et un scribe. Dans cet acte le maître Ittimerodach baladu reconnaît avoir reçu, d'une part, les mines d'argent qui constituaient le compte des sommes recouvrées par son esclave depuis le mois de sivan de l'année précédente (c'est-à-dire depuis onze mois), d'une autre part, une mine et demie d'argent que l'esclave Neboiutirru avait rapportée du marché dans le mois Tisrit de cet an 14 (au moment où il avait vendu la part du maître dans les produits de la terre qu'il cultivait). Au total : 5 mines et demie d'argent en capital, dont il avait à rendre compte. Ittimerodach baladu recevait, en outre, de lui, 59 sekels d'argent, représentant le montant d'une créance spéciale qu'il lui avait donnée à recouvrer dans le mois de Tebit. Le maître reconnaissait avoir reçu le tout des mains de son esclave. Puis, après une phrase qu'on retrouve identique dans les règlements de compte entre associés de condition libre : « Ils ont achevé ensemble la faction de leur compte, » on ajoutait : « La redevance personnelle de Neboiutirru et de la « femme Mizatum sa femme, à partir du mois de Tebit de « l'an 14, reste due par lui. »

La femme Mizatum était une esclave d'Ittimerodach baladu qu'il avait accordée pour femme à Neboiutirru lorsqu'il en avait fait son *villicus*. En le mettant dans une situation analogue à celle des serfs du moyen âge, en lui donnant une terre à exploiter lui-même, — sauf à partager les produits avec le maître dans une certaine proportion — Ittimérodach baladu avait imposé à son esclave une capitation analogue à celle que payeront plus tard les serfs. En dehors donc du partage des produits et des comptes qu'il pouvait avoir comme chargé d'affaires spéciales, il avait à payer par mois tant pour lui-même et tant pour sa femme. La dernière clause de l'acte où il rendait ses comptes l'établissait reliquataire à ce point de vue, ce qui l'inquiétait fort, pour sa femme surtout. La capitation devenait, pour ainsi dire, la condition même de leur liberté relative. Elle représentait pour le maître ce qu'il perdait à ne pas les faire travailler dans sa maison.

Neboiutirru n'avait pas entre les mains d'argent disponible. Il y avait déjà cinq mois qu'il était en retard pour la capitation. Quand le sixième mois fut arrivé, il jugea qu'il ne pouvait pas tarder davantage.

Il alla donc trouver un de ses bons amis Nirgal-rizua, esclave qui occupait chez Iddinamarduk une situation analogue à celle qu'il occupait lui-même chez le gendre d'Iddinamarduk, chez Ittimerodach-baladu. Un acte fut dressé entre eux par un scribe de condition libre, devant trois témoins, tous également de condition libre. Cet acte portait :

« 12 sekels d'argent sont la créance de Nirgal-rizua « esclave d'Iddinamarduk, sur l'esclave Neboiutirru. Celui- « ci rendra cette somme le 8 du mois de Tisrit. L'argent est « la redevance de la femme Mizatum, esclave d'Ittimerodach- « baladu, redevance qu'il a versée à Ittimerodach baladu, « son maître. »

Ainsi aucun intérêt n'était stipulé pour ce prêt d'amitié fait entre deux esclaves. La date du remboursement est le mois de Tisrit, c'est-à-dire la date du marché annuel où le *villicus* allait porter les produits de sa terre ; nous le savons par l'acte précédent, par le réglement de compte entre lui et son maître.

Entre le prêt et le remboursement il s'écoulera plus de quatre mois. Fournir cet argent sans intérêt, c'est donc une libéralité que jamais les maîtres romains n'auraient admise. Mais c'est l'essence même des prêts d'amitié de ne rapporter rien que l'espoir de la réciproque.

Vous rappelez-vous, Messsieurs, ce passage si curieux de

l'Évangile suivant saint Luc : « Si vous aimez ceux qui vous
« aiment, quel mérite y avez-vous? En effet, les pécheurs
« aussi aiment ceux qui les aiment. Si vous rendez des
« services à ceux qui vous rendent, à vous, des services,
« quel mérite y avez-vous? Les pécheurs font cela de même.
« Et si vous donnez un prêt à ceux de qui vous espérez
« recevoir, quel mérite y avez-vous? car des pécheurs aussi
« prêtent à des pécheurs, afin de recevoir autant d'eux. »

Les Chaldéens, les Babyloniens étaient au nombre des
pécheurs dont il est question dans ce passage. Le prêt
d'amitié était chez eux tellement entré dans les mœurs que
l'esclave prêteur avait soin, pour se couvrir pleinement par
rapport à son maître, d'indiquer nettement dans l'acte qu'il
accomplissait ce devoir de confraternité, de solidarité universelle, en faisant sortir de ses mains une somme destinée
à tirer d'embarras un de ses amis dans une circonstance
grave, somme qu'autrement il aurait pu faire produire.
Ici l'acte de charité n'est plus une libéralité par don
proprement dit, comme dans l'ancienne Égypte. C'est une
libéralité par abandon des intérêts, des produits possibles
de l'argent. En Égypte, aussi le vieux mot *shap*, qui désignait
d'abord des dons à l'époque démotique, s'appliquait au prêt
sans intérêt à l'époque copte et a fini par ne plus vouloir
dire que prêt.

Les Grecs d'Athènes ont également connu ces deux actes
de charité et ils leur ont donné le même nom : ερανα. Les
ερανα étaient pour eux des dérivés naturels de l'ερως, de
l'affection, de l'amitié, de l'amour du prochain. Quand un
malheureux Grec avait été pris par des pirates et réduit à
l'état d'esclave, il comptait sur les ερανα pour pouvoir
payer sa rançon. C'était un devoir pour les amis de s'entr'aider en cas pareil, et ce devoir était considéré comme tellement strict, que nous en voyons pour cela hypothéquer
leurs propres biens.

En dehors des liens d'amitié proprement dits, les
Athéniens constituaient, sous le nom d'*éranies*, des sociétés
de secours mutuels dont les administrateurs ou *plérotes*

jouaient, au besoin, par rapport aux membres, grâce aux cotisations communes, le même rôle que les amis dont nous avons parlé plus haut. Il était même arrivé ceci qu'on en était venu à comparer à ces *plérotes* les amis quand ils versaient des *erana*. Mais, à la façon babylonienne, — particulièrement lorsqu'il s'agissait d'un fonds de commerce ou d'industrie, — ceux qui aidaient un Athénien de leur argent, se réservaient généralement de recouvrer leur capital, quand il en aurait profité en le faisant produire dans ses affaires. C'était toujours bien un service rendu, tel qu'eût pu le rendre un bon ami; mais, pour le commerçant qui recevait l'argent, c'était une dette à solder un jour.

En droit quiritaire, bien entendu, vous ne trouverez rien de semblable. Quand le précaire s'introduisit comme institution de droit des gens, — Ulpien nous le déclare d'une façon formelle (*quod genus liberalitatis ex jure gentium descendit* [1]) — c'était une chose tout à fait nouvelle pour les Romains. Elle n'arriva certainement jusqu'à eux que par l'intermédiaire de l'édit provincial. Et c'est pourquoi Gaius en a parlé dans son commentaire sur cet édit [2]. Mais sous la famille phénicienne les deux édits s'étaient confondus quand tous les peuples de l'Empire avaient reçu le droit de cité.

L'idée de confier l'usage de sa chose à un étranger dans l'intérêt de cet étranger, était — comme généralement tous les actes de charité, — pour le quirite, chose tellement imprévue qu'aucune action du droit civil n'était applicable à un pareil cas. On y attacha un de ces actes d'intervention personnelle du magistrat qu'on nommait des interdits. Et le jurisconsulte Paul dit à ce sujet [3] : « L'interdit relatif au « précaire a été introduit avec raison; car il n'y avait à ce « titre aucune action possible dans le droit civil. La condi- « tion du précaire, en effet, a plus de rapport avec les dona-

---

1. Dig., liv. XLIII, titre XXVI, loi I, § 1.
2. Dig., liv. XLIII, titre XXVI, loi 9.
3. Dig., liv. XLIII, titre XXVI, loi 14.

« tions et les bienfaits qu'avec la cause d'un contrat
« d'affaire [1]. »

Ne trouvez-vous pas que ces deux noms, d'une part ερανος,
d'une autre part *précaire*, mettent bien en opposition l'esprit
des deux peuples. Ce que l'Athénien fait par amitié, par
amour et comme un devoir, l'orgueilleux quirite ne veut y
voir que le résultat de son bon plaisir, dans une concession
faite à la prière « *precarium est quod precibus petenti uten-*
« *dum conceditur* ». Ulpien même, s'emparant ici pleinement
de la pensée romaine, ajoute à cette définition : « tant que
« celui qui l'a concédé veut bien le souffrir, *quamdiu is qui*
« *concessit patitur* [2]. »

Le précaire du droit romain diffère, d'ailleurs, aussi des
ερανα du droit attique en ce que ceux-ci consistaient le plus
souvent en avance d'argent ou d'objets qui se consommaient
par l'usage, tandis qu'à Rome l'idée fondamentale de l'économie politique, cette idée, si nettement conçue, si bien
développée par les Chaldéens, qu'une somme est la même,
identiquement la même quand on la rend en valeur égale
après avoir dépensé d'abord les pièces qui la composaient,
n'a jamais pu entrer dans le cerveau étroit des jurisconsultes
quirites. La concession libérale de l'usage, avec restitution
finale de la chose, ne pouvait donc pas s'appliquer chez eux
à l'argent. Mais c'est là une de ces petitesses du droit romain
comme nous en avons vu bien d'autres. Nous ne nous y
arrêterons pas.

Revenons en à notre discours d'Hypéride contre Athénogène.

Il paraît que l'esclave Midas avait beaucoup d'amis; car
il avait su se faire remettre en prêts d'amitié 30,000 drachmes sur une boutique qui fut vendue, avec lui-même et
ses deux fils, 4,000 drachmes au client d'Hypéride.

Or, il se trouvait que, de son côté, pour acheter ce fonds de

----

1. « Interdictum de precariis merito introductum est quia nulla eo nomine
juris civilis actio esset; magis enim ad donationes et beneficii causam quam
ad negotii contracti spectat precarii conditio. »
2. Ibid., loi 1.

commerce et le faire marcher, le client d'Hypéride avait eu recours d'abord et continuait à avoir recours à la bourse de ses amis.

Quand donc il s'adressait aux juges pour faire annuler un acte écrit qu'il avait pleinement accepté, qu'il avait scellé de son sceau avant d'aller avec le vendeur le déposer, suivant la coutume athénienne, chez un tiers choisi par les deux, quand donc il demandait qu'on ne s'attachât pas aux termes de la loi de Solon qui rendait de pareils contrats souverains entre les parties, il pouvait dire avec raison qu'il n'agissait pas pour lui-même, mais pour ses amis, menacés d'une ruine collective.

Vous avez reconnu déjà l'origine de la loi de Solon que je viens de vous rappeler : c'est un des très nombreux emprunts faits au code de Bocchoris par le législateur d'Athènes, qui a tant puisé dans les lois d'Égypte, au témoignage même des anciens, témoignage si bien confirmé par les découvertes modernes.

En droit égyptien, il est vrai, la rédaction même des contrats était entourée de précautions qui rendaient la fraude presque impossible. On devait s'adresser à un notaire, représentant du corps sacerdotal à Thèbes et dans beaucoup de villes de la Haute-Égypte. Ce notaire, qui présentait toutes les garanties, en rédigeant l'acte, ne parlait pas en son propre nom. Il faisait parler exclusivement celle des parties qui s'obligeait et lui faisait nettement indiquer les limites de l'obligation qu'elle entendait prendre. Dans de telles conditions le dol n'était pas à prévoir. Solon qui, tout en empruntant à la législation égyptienne le grand principe de la liberté des conventions devenant souveraines entre les parties, avait cru devoir laisser tout ce qui était de forme et se rattachait intimément à l'organisation sociale des Égyptiens, Solon, dis-je, n'avait pas prévu la possibilité du dol, — pas plus que les Égyptiens ne l'avaient fait eux-mêmes.

Pour introduire devant les juges l'affaire de son client, Hypéride dut donc recourir à une de ces extensions de sens que le vague des expressions grecques rendait possible.

Harpocration, l'auteur alexandrin du lexique des dix orateurs, très au courant des questions juridiques et remarquablement exact dans ses renseignements précis, insiste sur ce point à propos du discours contre Athénogène que nous avons eu le bonheur de retrouver. Jusque là, en droit athénien, on donnait le nom Βουλευσεως γραφη à une action criminelle intentée pour machinations contre la vie ou contre les droits politiques et même civils d'un citoyen. L'Athénien débiteur de l'État perdait en grande partie l'exercice de ses droits. On avait donc donné l'action Βουλευσεως contre celui qui le dénonçait comme débiteur de l'État, aussi bien que contre celui qui attentait à sa vie. Hypéride voulut s'en servir contre celui qui attentait, par des manœuvres frauduleuses, à la fortune de son client et à celle de ses amis.

Il allait plaider devant une de ces assemblées de plusieurs centaines de jurés désignés par le sort qui constituaient les tribunaux d'Athènes. Il pouvait donc espérer beaucoup des arguments d'équité. Mais le respect des lois écrites, — et surtout des plus vieilles lois — était si grand chez les Athéniens que, pour l'emporter devant eux et changer une jurisprudence traditionnelle, il fallait nécessairement découvrir des textes de lois sur lesquels on pût s'appuyer au moins dans des raisonnements par analogie.

Le principal de ceux qu'il trouva est celui qu'il invoque dans une phrase reproduite par Harpocration et que vous pourrez lire à la sixième colonne de notre papyrus. C'est la loi qui défend les fraudes dans les ventes qui se concluent sur le marché.

Cette loi est fort intéressante au point de vue de l'histoire du droit.

Dans son traité des lois d'Athènes, Théophraste indique que les magistrats nommés *agoranomes* étaient chargés de l'appliquer, en même temps qu'une autre loi sur le bon ordre dans le marché, εν τη αγορα. Tout cela devait être emprunté par les Romains, qui nommèrent *édiles* ceux que les Athéniens nommaient *agoranomes* et qui, comme les Athéniens, comprirent tous les vices des esclaves, ou des animaux domestiques mis en vente, parmi les causes d'annulation du contrat, s'ils étaient cachés à l'acheteur, d'après la règle interdisant toutes les fraudes sur le marché.

Voilà donc encore un détail très important de législation que l'on croyait être romain et que la découverte d'un nouveau papyrus force à faire remonter plus haut.

Hypéride, en effet, nous dit formellement, en développant ces applications les plus habituelles de la loi qui interdisait toute fraude sur le marché : « Quand quelqu'un vend un es-« clave, il faut qu'il dise d'avance si cet esclave a quelque in-« firmité. Si non on le lui rend. Eh bien ! puisque les maladies « provenant du destin, alors que le vendeur de l'esclave ne « les connaissait par lui même, donnent le droit de le lui faire « reprendre, comment donc les fraudes que tu as machinées « contre moi ne seraient-elles pas pour toi cause de reprise ? « Mais, certes un esclave épileptique n'amène pas la ruine de « celui qui l'achète, tandis que Midas que tu m'as vendu a « ruiné la fortune même de mes amis. »

Nous aurons à revenir bientôt sur ce reproche adressé à Midas. C'était Midas qui avait reçu les ερανα. C'était lui que mettaient en cause les prêteurs en venant réclamer leur argent. C'était donc lui qu'on pouvait accuser comme l'origine de ce passif ruineux, et c'était lui, gérant de la boutique, qui, comme nous le verrons, avait été l'objet principal de la vente.

Mais avant d'en venir à la narration de cette vente, narration par laquelle commence notre papyrus, nous devons encore dire quelques mots d'autres lois citées par Hypéride, pour bien montrer dans quel esprit et avec quelle habileté cette narration a été faite.

La législation athénienne, — qui n'avait pas prévu les fraudes dans les contrats rédigés d'accord entre les parties, froidement écrits, scellés en commun et solennellement déposés chez un Athénien constitué gardien de cet acte — l'avait prévue, pour la punir, sévèrement, dans certaines déclarations relatives à l'état civil. On ne pouvait être enfant légitime, γνησιος, que si l'on était né d'une Athénienne garantie

telle par le κυριος qui l'avait donnée en mariage à un Athénien. Si la garantie portait à faux, si, en réalité, la femme
n'était pas de race athénienne, tous les actes qui résultaient
de cette garantie, les inscriptions solennelles de l'enfant sur
les registres de la phratrie et du dème, étaient annulés ; et on
ne se bornait pas à punir le κυριος, mais, à titre de compli-
cité, on punissait cruellement la femme elle-même et le
mari s'il n'était pas de bonne foi. C'étaient donc là d'excel-
lents exemples d'actes réguliers, annulés pour cause de
fraude.

Hypéride, à côté de ces lois relatives à l'état civil, cite
celles qui réglaient à Athènes les dispositions testamentaires.

Alors même qu'un acte de dernière volonté était rédigé de
manière à présenter toutes les apparences d'un acte des plus
réguliers, bien des causes pouvaient l'empêcher d'avoir son
effet.

Nous connaissons déjà quelques-unes de ces causes de
nullité par les plaidoyers de plusieurs orateurs athéniens,
notamment par ceux d'Isée. Nous savions ainsi que, pour
disposer de ses biens en faveur de quelque étranger, il fallait
d'abord que l'on n'eût dans sa maison aucun enfant mâle ; si
l'on avait une fille, et une fille seulement, il fallait que l'on
disposât de sa main en faveur du même qui prenait le reste.

Nous savions aussi par Isée que, même pour le célibataire
ou l'homme sans enfant, tout testament fait par le conseil ou
sous l'influence d'une femme était annulé.

Cette cause d'annulation, tout à fait spéciale au droit
athénien, y avait été introduite par Solon qui avait vécu
longtemps en Égypte, où il avait exercé le commerce des
produits de l'Inde et de l'Arabie, de ce que nous nommons
les denrées coloniales, suivant le dire des anciens. On sait
qu'aujourd'hui même des Grecs sont les principaux épiciers
d'Égypte. On en trouve jusque dans le fond de la Thébaïde :
et le papyrus d'Hypéride que nous avons eu le bonheur
d'acheter, nous vient justement d'un de ces émules de Solon.

Ce législateur avait vu en Égypte ce qu'avaient su faire,
par la seule persuasion, les femmes : que le Code de Boccho-

ris faisait seulement les égales de l'homme et qui y étaient devenues les maîtresses de tout. Il avait éprouvé les mêmes sentiments à cette vue, que le poète Sophocle, l'historien Hérodote devaient exprimer plus tard avec tant d'énergie.

Aussi, dans sa législation, avait-il réagi si fort contre la domination des femmes, que jamais peut-être les femmes, encore si puissantes, si honorées chez les Ioniens du temps d'Homère, ne se virent abaissées davantage.

Hypéride visait surtout cette cause d'annulation quand il énumérait les principales de celles qui pouvaient vicier un acte de disposition testamentaire. Mais il est vraiment regrettable qu'ici le papyrus présente des lacunes. En effet, dans un point intact, nous y voyons indiqué l'état de *nexus*, à côté de la folie, comme entravant la liberté des décisions.

L'état de *nexus*, d'homme libre placé sous la dépendance d'un autre, comme le serait un esclave, pouvait se produire à Athènes à l'époque classique, nous le savons par les plaidoyers des orateurs. Il pouvait résulter de ceci, par exemple : quand un Athénien ayant été pris par des pirates était racheté par un homme qui n'était point de ses amis — et qui agissait avec la pensée d'être remboursé de ses avances comme d'une dette ordinaire, — cet Athénien devenait le gage de son rédempteur. S'il n'arrivait point à la rembourser au terme fixé, en obtenant de ses amis des prêts d'amitié ou des dons suffisants pour le libérer, il devenait entre ses mains une sorte d'esclave, un *nexus*.

Vous vous rappelez, Messieurs, qu'en Égypte d'après les contrats jusqu'à l'époque d'un prostagma — qui a dû avoir été fait entre la fin du règne de Darius et le commencement de celui d'Artaxercès, — il y avait aussi des *nexi*. C'étaient des débiteurs qui devenaient esclaves de leurs créanciers. Un passage curieux de la confession négative, telle que nous la reproduit le rituel de Pamont, indique que l'Égyptien, pour être vraiment juste, devait s'abstenir d'avoir des *nexi*. Diodore constate que de son temps et, croyait-il, depuis l'époque de Bocchoris, la loi égyptienne ne permettait plus aux créanciers de prendre les débiteurs eux-mêmes, dans leurs personnes, en garantie de leurs dettes, et de les traiter en esclaves. C'était, en Égypte, une application des principes de la morale aux règles du droit civil.

A Rome, il fallut une révolution pour abolir le servage des *nexi*. Mais en ceci, comme en tout le reste, les Romains n'ont été que des imitateurs.

Il est facile de comprendre comment les Athéniens, d'après le renseignement nouveau que nous fournit expressément notre papyrus, ne permettaient pas de tester à ceux qui se trouvaient ainsi sous la puissance et *dans les liens* d'un créancier. Mais Solon, — ce qui ne manque pas d'originalité, — avait considéré comme non moins effectifs, la puissance d'une femme et les liens de l'amour.

Remarquez-le, Messieurs, il était très habile de la part d'Hypéride d'opposer une loi de Solon à la loi de Solon invoquée contre lui.

Oui, son adversaire allait dire que les conventions arrêtées entre les parties devaient être souveraines entre elles, d'après Solon. Mais il répondait que, d'après Solon, l'intervention d'une femme suffisait pour vicier le consentement, autant que l'état d'esclavage ou même que la folie proprement dite.

Au point de vue de l'équité, tout son raisonnement, développé dans plusieurs colonnes, sera que l'accord des volontés sur tous les points est nécessaire pour constituer cette convention que Solon rendait souveraine. L'accord des volontés n'existe que quand chacune des deux parties connaît également la nature, les avantages, les inconvénients, la valeur réelle de la chose que l'une cède à l'autre. Et, d'une autre part, il est nécessaire que chacune des volontés ait été complètement libre pour qu'il résulte de leur accord un lien de droit inattaquable entre les contractants. Or, suivant Solon, la volonté n'est pas complètement libre quand une femme intervient.

Toute la narration est conçue de manière à montrer le client d'Hypéride victime à la fois d'Athénogène et d'une femme, d'une hétaïre, qui, secrètement envoyée par Athé-

nogène, avait déterminé l'achat par une habile comédie
d'amour.

Permettez-moi de vous faire faire connaissance d'un peu
plus près avec notre orateur, en le laissant, de loin en loin,
parler lui-même.

Dans la première colonne du papyrus, la seule qui nous
manque, Hypéride avait raconté : comment son client avait
fait à Midas une avance d'argent, un de ces prêts d'amitié
dont il est tant question dans la suite de notre papyrus ;
comment, entré ainsi en relations plus directes avec le
gérant de la parfumerie, il avait eu l'idée d'acheter ce gérant
et cette parfumerie, ce qui lui eût permis de rentrer tout
naturellement dans ses avances ; comment, étant allé trouver à cet égard Athénogène, il avait été fort mal reçu ; mais
comment, peu de temps après, il avait fait, fortuitement
croyait-il alors, la rencontre et la connaissance d'une dame
du demi-monde, qui lui avait témoigné, dès l'abord, un vif
intérêt, de telle sorte qu'il en était venu à l'entretenir de ses
affaires.

On avait parlé de la parfumerie et d'Athénogène, avec
lequel cette hétaire lui avait dit qu'elle était au mieux. Elle
avait ajouté qu'elle savait à fond tout ce que valait la boutique gérée par Midas et qu'acquérir cette boutique serait
une très bonne opération.

Ici commence la seconde colonne du plaidoyer, la première qui nous reste dans notre papyrus. En voici la traduction [1] :

« Je lui fis le récit de ce qui s'était passé. Je lui racontai
« qu'Athénogène était intraitable avec moi, qu'il ne vou-
« lait consentir à rien de ce qui était raisonnable. Elle
« me dit que c'était toujours là sa manière d'être. Mais elle
« me recommanda de ne pas perdre courage, car je l'aurais
« elle-même pour alliée dans la lutte. C'était en faisant du

---

1. Je tiens à laisser ici telle que je l'avais faite cette traduction que l'on
trouvera avec peu de variantes dans mon vieux *Mémoire sur le discours
d'Hypéride contre Athénogène.*

« zèle et en jouant la passion le mieux possible qu'elle me
« faisait cette déclaration, recourant aux plus grands ser-
« ments pour me prouver qu'elle parlait exclusivement par
« bienveillance pour moi et était envers moi pleinement
« véridique. De telle façon, ô juges, que moi, pour vous dire
« le vrai, j'en vins à tout croire. Tant l'idée de l'envahisse-
« ment d'un cœur de femme par l'amour nous séduit natu-
« rellement au point de nous faire perdre la tête — cela ne
« parut que trop bien. — M'abusant par toute cette comédie,
« elle sut, en outre, me soutirer 300 drachmes pour elle-
« même et pour une servante, en paiement de ses bons offices.
« Peut-être bien, ô juges, personne ne trouvera-t-il étonnant
« que je me sois laissé duper et endoctriner de la sorte par
« une Antigone, par cette femme qui est bien la plus per-
« verse des hétaïres depuis toute petite, à ce qu'on dit etc. »

Ici, nous passons quelques lignes dans lesquelles Hypéride
suit un peu trop la coutume générale des orateurs d'Athènes
diffamant sans merci les femmes qu'ils trouvaient quelque
intérêt à maltraiter. Ensuite, dans un passage assez lacu-
neux vers le commencement, il revient et insiste sur les
éloges hyperboliques par lesquels Antigone le poussait à
acheter coûte que coûte, avec son gérant, s'il pouvait l'obtenir, la boutique régie par Midas et montée par un homme
qui savait mener à bien les affaires du grand commerce;
particulièrement en ce qui touchait le marché le plus important, celui de l'Égypte : « J'abrège, car autrement je n'en
« finirais pas, conclut notre texte.

« M'ayant fait appeler de nouveau un peu plus tard,
« continue-t-il, elle me dit avoir obtenu, à grand'peine,
« d'Athénogène, à force d'instances et de paroles, qu'il
« me cédât Midas et ses deux garçons pour 40 mines. Elle
« m'engagea à me procurer cet argent au plus vite, avant
« qu'il pût y avoir quelque chose de changé dans les dispo-
« sitions d'Athénogène. Je ramassai donc de toutes parts ;
« je fis appel à mes amis ; et, ayant réuni la somme, je
« déposai les 40 mines à la trapéza ; après quoi, je pré-
« vins Antigone. Elle se hâta de nous mettre en présence,

« pour cette affaire, moi et Athénogène. Elle joua entre
« nous le rôle de conciliatrice et elle nous exhorta à faire
« pour le mieux l'un envers l'autre. Je lui déclarai que, pour
« ma part, telle était bien mon intention. Alors Athénogène,
« cet homme, prenant la parole à son tour, me dit que, si
« cette affaire se concluait, je devais en avoir toute l'obli-
« gation à Antigone. Oui, c'est grâce à elle, ajouta-t-il, et
« je vais à l'instant te montrer combien à cause d'elle je te
« ferai d'avantages. En effet l'argent ne se trouve pas versé
« pour l'affranchissement de Midas et de ses garçons. Tout
« au contraire, moi, je te les céderai en vente. Je t'en consti-
« tuerai acheteur. Je fais cela afin que parmi eux personne
« ne te cause des ennuis, afin que Midas, chargé de la gestion,
« n'en altère pas le compte et afin qu'eux tous, étant ainsi
« retenus par la crainte, ils ne s'avisent pas d'entreprendre
« en rien d'entrer en lutte avec toi, pour qui ce serait une
« grosse affaire. En effet, actuellement ils auraient trouvé
« bon de paraître affranchis par moi. Tandis que, si, d'ailleurs,
« en étant constitué acquéreur par un contrat d'achat et de
« vente, par la suite, quand cela te conviendra, tu les rends
« libres, ils t'en auront une double reconnaissance [1]. »

« Le montant de ce qui est dû à Pankale et à Proclès
« comme prix de certains parfums — et si quelque autre
« dette résulte de quelque placement dans la parfumerie
« fait par quelqu'un de ceux qui la fréquentent — ces dettes
« antérieures, telles qu'elles se comportent, tu les prendras
« pour toi. Mais il y a fort peu à recouvrer et les marchan-
« dises qui garnissent cette boutique valent bien davantage :
« les parfums (μυρον), les vases à parfums (αλαβαστροι), la
« myrrhe (Ζμυρνα) [2] etc. ; — il débitait une kyrielle de noms
« — « et tu y trouveras de quoi régler facilement ces baga-
« telles ». Là-dedans, comme on le vit bien plus tard, ô juges,

---

1. Le texte ici portait d'abord χαραν, ce qui aurait voulu dire une double
joie ; mais comme immédiatement avant se trouvait le pronom σοι, le possesseur du papyrus a inséré entre lignes un ι à la place du second α, transformant ainsi χαραν en χαριν.

2. Ζμυρνα pour σμυρνα.

« était la grande manœuvre de dol et de mensonge. En
« effet, si j'avais versé l'argent pour l'affranchissement de
« ces hommes, je ne risquais que de perdre cet argent
« que je lui aurais donné ; ce qui n'avait rien de bien
« terrible. Si, au contraire, je me portais acheteur dans un
« acte de vente, en convenant avec lui de prendre pour
« moi les dettes, comme si elles ne se montaient à rien,
« parce que je ne les connaissais pas d'avance, il allait ensuite
« lancer sur moi les créanciers et les prêteurs avec lesquels
« il se serait entendu ; et c'est ce qu'il fit.

« Comme, en ce qui me touche, je donnais mon appro-
« bation à tout ce qu'il disait, ayant pris, à la hâte, de
« dessus ses genoux ce qu'il avait préparé relativement à
« cette affaire, il lut ce qu'il avait écrit. C'étaient les actes
« mêmes qui me concernaient. Et je les écoutais, pendant
« qu'il les lisait, mais avec grande hâte d'arranger ce
« pourquoi j'étais venu. Et il scella les contrats au plus vite,
« de peur que personne, parmi les gens sensés, ne pût se
« rendre compte de ce qu'on avait écrit.

« Avec moi, (comme répondant), on inscrivit subsidiaire-
« ment Nicon de Céphisie. Puis nous nous rendîmes à la
« boutique de parfumerie. Nous déposâmes l'écrit chez
« Lysiclès de Leuconoë. Je versai les 40 mines et je fis ainsi
« l'acquisition.

« Quand cela fut fait, les créanciers et les prêteurs auxquels
« il était dû chez Midas, se présentèrent et s'adressèrent à
« moi. En trois mois, l'ensemble des dettes devenues mani-
« festes s'élevait, avec les prêts [1], au point d'atteindre pour
« moi, ainsi que je l'ai dit plus haut, environ 5 talents.
« Comme je sentais où j'en étais de malheur, je rassemblai
« alors mes amis et mes familiers. Nous lûmes ensemble les

---

1. Les mots ο ερχνος, τα εραα s'appliquent ici, et dans beaucoup d'autres
passages des orateurs, à ces prêts de bonne amitié qui constituaient réellement
des créances pour les prêteurs, mais qui ne comportaient pas les mesures de
rigueur du prêt ordinaire, du δανειον. Dans notre papyrus, Hypéride a soin
d'indiquer à plusieurs reprises que ces εραα formaient la masse des 5 talents
devant être rendus sur la parfumerie par celui qui la possédait. Ce n'étaient
donc ni des cadeaux ni de simples cotisations.

« copies des actes. On y trouvait écrits en toutes lettres les
« noms de Pankale et de Polyclès (sic), et aussi qu'il leur
« était dû le prix de parfums. C'était chose de peu d'impor-
« tance, et ils étaient en droit de dire que les parfums qui se
« trouvaient dans la boutique égalaient en valeur l'argent.
« Mais la masse des dettes, les dettes les plus fortes, n'étaient
« pas inscrites nommément. En passant, accessoirement, et
« comme s'il s'agissait d'un rien, Athénogène s'était borné à
« dire : « Et si Midas doit à quelque autre. » De même,
« parmi ceux qui avaient fourni de l'argent, il n'y avait
« d'indiqué qu'un seul, Dikaiocratès, dont trois quote-parts
« étaient en reste. Athénogène lui-même avait été inscrit
« sous le nom de Dikaiocratès. — « Et les autres, dis-je,
« quels sont-ils? s'il est vrai que Midas ait tout reçu. » —
« Mais c'étaient de nouvelles recrues. — Il ne les a pas
« inscrits dans les conventions; tout au contraire, il a pris
« soin de les cacher. »

Vous voyez nettement par ce morceau, Messieurs, quelles
étaient les mœurs athéniennes relativement au commerce.
Après que le client d'Hypéride eût puisé son prix d'acquisition dans la bourse de ses amis, c'est dans la bourse de ses
amis qu'il continuait à puiser le reste, les sommes nécessaires pour rembourser, au fur et à mesure des demandes,
les prêts d'amitié faits à Midas, avant la vente, par toute cette
masse d'amis, ou prétendus tels, qui ne connaissaient pas
le client d'Hypéride, bien qu'il eût été l'un d'entre eux.

Quand l'énormité du passif lui apparaît, il faut donc qu'il
rassemble les principaux intéressés — c'est-à-dire ses propres
amis — pour consulter les actes et voir ce qu'il y aurait à
faire.

Dans ce conseil d'amis, on décida d'abord de s'adresser à
Athénogène, puis, comme il se bornait à invoquer les termes
de son contrat en prétendant que s'il n'avait pas indiqué les
prêteurs et les créanciers, c'est qu'il ne les connaissait pas
lui-même, on décida d'attaquer ce contrat devant les juges.

Ici, après la lecture publique des contrats — dont les
termes mêmes suffisaient, suivant Hypéride, pour prouver

le dol, — commence la discussion des lois dont je vous ai parlé plus haut et de quelques autres.

Cette discussion, qui tient une très large place sur notre papyrus, nous prendrait trop de temps si nous la suivions en détails. Mais, — bien que ce soit un hors-d'œuvre, — permettez-moi de vous citer les phrases par lesquelles elle commence et qui vous montrent comment les plaideurs étaient toujours censés parler par la bouche de leurs avocats.

« Vous avez entendu, ô juges, de point en point, comment
« les choses se sont passées. Tout à l'heure, sans doute,
« Athénogène va vous parler tout autrement. Il vous dira
« ceci, par exemple : La loi porte que les conventions, quelles
« qu'elles soient, sont souveraines entre les parties. Celles
« qui sont légales, ô mon bel ami ! mais celles qui sont le
« contraire, elles leur refusent d'être souveraines. Je te le
« montrerai par les lois elles-mêmes de la façon la plus
« évidente ; car tu m'as traité de telle sorte que, par la crainte
« d'être ruiné par toi et ta coquinerie, tu m'as obligé à com-
« pulser et méditer les lois, nuit et jour, sans négliger tous
« les accessoires. »

Ainsi l'orateur jurisconsulte se cachait derrière son client. Ce n'était point le grand Hypéride, non ! c'était un bon parfumeur qui était censé avoir fait toutes les études nécessaires pour pénétrer à fond l'esprit des antiques lois de Solon et de toutes les autres lois d'Athènes.

Est-ce donc là que nous devons chercher l'excuse des juriconsultes de Rome qui, du temps de Cicéron, ayant tous dans les mains le fameux plaidoyer d'Hypéride contre Athénogène, un des deux plus illustres de l'illustre orateur, qui — y trouvant la plus admirable exposition des conditions indispensables pour qu'un contrat fût considéré comme résultant de l'accord vrai de deux volontés, — en introduisant dans le droit romain les conclusions mêmes d'Hypéride, — contrairement, Cicéron le dit, au texte de la loi des XII Tables, — se sont bien gardés d'invoquer l'autorité d'un parfumeur et les précédents de ce droit qu'un parfumeur pouvait se vanter de connaître dans tous ses détails ? Cicéron lui-même, à propos de l'action du dol, introduite par son ami et collègue Aquilius, ne dit pas un mot du droit grec et d'Hypéride qui avait introduit dans ce droit cette action de dol, — d'Hypéride qu'il connaît si bien, qu'il loue si souvent et dont il vante ailleurs l'habileté, l'*acumen,* en songeant sans doute au plaidoyer qui nous est aujourd'hui rendu. Pour ne pas blesser l'orgueil romain, le Romain frotté d'atticisme préfère n'invoquer comme antécédent que les opinions d'un philosophe, d'un Diogène de Babylone, « *sévère et grave stoïcien* », infiniment plus récent qu'Hypéride.

Il ne cite même plus personne quand il dit que les jurisconsultes (lesquels suivaient en cela, nous le savons maintenant, l'exemple d'Hypéride) avaient appliqué aux ventes de maisons, aux ventes de boutiques, contrairement au vieux droit quiritaire comme au vieux droit de Solon, les règles d'abord formulées pour les ventes d'esclaves et les autres ventes faites sur le marché. Relativement aux unes comme aux autres, il fallut indiquer d'avance les vices de la chose et tout ce qui pouvait en faire baisser le prix.

Pour obtenir cela dans Athènes, malgré la fameuse loi de Solon sur la toute puissance du contrat, il avait fallu l'*acumen*, l'habileté incomparable d'Hypéride, comme jurisconsulte et comme orateur. Il avait fallu qu'il fût aidé par des circonstances politiques et des circonstances individuelles dont il sut admirablement tirer parti.

Athénogène, le vendeur d'une boutique de parfumerie, n'était pas le premier venu. Il avait joué un rôle politique. Mais quel rôle? — Vous allez le savoir.

Après lui avoir reproché d'avoir fait acte de sycophante dans un passage trop mutilé pour que nous voyions bien en quoi, Hypéride continue ainsi :

« Il a violé les lois, les traités, les conventions communes
« de la ville; et il se fait fort par rapport à moi de ses con-
« ventions particulières comme s'il m'était possible de croire
« qu'après avoir méprisé envers vous les principes justes du
« droit, il aurait pu s'en inspirer relativement à ma per-
« sonne. Lui! qui partout s'est montré pareil et d'une perver-

« sité telle qu'étant allé dans la ville de Trézène et ayant
« été fait citoyen par les Trézénois, il se rattacha à Mnésias
« l'Argien, acquit par lui l'autorité et chassa alors de cette
« cité les citoyens, comme ils vont devant vous en témoigner
« eux-mêmes. C'est ici qu'ils ont leur refuge, ô hommes
« d'Athènes qui nous jugez. Bannis ils furent accueillis
« par vous. Vous en fîtes des citoyens. Ils reçurent de vous
« part dans tous vos privilèges, — parce que vous vous
« rappeliez la belle conduite qu'ils avaient tenue envers vous
« contre le Barbare il y a plus de cent cinquante ans! Vous
« avez pensé que ces hommes, auprès desquels vous aviez
« trouvé un secours si précieux au moment du danger, vous
« deviez les payer de reconnaissance dans la mauvaise
« fortune. Et lui, au contraire, le maraud (ο μιαρος...)... »

Ici, nous tombons, malheureusement, sur une lacune. L'argien Mnésias (autrement appelé Mnasias ou Mnaseas) n'est
pas autre chose que ce fameux traître nommément accusé par
Démosthène, dans le discours sur la Couronne, d'avoir, lui,
le dernier, livré aux Macédoniens l'Argolide. C'était donc le
chef reconnu du parti des Macédoniens, ennemis d'Athènes,
dans cette contrée dont Trézène faisait partie. Les Trézénois,
eux, étaient si bien, jusqu'à l'arrivée d'Athénogène, les alliés
d'Athènes qu'immédiatement après la bataille de Chéronée,
Athènes, n'ayant plus d'hommes valides pour la défendre,
avait pensé, suivant l'orateur Lycurgue, à cette bourgade,
assez voisine, pour lui demander des secours. Ceux qui
écoutaient Hypéride savaient bien tout cela. Aussi paraît-il
dans cette partie de son discours n'en rien vouloir dire. Il
préfère laisser se montrer peu à peu la colère des juges par
l'audition des Trézénois eux-mêmes, qu'il fait comparaître
en témoignage, par le récit des expulsions qu'Athénogène
avait osé faire chez ces amis d'Athènes, des motifs qui
l'avaient conduit, des moyens par lesquels, reçu comme Athénien, il avait acquis le pouvoir, par l'appui de la Macédoine,
et s'en était servi cruellement contre ceux que ses compatriotes devaient, avec justice, accueillir en frères.

Ce n'est donc point un parfumeur qu'Hypéride charge

d'accuser ici ce misérable Athénogène. Ce sont les Athéniens nouveaux, Trézénois de la veille, devenus ses victimes. Ce sont les lois que les Athéniens ont votées d'enthousiasme pour leur donner la cité d'Athènes, lois, dont nous le savons, Hypéride même était l'auteur. En effet, un des orateurs qui se vendaient à tous les partis avait accusé Hypéride pour avoir, trop facilement, après la bataille de Chéronée, fait accorder le droit de cité à des métèques, amis d'Athènes.

Le grand patriote qui sut si bien, en son propre nom, trouver les accents de la plus splendide éloquence dans son discours funèbre sur les derniers martyrs du patriotisme athénien, ce grand patriote, qui devait bientôt payer de sa vie, et dans les tortures, la haine qu'il avait contre l'envahisseur étranger, se fut fait scrupule de mettre des accents pareils dans la bouche d'un parfumeur enjôlé par une drôlesse. Cependant, avant de terminer son discours, il croit nécessaire de préciser un peu davantage l'accusation qu'il porte contre un traître.

« Dans la guerre contre Philippe, s'écrie-t-il, peu avant la « bataille, il quitta la ville, et ce n'était pas pour marcher « avec vous sur Chéronée : non ! il émigrait à Trézène. Il « émigrait, méprisant la loi qui ordonne de mettre la main « sur tout homme émigrant au milieu d'une guerre, s'il « revient jamais dans la ville.... Et il y est revenu dans la « ville, comme il le paraît. »

Vous m'excusez, Messieurs, si je vous ai si longtemps entretenu de ma découverte. Et cependant, j'ai bien abrégé, j'ai bien coupé dans ce que j'aurais eu à vous en dire.

Je vous ai peut-être paru m'éloigner un peu de mon sujet. Pas tant que cela, car le discours d'Hypéride contre Athénogène, roulant tout entier sur les prêts qui se faisaient entre des amis, vous permet de juger combien étaient nombreuses, dans les mœurs, — et par conséquent dans les lois, — presque partout, en dehors de Rome, les dérivations, plus ou moins lointaines, de cette morale égyptienne, toute de charité, dont je vous ai montré la beauté sans pareille dans ma leçon d'introduction au cours de démotique.

Ce n'étaient pas seulement les philosophes d'Athènes, comme Isocrate, qui traduisaient des préceptes de cette morale. C'était tout le peuple athénien qui en ressentait l'influence, comme les peuples de la haute Asie conquis par l'Égyptien Thoutmès l'avaient ressentie avant eux.

DEUXIÈME LEÇON

Messieurs,

Le discours d'Hypéride contre Athénogène, que nous avons eu le bonheur de découvrir tout récemment sur un papyrus égyptien, et dont nous vous avons longuement parlé dans notre précédente leçon, nous montre en pratique l'importance extrême des prêts d'amitié, des ερανα, — actes de charité ou prétendus tels, — dans la vie commerciale comme dans la vie civile, du peuple athénien.

Il nous montre aussi, en maints passages, que les obligations résultant de ces ερανα, pour celui qui les avait reçus, étaient théoriquement distinguées avec soin de tous les autres genres de dettes.

Cette distinction est fondamentale. Elle se rattache aux origines. Et c'est seulement par son moyen qu'on peut arriver à bien comprendre une des parties les plus importantes de l'histoire du droit, celle qui concerne les prêts et les créances chez les différents peuples et aux différentes époques.

Nous avons déjà eu l'occasion de vous dire que, dans leur ensemble, les actes de libéralité, de charité, nommés par les Grecs ερανα — d'un nom formé sur le mot ερως, pris dans le sens d'amour du prochain — étaient des dérivés, plus ou moins directs, mais certains, de cette belle morale égyptienne, toute de charité, que les Grecs admiraient tant et si justement.

Au contraire, l'idée de la créance portant intérêt, avait

pris naissance, en même temps que l'idée de valeur productrice, chez un peuple très commerçant, dans les plaines de la Chaldée.

Ce qui domine pour l'Égyptien, c'est la règle : « Il faut s'entr'aider », il faut donner la nourriture, le vêtement, tout l'aide possible à celui qui en a besoin.

Ce qui domine pour le Chaldéen, c'est l'adage : « il faut s'enrichir » ; il faut faire produire les valeurs : *make money*, suivant l'expression devenue consacrée en Amérique.

Et cependant, par les emprunts que se faisaient les uns aux autres les peuples de l'antiquité, les actes de libéralité ont pénétré chez les Chaldéens, sous forme de prêt d'amitié. Vous n'avez pas oublié sans doute l'exemple remarquable — ressemblant de si près aux ερανα grecs en question dans le plaidoyer d'Hypéride contre Athénogène — que nous vous en avons donné, dans notre leçon d'ouverture, en vous traduisant le texte, récemment publié, d'une série de tablettes babyloniennes, datées de Nabuchodonosor.

D'une autre part, dans la vallée du Nil, la créance portant intérêt, une fois introduite, a été pleinement organisée par le code de Bocchoris et est devenue ce *sankh* égyptien que les conquérants macédoniens nommèrent dans leur langue δανειον, en l'assimilant à un genre de prêts qui ne ressemblait guère aux ερανα.

En effet, même dans les droits grecs proprement dits, par exemple dans le droit d'Athènes, le mot δανειον est appliqué à des placements d'argent, produisant intérêts et munis de garanties spéciales : telle qu'un droit de πραξις, c'est-à-dire, comme nous le dirions aujourd'hui, d'*exécution parée* sur les biens.

Le *sankh* égyptien ressemblait pleinement à ce δανειον, puisqu'il produisait intérêts — et cela même à un taux légal — et puisque, d'ailleurs, il était muni, dans la plupart des cas, d'une hypothèque générale, qui donnait au créancier une voie d'exécution directe sur tous les biens du débiteur.

Mais en réglementant ainsi la créance portant intérêts,

introduite par le droit des gens, par les relations continuelles entre l'Égypte et la Chaldée, Bocchoris n'avait pas
voulu faire disparaître des mœurs une des formes que
pouvait prendre l'acte de charité, c'est-à-dire le prêt
d'amitié. Nous vous avons fait remarquer déjà que cette
forme était loin d'être la plus commune chez les Égyptiens.
Quand ils accomplissaient les préceptes de morale inscrits
dans le livre des morts, quand, par leurs bonnes œuvres,
ils se créaient des mérites pour l'autre monde, ils donnaient, plus souvent encore qu'ils ne prêtaient, à ceux qu'ils
aidaient.

On peut même croire que la charité revêtit d'abord hors
de chez eux cette forme atténuée du prêt remplaçant le
don. Mais le droit des gens avait dû la leur apporter, et
il est certain qu'ils devaient la connaître, quand fut rédigé
le code de Bocchoris.

Il est de l'essence du prêt d'amitié de se faire sans écrit,
sans témoins, sans notaire, comme se ferait le don manuel
de cette somme d'argent dont l'ami a besoin. En effet, on n'a
point en vue, comme dans la créance chaldéenne, le capital productif : mais l'ami qui recourt à vous, l'homme malheureux auquel on veut rendre service. On ne prend donc
point les précautions qui garantiraient ce capital : mais qui
pourraient froisser cet homme, cet ami. A lui de rendre,
quand il le pourra et s'il le peut, ce qu'on lui prête. On se
fie à lui pour cela ; car c'est l'idée de charité qui domine
tout dans cet acte. Telle est, du moins, la conception que les
Égyptiens se firent d'un prêt inspiré par les règles de leur
code de morale et se rattachant encore à l'amour du prochain, comme l'eût fait un don gratuit. Cette conception,
Bocchoris la traduisit très bien par une loi de son code,
citée expressément par Diodore de Sicile. Quand l'Égyptien
avait prêté sans écrit une somme d'argent, on le regardait
comme s'étant fié à celui qu'il avait aidé en lui remettant
cette somme ; et, s'il la réclamait, le juge était tenu de
suivre son exemple, en s'en fiant pleinement au serment
qu'il faisait prêter à ce débiteur, sur tout ce qui touchait

le montant, les conditions de remboursement et l'existence même de la dette.

Le prêt d'amitié peut être regardé comme formant un genre dans cette grande classe des confiements qui occupait une si large place dans les droits des plus anciens peuples et au sujet desquels nous avons publié, il y a deux ans, un assez long mémoire dans les actes de la Société archéologique fondée par Birch.

Le confiement, soit chaldéen, soit égyptien, était loin d'être, dans tous les cas, ce que les Romains ont nommé le *depositum*. Dans le *depositum,* dans le dépôt romain, il était de règle que le dépositaire ne pouvait pas, sans commettre un vol, user de la chose à lui remise ou en laisser user un tiers. En effet, les Romains ne comprenaient le dépôt que dans l'intérêt exclusif du déposant. Celui-ci, gardant tous ses droits sur sa chose, tenait avant tout à ce que personne n'en tirât profit. D'après la définition romaine de la propriété, c'était à lui d'en jouir, d'en user et d'en abuser. En user donc en dehors de lui, et sans que cela lui rapportât rien, c'était à ses yeux porter atteinte à ses privilèges de maître, de *dominus,* et, par conséquent, lui faire tort, alors même que la chose ne devait nullement souffrir de l'usage que l'on en faisait.

Il en était déjà autrement chez les Grecs, plus proches de l'Égypte et de la Chaldée, moins exclusivement, moins férocement égoïstes que les vieux Quirites. A Athènes, même pour les dépôts proprement dits, on ne se hâtait pas de traiter de voleur celui qui, d'une manière quelconque, avait mis à profit la chose qu'on lui avait laissée entre mains. Le discours contre Timothée, qui nous a été conservé dans la collection de Démosthène, met bien en lumière cette différence entre les mœurs des Quirites et les mœurs des Athéniens.

Toute l'organisation des banques athéniennes était basée sur la confiance. Quand on portait son argent au banquier, quand on le chargeait de payer au jour dit telle ou telle somme que l'on devait, d'ouvrir un crédit, limité ou illimité, à telle ou telle personne dont on voulait répondre, — parce qu'on l'avait chargée d'affaires importantes ou simplement par amitié, — toutes ces opérations se faisaient sans contrat, sans autre écrit qu'une mention sur les registres du banquier pour en garder le souvenir.

Homme de confiance de son client, le banquier recevait aussi en dépôt, dans des magasins organisés à cet effet, des objets précieux qu'on voulait mettre en sûreté. C'étaient bien là, par excellence, des dépôts faits dans l'intérêt du déposant et nullement du dépositaire. Cependant, écoutez ce récit :

Timothée, le grand général, fils de Conon, — qui, plus que personne, avait contribué à replacer Athènes à la tête de la Grèce, après les désastres épouvantables de la guerre du Péloponnèse et de la guerre civile qui avait suivi, — Timothée, dis-je, attendait un hôte qu'il voulait brillamment recevoir. C'était un de ces rois du Pont, alliés d'Athènes, qui fournissaient des blés à cette ville, en cas de famine, et qui ne manquaient pas d'accueillir Timothée avec tout le luxe oriental, quand, à la tête de sa flotte, il allait leur rendre visite. Malheureusement, le luxe oriental manquait un peu dans la maison de Timothée. Ce grand citoyen, presque toujours en expédition, ayant à sa suite des mercenaires auxquels il était souvent obligé de faire des avances d'argent, n'avait pas coutume de mettre sa gloire dans le faste de sa demeure. Il lui fallut donc recourir à son banquier, Pasion, le père d'Apollodore, pour avoir les épais tapis dont il devait couvrir les chambres, ainsi que la vaisselle d'apparat et les objets d'art. Pasion prit dans ses magasins de quoi lui fournir tout cela. Il ne distingua nullement, pour ce prêt d'ami, entre les objets qui lui appartenaient en propre et ceux qu'il détenait à titre de dépôt. Parmi ces derniers, se trouvait une aiguière d'argent richement ciselée, d'un très beau travail, digne par excellence de la table d'un roi. Un malheureux hasard fit que cette aiguière se trouva perdue quand Timothée, après le départ de son hôte, renvoya chez le banquier ce qu'il lui avait prêté à cette occasion.

A Rome, le propriétaire du vase d'argent ainsi perdu aurait poursuivi son banquier pour vol d'usage et l'eût fait condamner, comme voleur, à restituer au double la valeur de cet objet de prix. A Athènes, non seulement il ne fut pas question d'une poursuite infamante contre le dépositaire qui avait mis à profit la chose déposée pour rendre service à un ami, mais, trouvant cela tout naturel, et y voyant, pour ainsi dire, l'accomplissement d'un devoir de solidarité, le déposant accepta de supporter sa part de la perte accidentelle. Il se contenta du remboursement d'un poids d'argent égal au poids du vase, perdant ainsi la valeur, bien plus grande, de la façon, du travail artistique, qui en avait motivé le prêt.

Il est certain, d'ailleurs, que les choses se seraient passées tout autrement si le banquier eut abusé de la confiance du dépositaire en louant la chose et en en tirant de cette manière un profit matériel. Mais il n'avait fait qu'appliquer ce fameux axiome athénien que Cicéron nous a rapporté comme tel en le traduisant en latin dans son traité *de Amicitia* : *omnia communia inter amicos*, « tout est commun entre les amis[1] ». Le client qui lui avait confié le vase d'argent était son ami. Timothée, qui le recevait, était également son client et son ami. Il avait donc pu mettre au service d'un ami la chose d'un ami, en vertu de ce communisme.

Vous voyez, Messieurs, que l'influence des beaux principes de la vieille morale égyptienne ne s'est pas fait sentir seulement à Athènes par l'institution des ερανα, des prêts d'amitié, mais qu'elle a puissamment agi sur bien d'autres détails des mœurs publiques.

Il faut dire que les confiements étaient très voisins des ερανα, en Égypte, comme en Chaldée, aussi bien qu'en Grèce. Ils étaient constitués de même : généralement écrits en Chaldée, car, en Chaldée, on écrivait tout, jusqu'au règlement de compte d'un maître avec son esclave, jusqu'aux moindres dépenses d'un temple, jusqu'au chiffre de la nourriture journalière d'un serviteur, d'un bœuf ou d'un mouton ; — en Égypte, le plus souvent ils ne motivaient aucun écrit. La

---

1. Dans son Traité *de officiis* liv. I, § 16, Cicéron indique aussi l'origine grecque de cet adage que le papyrus d'Hypéride nous a montré tant de fois en pratique : *in Græcorum proverbio est : amicorum esse omnia communia.*

même loi de Bocchoris s'appliquait alors, soit aux confiements faits dans l'intérêt de ceux qui les recevaient — c'est-
à-dire aux prêts d'amitié, aux ερανα, — soit aux confiements
faits dans l'intérêt de l'autre partie — c'est-à-dire à ce que
nous nommons dépôt, à proprement parler. Dans un cas
comme dans l'autre, pour le remboursement, s'il y avait
contestation, il fallait s'en remettre au serment de celui à qui
l'on s'était fié. Nous avons beaucoup de serments de ce genre
parmi les documents sur tessère dont le Louvre possède
déjà une grande quantité et dont il nous arrive tous les jours
de nouvelles séries. La contexture en est celle de tous les
serments prêtés en vertu d'une décision judiciaire : c'est-à-
dire que, dans ce procès-verbal, écrit sur tessère, on rapporte non seulement la formule du serment que la personne
en cause est allée prêter dans un sanctuaire et que le juge
avait rédigée préalablement à cet effet, mais la clause portant
sentence pour le cas où ce serment ne serait pas prêté. Rien
ne rappelle l'exposé des faits et les arguments qui ont été
donnés de part et d'autre. Il nous est donc très difficile de
distinguer avec certitude entre les deux classes de confiement : les prêts d'amitié et les dépôts.

D'ailleurs, je le répète, cette distinction n'a pas, dans les
divers droits des anciens peuples, l'importance qu'elle pourrait avoir s'il s'agissait du droit romain. Du moment où, dans
le dépôt, le dépositaire est autorisé à faire usage de la chose,
sa situation ne diffère en rien de celle de l'emprunteur qui a
reçu un prêt d'amitié. L'un et l'autre devront un jour restituer ce qu'on leur confie. L'un et l'autre peuvent s'en
servir, en attendant, et sans avoir rien à payer pour cet
usage. Pour le confiement d'amitié, aussi bien que pour le
confiement de précaution, on ne demande pas d'intérêt.

C'est pourquoi chez les Chaldéens l'expression *pakdu*, qui
veut dire, à proprement parler, *confiement* et par suite *dépôt*,
s'applique à des prêts d'amitié au moins aussi souvent, et
plus peut-être encore, qu'à des dépôts proprement dits. On
en est certain quand un grand banquier est censé faire, pour
quelques mois, entre les mains de gens qu'on sait beaucoup

moins riches, des confiements de sommes fort peu importantes, qui ne porteront point intérêts. Ce sont des prêts momentanés, généralement à courte échéance, motivés par un besoin pressant et par le désir de rendre service : prêts qu'on nomme *confiements, dépôts,* au lieu de les appeler *créances* ou *capital,* parce qu'à la différence d'un placement d'argent, ils ne produisent pas d'intérêt et n'ont pas pour but de faire travailler, de faire suer la somme en question, pour nous servir d'une expression juive.

En Égypte, on se sert de même, pour les prêts d'amitié ne portant pas intérêt, de l'expression *djalo = jhalo,* qui s'applique également aux vrais dépôts et qui représente originairement une idée de collocation, d'habitation, *jhoïle = djôili,* etc.

Ainsi l'acte de charité, l'acte d'amour envers le prochain, recommandé si vivement par la vieille morale égyptienne, après avoir été surtout un don gratuit, était devenu bien souvent, en Égypte, comme en Chaldée, un confiement momentané de la chose et de son usage. Ne vous semble-t-il pas curieux de voir qu'en Égypte, par exemple, le souvenir de l'origine se soit moins bien conservé dans les mots que dans la Grèce, simple imitatrice de l'ancienne Égypte ? Le prêt entre amis, le prêt de bienfaisance, le prêt sans intérêts se nommait encore acte d'amour chez les Athéniens, alors qu'en Égypte et en Chaldée on le rapprochait de dépot dans un même terme juridique.

Je vais vous donner un exemple de ces serments sur tessères dans lesquels il est difficile de savoir si c'est un dépôt proprement dit, ou plutôt un prêt d'amitié, que les parties ont eu en vue :

« Copie du serment qu'a fait Hor, fils de Psenhor, à la « porte des dieux du temple de Pamont neb Manun, en « l'an 15, qui fait an 12, le 23 Payri, par rapport à Tsemont, « fille de Helek ; à savoir : Adjuré soit l'esprit divin de « Manun, qui est en repos à jamais, ainsi que tout dieu qui « est en repos avec lui : les 2 talents 225 argenteus au sujet « desquels on a dit de moi que je les ai reçus en *djalo,* ainsi

« que Tadjom ta sœur, tu ne me les as pas donnés, tu ne me
« les a pas confiés, ainsi qu'à Tadjom ma femme. Il n'y a
« pas de mensonge dans ce serment. »

Les juges avaient dit dans leur sentence :

« Qu'il amène Tachons sa sœur qui est chez lui, pour
« qu'ils jurent ensemble la teneur de ce serment, serment
« qui le couvre. Ils feront le serment pour que la deman-
« deresse s'écarte d'eux. S'ils ne le font pas, qu'ils lui donnent
« 2 talents et 225 argenteus, plus leurs intérêts.

« Le serment a été prêté devant Pséchons, l'acolyte (du
« temple). »

Ce jugement, Messieurs, renfermait, il faut bien le savoir,
une clause pénale pour le cas où Hor, après avoir nié le
confiement de 2 talents et 225 argenteus, que sa belle-
sœur soutenait avoir fait conjointement à lui et à sa femme,
— probablement morte à cette époque, — ne voudrait pas
prendre les dieux à témoin de la vérité de cette négation.

Convaincu de mensonge par cela même, il devrait en être
puni par le paiement des intérêts de la somme remise en ses
mains.

Les clauses pénales sont très fréquentes en droit égyptien
en cas de non exécution des conditions d'un contrat. Par
exemple, il est de règle, dans les créances à terme fixe, que la
somme est grossie de moitié si elle ne se trouve pas payée
au moment voulu.

La loi des XII Tables, — qui, sur certains points, s'est inspirée du code de Bocchoris, mais non sans donner à tout ce
qu'elle touchait quelque chose de l'âpreté et de la sauvagerie
des mœurs romaines, — la loi des XII Tables avait établi
dans bien des cas la peine du double contre celui qui ne
remplissait pas ses engagements et les niait. La transformation rétroactive d'un confiement ne portant pas intérêts
en une créance proprement dite, en un *sankh*, en un δάνειον,
qui en Égypte portait toujours l'intérêt légal, était une peine
beaucoup moins sévère et qu'on ne saurait trouver trop dure
pour un homme de mauvaise foi.

Vous remarquerez que la manière de comprendre le conficment n'est pas autre, soit en Égypte, soit en Chaldée, quand il s'agit d'une somme d'argent, qui sera rendue en même valeur, mais en d'autres pièces, ou quand il s'agit d'un objet déterminé à rendre en nature. Ceci tient à ce que le principe de l'équivalence exacte des formes que pouvait prendre une valeur donnée, de la permanence de la valeur, considérée comme une chose abstraite, au milieu des transformations les plus diverses, ce grand principe dominateur de l'économie politique telle qu'on le comprend aujourd'hui, avait en Chaldée reçu, non seulement depuis les temps les plus reculés, une formule savante conservée dans la vieille langue arcadienne, mais des applications multiples, continuelles et d'une étonnante ingéniosité.

Il fallut toute l'étroitesse de l'esprit obtus des Romains pour baser une partie du droit sur la méconnaissance de cette vérité, si bien connue en dehors d'eux.

L'argent, le blé, individualisés par le poids ou par la mesure, étaient donc déposés, confiés, prêtés dans les mêmes conditions que les autres objets dont on pouvait faire un usage utile.

Le plus souvent, je l'ai déjà dit, on n'en donnait pas de reçu en Égypte, et c'est pourquoi nous ne connaissons guère toute cette classe d'actes que par les serments auxquels ils ont donné lieu.

Cependant voici un document, écrit sur tessère et qui, sans être ni un serment décisoire ni un reçu proprement dit, nous révèle clairement l'existence d'un dépôt fait à un fermier nommé Pséchons, fils d'Hermoclès.

Pséchons cultivait, près de Thèbes, la féconde île d'Amran, qui pour cette vieille capitale représentait à peu près ce que représente l'île des Roses pour le Caire actuel. Il nous paraît extrêmement probable qu'une compagnie financière jouait le rôle de propriétaire par rapport à cette île. En effet, le fils d'Hermoclès ne nomme personne à propos de ses comptes. Lorsqu'intervenait le partage des produits du sol entre le cultivateur et les propriétaires, si ceux-ci n'enlevaient pas tout ce qui leur revenait de la récolte, ce qu'ils laissaient restait en dépôt entre les mains du fermier possesseur. Dans les cas présent, à qui Hermoclès devrait-il remettre ce qui lui était confié ainsi ? Il n'en savait rien ; et l'agent chargé de venir prendre, dans une barque, ce qu'il pourrait transporter de la récolte, ne le savait pas davantage. On eut recours à un serment bien différent du serment judiciaire, puisqu'il créait une obligation au lieu d'en terminer et d'en liquider une. Ce serment est ainsi conçu : « Copie du serment qu'a « fait Pséchons, fils d'Hermoclès, qu'il a fait dans le temple « de Chons, à savoir : Adjuré soit Chons qui repose à jamais, « ainsi que tout dieu qui repose avec lui. Le jour où ils « apporteront ces écritures, les gens, pour le dépôt (*djalo*), je « le rendrai ce dépôt, au milieu de Thèbes, à l'homme qu'ils « auront pris pour cela. »

Le même Pséchons, fils d'Hermoclès, fit aussi, relativement à des dépôts de même nature, un serment décisoire, ordonné par les juges, parce que les mêmes anonymes, lui ayant également confié une quantité de blé qui leur revenait, prétendaient ne l'avoir pas reçue, alors qu'il soutenait, de son côté, l'avoir versée à leur mandataire. Ce serment, prêté devant le dieu Chons, était formulé ainsi qu'il suit :

« J'ai donné deux tiers de mesure que nous devions, moi et « ma femme, en tant que dépôt (*jhalo*). Cela n'est pas compris « dans les froments que je vous ai donnés pour ma part dans « le *vectigal*. »

Les juges avaient dit : « Il fera serment pour qu'il reçoive « cela en compte ; s'il ne le fait pas, qu'on ne lui en donne « pas quittance. »

Un point à remarquer dans le serment *faciendi* que je vous ai cité, — dans ce serment par lequel le fermier Pséchons, fils d'Hermoclès, s'engage à rendre le dépôt quand on lui rendra la tessère, — c'est que ni la nature du dépôt ni son montant ne sont indiqués.

Ainsi, bien qu'un écrit intervienne dans ce cas, la confiance, base du confiement, ne s'en traduit pas moins dans la constitution du contrat tacite. C'est celui qui reçoit le dépôt qui témoigne le moins de confiance, puisque, pour le rendre, il exige qu'on lui remette son écrit. Il est probable que cet écrit, qui n'est pas daté, intervint postérieurement au serment décisoire, également non daté, que nous avons donné à la suite. On peut supposer que le fermier, ayant eu un procès, désirait qu'on ne l'appelât plus devant les juges : et qu'il prenait ses précautions à cet effet.

Je vais vous citer encore une espèce curieuse, qui vous montrera combien les choses se faisaient à la bonne, si je puis m'exprimer ainsi :

Une femme, nommée Hermione, fille de Pirrhus, s'était trouvée prêter ainsi, probablement à quelque membre de sa famille, 15 talents, somme assez forte. Elle l'avait fait, suivant l'habitude, de la main à la main, et comme, en ce moment, deux personnes au moins lui avaient demandé un secours, elle ne savait plus à laquelle des deux elle l'avait donné. Il y avait eu pourtant un témoin de la chose : une femme nommée Tséamen, fille d'Héracléon. Hermione penchait plutôt à croire que son débiteur était un nommé Sounamen. Mais elle n'était pas absolument sûre que ce ne fût pas un nommé Hortu. Sounamen, mis en cause, invoqua le témoignage de la fille d'Héracléon.

L'intervention d'un témoin extérieur dans des circonstances pareilles n'était nullement contraire aux lois de Bocchoris, car il s'agissait de savoir à qui s'adresser — ce qui n'empêcherait nullement le débiteur, ainsi mis en cause, d'être interrogé sous serment sur le point de savoir s'il s'était acquitté, en tout ou en partie, si, par conséquent, il devait encore et à combien s'élevait le montant de sa dette.

Sur cette question préalable, la fille d'Héracléon, appelée par les juges à prêter serment pour mettre hors de cause Sounamen dans le cas où elle aurait su que ce n'était point lui qui avait reçu l'argent, jura au contraire en ces termes :

« Copie du serment qu'a fait Tséamen, fille d'Héracléon,
« dans le temple de Montnebuas, par rapport à Hermione,
« fille de Pirrhus, serment qu'elle a fait l'an 10, le 23 du
« mois de...... à savoir : Adjuré soit l'esprit divin de Manun,
« avec tout dieu qui repose avec lui! Les 15 talents au

« sujet desquels tu as parlé avec Sounamen, mon œil ne fut
« pas ouvert pour savoir si de toi les a reçus Hortu ou Sou-
« namen. »

Les juges avaient dit : « Elle fera serment afin qu'on
« s'écarte de Sounamen à ce sujet. Si elle ne le fait pas, que
« Sounamen le fasse sans mensonge. »

Prêté comme il le fût, le serment ne décidait nullement la
question. Le résultat était exactement le même que si la fille
d'Héracléon s'était abstenue de jurer. Aussi, dans une autre
tessère, que notre élève M. Cattaui nous a rapportée de la mission d'Égypte et dont il a parlé dans son rapport de mission,
avons-nous le serment que Sounamen, à son tour, a dû
prêter sur le même sujet : « Copie du serment qu'a fait Sou-
« namen, fils d'Horpsam, qu'il a fait à Hermione, dans le
« temple de Mont, seigneur de Manun, l'an 14, ce qui fait
« l'an 11 (de Cléopâtre et de Ptolémée Alexandre), payni 22,
« à savoir :

« Adjure soit l'esprit divin de Manun, qui repose a tou-
« jours, ainsi que ceux qui reposent avec lui. Les 15 talents
« au sujet desquels tu as parlé avec moi de toi les a Hortu
« (et non pas moi). »

Nous n'avons pas de pièce relative à la réclamation
qu'Hermione a dû, d'après cela, faire ensuite à Hortu. Probablement Hortu était-il en voyage quand, en son absence,
on s'adressait de préférence à Sounamen. Probablement à
son retour aura-t-il reconnu la dette sans difficulté et se
sera-t-il acquitté sans formalité judiciaire. Il nous paraît
extrêmement probable que Sounamen et Hortu étaient frères,
et qu'Hermione était une de leurs vieilles parentes, qui ne
savait plus auquel des deux elle avait prêté de l'argent, sans
intérêts et sans contrat, ni notaire, ni sous seing privé.

Nous pourrions vous citer encore bien d'autres pièces, de
même sorte, relatives à des dépôts, à des confiements, à des
prêts sans intérêts, d'objets individualisés, soit par leur
nature, soit par le nombre, par le poids ou par la mesure.
Mais en voilà assez pour que vous voyiez bien comment se
formaient les confiements, à quelle sorte de contestations ils

donnaient lieu en droit égyptien et comment ces contestations étaient terminées.

En dehors de ces confiements, le prêt d'amitié pouvait prendre la forme d'une intervention bienveillante.

C'est ce qui arrivait, par exemple, quand un Égyptien prenait pour lui les dettes personnelles d'une Égyptienne à laquelle il s'intéressait.

Sur un papyrus, appartenant à M. Wilbour, nous avons copié la lettre suivante.

« Par devant Pchelou », (c'est-à-dire à Pchelou — c'est ainsi que sont conçues toutes les adresses des lettres égyptiennes et celle-ci est répétée au revers). « Ne tourmente pas la fille « de Pséamen pour l'argent de la catacombe. Je le recevrai « pour toi en compte.

« A écrit Men, fils de Petamen, en l'an 53 (d'Évergète II) « le 27 Choiak. »

Il est vrai qu'ici la question devient un peu plus compliquée que dans les prêts d'amitié simples. On peut se demander si le fils de Petamen n'était pas guidé par l'amour et si, désirant épouser la fille de Pséamen, il ne lui faisait pas, par cette intervention libératrice, avant le mariage, un don comparable au don nuptial. On peut également se demander s'il ne jouait point, par rapport à elle, ce rôle de tuteur officieux que les papyrus grecs de Memphis nous montrent joué, pour des enfants ou des jeunes filles, par le reclus égyptien du Serapeum Armais, et par Chonouphis, un autre Égyptien.

S'il en était ainsi, d'ailleurs, ne serait-ce pas encore une application de ces règles de charité qui, avec la règle de vérité, constituent le fond admirable de toute la morale égyptienne?

Être bon, être secourable, être vrai, c'est faire, suivant les expressions du papyrus démotique de Pamont, « ce qui est agréable au cœur des hommes et ce qui est agréable au cœur des dieux ».

Quand, avant Bocchoris, le droit était tout entier religieux, quand, les juges étant des prêtres, les lois civiles se confondaient avec les règles de morale, les principes de bonne foi et de bienveillance mutuelle, dont s'imprégna si fortement le droit des gens, dominaient tout. La preuve par excellence était l'affirmation solennelle de l'homme mis en cause, avec invocation des dieux que l'on chargeait de le punir s'il ne disait pas la vérité.

Ce fut le premier état du droit.

Puis vinrent les conquêtes étrangères, la domination en Égypte d'hommes d'autre race, le mélange de peuples qui n'avaient pas cette foi profonde, ce respect sans bornes pour la vérité et à la parole desquels on ne pouvait se fier que dans certaines limites. Dans ces conditions, au milieu des vicissitudes des invasions éthiopiennes et des invasions assyriennes, le roi Bocchoris, un sceptique, qui se rattachait plutôt au parti des peuples de l'Asie, voulut rompre avec l'ancien droit hiératique. Il fit un code qui se distingue par les précautions infinies prises contre les fraudes, contre la mauvaise foi, contre les atteintes à la vérité. Il faut que celui qui s'oblige dise bien dans quelle limite il entend s'obliger. Si la liberté des conventions est illimitée, en revanche il faut que tout en soit écrit, qu'il y ait des témoins, un scribe attitré et responsable etc. Je ne vous répéterai pas ici ce que je vous ai dit dans une autre leçon, sur tout ce que les Égyptiens, une fois entrés dans cette voie, imaginèrent pour assurer l'authenticité des contrats.

Mais, à côté du droit civil, il restait toujours le droit sacré; et ce droit sacré était le seul qui intervint lorsqu'il s'agissait d'un de ces actes de charité qui découlaient directement de la religion et de la morale.

Rappelons d'ailleurs que, si l'Égypte a subi alors vivement le contre-coup des mœurs chaldéennes, longtemps avant déjà, la Chaldée avait, elle, subi l'influence des leçons de charité si bien exprimées dans la confession négative et dans la confession affirmative du livre des morts.

Du temps de Nabuchodonosor et de ses successeurs à Babylone, non seulement on trouve des prêts d'amitié — tels que le prêt, déjà cité par nous, fait par un esclave à un esclave pour que celui-ci puisse payer la capitation de sa femme, tels que des avances faites par des gens libres à d'autres esclaves pour leur propre capitation, tels que les confiements d'argent, sans intérêts, pour quelques mois, dont nous vous avons déjà parlé, tels que d'autres prêts d'amitié faits par des femmes à d'autres femmes, par une belle-sœur à sa belle-sœur, etc. (sans que le mot de confiement intervienne, mais sans que l'argent rapporte rien jusqu'au temps du remboursement à celle qui le fournissait), tels qu'une multitude d'autres conventions, qui nous paraissent également ressembler fort aux εραvα grecs, en ce qu'ils peuvent être regardés, au moins dans une certaine limite, comme étant inspirés par l'amour du prochain — mais le développement extrême qu'ont pris le cautionnement et la gestion d'affaires se rattache bien également un peu à cette même pensée de secours réciproques traduite par le proverbe grec : « tout est commun entre les amis. »

On sait quelle place énorme occupe dans le droit romain de la dernière époque, dans ce droit qui est l'aboutissant du droit des nations, les actions basées sur l'intervention, demandée ou spontanée, d'un tiers. L'égoïsme romain avait su profiter de cette coutume du droit des gens d'une manière souvent immorale. Le tiers, qui n'osait pas ne pas intervenir au premier signe que lui faisait le noble romain, était souvent victime de son intervention, comme nous vous l'avons montré dans une de nos leçons faites il y a trois ans et publiées dans notre volume sur les obligations. Mais enfin cette intervention d'un répondant ou d'un gérant d'affaires n'est-elle pas, elle-même, une forme atténuée de la charité prêchée en Égypte dès l'époque ancienne où l'Égypte avait l'hégémonie du monde?

En gens pratiques qu'ils étaient, les Chaldéens avaient vu surtout les côtés utiles des secours que les uns prêtaient aux autres. Ils rendaient des services à charge de revanche, et ils avaient soin de bien indiquer dans quelle limite ils rendaient ces services. C'était le plus souvent jusqu'à telle date fixe qu'ils laissaient l'argent sans intérêts à la disposition de celui qu'ils aidaient. Dans un certain nombre d'actes de ce genre, il est expressément indiqué que, si la somme n'est pas payée au jour dit, elle portera intérêts à partir de ce jour : c'est-à-dire que le prêt d'amitié sera transformé ce jour-là en prêt ordinaire, en placement d'argent, en créance productive. Dans d'autres actes, celui qu'on aide bénévolement, gratuitement, sans intérêts, donne une hypothèque. Le Babylonien tenait fort à son argent, et quand, par libéralité, il en confiait à d'autres l'usage, il ne voulait pas que cette libéralité en vînt à s'étendre jusqu'au capital.

De même, il se portait garant très facilement pour un correspondant, pour un client, pour un ami. Il le faisait sans qu'on le lui demandât, en l'absence de celui qu'il obligeait ainsi, et il supportait jusqu'au bout, sans sourciller, les conséquences de cette intervention amicale. Mais il ne manquait pas de se faire rembourser quand l'occasion s'en présentait. Ce qu'il invoquait alors, c'était exactement l'*actio mandati* des Romains de l'époque impériale. Il prouvait que son intervention avait fait les affaires d'un tel, cautionné par lui, et, par cela même, il était en droit de réclamer à cet individu le montant de ce cautionnement dont il l'avait fait profiter.

Voici le texte d'une tablette rédigée par deux marchands ambulants [1], paraît-il, en l'an 6 du règne de Nabuchodonosor :

« Si dans le mois d'Adar Satrapikbi va à Warka, et là
« prouve à Nebonadin suma, fils de Belibni, qu'il s'est porté
« caution pour Lillut, relativement à 12 gur de froment,
« Lillut donnera à Satrapikbi, pour être quitte envers lui,
« sans jugement ni action judiciaire, 12 [2] gur de froment. Si

1. Ils sont étrangers à Babylone, car ils n'ont pas de noms de tribus après leur nom patronymique. Le rendez-vous pris à Warka nous les montre d'ailleurs voyageant de ville en ville.

2. Le texte copié par M. Strossmaier, porte ici : 9. Mais il est probable que c'est une faute du copiste. Sinon il faudrait admettre que Lillut, dans une affaire sujette à contestation, ne se serait engagé à payer, sans réclamation et sans procès, que les trois quarts de ce qu'il devait pour une intervention non demandée par lui.

« dans ce mois d'adar Lillut va à Warka et que Satrapikbi
« ne se présente pas, Lillut sera quitte envers lui. »

Cette tablette est écrite par Lillut lui-même. C'est donc,
à ce point de vue, un sous-seing privé, bien que trois témoins
interviennent et que cette affaire ait été réglée entre les
parties devant un fonctionnaire qui a le titre d'*atuu* de la
Sublime Porte et qu'on pourrait comparer à l'agoranome.

Les réceptions d'argent, les paiements faits pour autrui,
par mandat ou par ordre, sont vraiment innombrables dans
les documents babyloniens, et en parcourant ces documents
on est bien vite persuadé que les jurisconsultes romains de
l'époque phénicienne ont eu raison de dire que la clause de
bonne foi était toujours sous-entendue dans les contrats du
droit des nations. Il en était tout autrement dans les traditions quiritaires basées sur le code des XII Tables.

Cela n'empêchait pas les Chaldéens d'aimer l'argent et
d'en connaître admirablement la valeur. Nous comptons
vous montrer dans la leçon prochaine qu'ils ont créé la
science de l'argent, si je puis m'exprimer ainsi, en lui donnant un développement véritablement extraordinaire. Mais
l'influence de la morale des Égyptiens pesait sur eux, et
c'est pourquoi la charité s'y faisait encore. C'est aussi pourquoi les esclaves nous y apparaissent dans une situation
infiniment moins avilie que celle qu'ils eurent, par exemple,
à Rome.

Nous aurons plus tard à étudier chez les Juifs les phases
diverses amenées dans le droit par le conflit des deux courants d'idées contraires qui y venaient, d'une part, de l'Égypte
et, d'une autre part, de la Haute Asie.

Mais permettez-moi, pour aujourd'hui, d'en revenir encore
à la Grèce, à cette Athènes qui reste si grande, malgré
toutes ses fautes, toutes ses injustices, toutes ses faiblesses,
dans l'histoire morale de l'humanité.

Athènes se vantait d'avoir un fondateur égyptien, Cécrops.
Elle se vantait d'avoir plus tard, avec Solon, puisé de nouveau à la source même de l'Égypte. Elle était devenue l'alliée fidèle des derniers dynastes égyptiens dans leurs luttes

contre les Perses, et un de ses plus grands désastres eut
pour occasion le secours qu'elle avait fourni, sans compter, à
un de ces rois. Le papyrus même d'Hypéride, que nous vous
avons cité dans la dernière leçon, nous parle du très grand
commerce qu'Athènes faisait avec l'Égypte. Elle recevait de
là une partie de son blé, nons le savons par les plaidoyers de
Démosthène. Au point de vue de la philosophie, c'est-à-dire
surtout de la morale, l'admiration des Athéniens pour les
Égyptiens, pour les prêtres des vieux sanctuaires de ce
pays, était, on peut le dire, sans bornes. Aussi, vous avez vu
déjà, par des exemples convaincants, le développement
qu'avait pris chez eux, dans les rapports journaliers des
hommes les uns avec les autres, les multiples applications de
la règle d'amour mutuel et de secours mutuel.

Je ne puis résister au désir de vous en fournir en détails
un nouvel exemple :

Dans les œuvres de Démosthène, figure un plaidoyer pour
Apollodore contre Nicostrate. Nicostrate était un voisin de
campagne d'Apollodore, du même âge que lui. Avant de plaider l'un contre l'autre, ils avaient été amis intimes. Nicostrate
gérait les biens d'Apollodore quand celui-ci était absent. Il
fut un jour pris par des pirates et Apollodore commença par
fournir à son frère la somme nécessaire pour aller le
rejoindre à Égine et convenir de sa rançon. Cette somme, il
lui en fit cadeau. C'était un acte de charité proprement dit,
un ερανος dans le sens primitif du mot. Il lui fit également
cadeau de 1,000 drachmes qu'il lui versa et qui constituaient
plus du tiers du montant de cette rançon. Enfin, comme le
reste avait été avancé par des étrangers qui menaçaient Nicostrate d'appliquer la loi et de le traiter en esclave si, dans le
mois, il ne remboursait pas ce qui leur était dû, Apollodore,
n'ayant point d'argent disponible, hypothéqua ses biens pour
se faire prêter, à 16 pour 100 d'intérêt, une somme qu'il lui
prêtait sans intérêt pour une durée d'un an, à titre d'ερανος.

Il comptait que, dans l'intervalle, les autres amis de Nicostrate, par leurs contributions, leurs prêts d'amitié, leurs ερανα,
auraient donné à celui-ci le moyen de s'acquitter envers lui.

Tout roule donc ici, comme dans le plaidoyer d'Hypéride retrouvé par nous, sur les ερανα, prêts ou dons, sur les devoirs d'assistance mutuelle qui unissaient les uns aux autres les Athéniens.

Ces devoirs d'assistance mutuelle, les Athéniens les comprirent également dans leur vie publique. Ce qui fait leur gloire éternelle, c'est d'avoir proclamé bien haut le *panhellénisme*, c'est d'avoir porté le regard hors des limites de leur cité, c'est d'avoir traité pour la Grèce, et non pour eux seuls, quand, vainqueurs des Perses, ils leur imposèrent leurs conditions de paix. Jusqu'à la fin de son existence politique, Athènes se montra toujours fidèle à cette active fraternité qui, s'appliquant au monde grec seul, était, par rapport à la charité universelle ce qu'était le prêt de charité, l'ερανος, par rapport au don.

Quand on lit les pages merveilleuses de Démosthène sur l'oubli des injures qu'il conseillait aux Athéniens quand il s'agissait d'aller secourir une ville grecque, ingrate envers Athènes, mais menacée par l'étranger, il ne faut pas que l'on oublie qu'il y a là l'écho retentissant, mais éloigné, des vieux principes de philanthropie de l'antique Égypte.

TROISIÈME LEÇON

Messieurs,

Dans nos dernières leçons, nous vous avons montré l'Égypte illuminant tout le monde ancien par sa merveilleuse morale et exerçant par là une influence parfois très profonde sur les mœurs des peuples, principalement de ceux qui se sont trouvés surtout en rapport avec ce pays. Aujourd'hui, nous étudierons une autre influence qui se faisait parallèlement sentir, en même temps, et qui joua un rôle important dans la genèse des anciens droits : celle de la science de l'argent, de l'économie politique, que créèrent les Chaldéens.

Au point de vue philosophique et en nous lançant dans l'abstraction pure, nous pourrions dire qu'aujourd'hui encore, comme en tout temps, ce qui mérite le nom de droit, dans les institutions juridiques, a dû chercher ses inspirations dans l'une au moins de ces deux doctrines : dans la doctrine économique ou dans la doctrine morale. Seulement, n'est-il pas remarquable de voir qu'à l'origine chacune de ces doctrines s'est incarnée, pour ainsi dire, dans un des deux grands peuples qui se mirent les premiers à la tête de l'humanité?

La science de l'argent paraît aussi ancienne dans les plaines de la Chaldée que la science de la morale paraît ancienne dans la vallée du Nil. Si, en Égypte, nous trouvons formulés déjà, dans les stèles du Haut Empire, les prin=

cipes qui forment la base de la confession négative et de la confession affirmative jusqu'aux plus récentes époques, dans les plus vieux contrats qui nous soient parvenus des bords de l'Euphrate, dans ces tablettes chaldéennes de Warka, datées du siècle d'Hammourabi, c'est-à-dire du xxiiiᵉ siècle avant notre ère — dont nous avons déjà parlé dans le volume paru de notre cours sur les obligations en droit égyptien — et dans la série des tablettes, exactement de la même époque qui ont été depuis lors découvertes à Sippara — c'est-à-dire au nord et non plus au sud de Babylone, — la base de toutes les opérations commerciales est la mise à prix ou, en d'autres termes, l'estimation en argent de la chose cédée.

Ceci est important, Messieurs, car on a longtemps discuté la question de savoir si les Grecs et les peuples du voisinage connaissaient déjà l'usage monétaire de l'argent au temps que peint Homère. Vous trouverez même dans le Digeste un passage d'un jurisconsulte qui invoque gravement l'autorité d'Homère pour prouver que l'échange a précédé la vente, et que les Grecs ne connaissaient pas, dans les temps anciens, la mise à prix.

Cette mise à prix, sans laquelle le commerce est rudimentaire, les Chaldéens, qui s'en servaient depuis longtemps déjà lorsque furent rédigées, près de quatorze siècles avant la guerre de Troie, les tablettes dont nous vous parlons, avaient vu, dès le premier coup, avec un sens pratique qui vraiment nous étonne, tout le parti qu'on en pouvait tirer. Je le répéte, ce furent eux qui créèrent et qui poussèrent jusqu'au bout la science de l'argent et des opérations qui avaient cet argent pour base. Aujourd'hui même, quand nous nous servons du mot *capital*, mot basé sur le latin *caput* « tête », nous ne nous faisons en cela que l'écho des Chaldéens, qui en sémitique se servaient constamment du mot *kakkadu* « tête », pour désigner dans leurs contrats cette somme d'argent que nous nommons un capital.

L'histoire de la série d'idées qui conduisirent les Chaldéens à l'invention de la monnaie, me semble assez intéressante pour nous arrêter un instant, et vous m'excuserez si je dois entrer dans une philosophie un peu abstraite pour expliquer cette éclosion.

Les Chaldéens s'étaient inspirés de l'idée première de la balance. Ce qu'on cherche avec la balance, c'est l'équivalence de deux choses au point de vue de la pesanteur, c'est-à-dire d'une propriété contingente, dont on se rend compte en faisant usage de la faculté d'abstraction.

La pesanteur est, disons-nous, une propriété contingente. En effet, c'est le résultat d'une attraction qui dépend du volume, de la densité et de la distance du corps attirant. Si vous l'appréciez dans les effets qu'elle peut produire sur un ressort, elle varie, pour un même objet, au haut d'une montagne élevée et dans une vallée profonde. Mais si vous l'appréciez par une équivalence, en établissant à ce point, sur une balance à deux plateaux, l'égalité entre le corps que vous péserez et ce qu'il vous faudra pour cela de poids formés par d'autres corps pesés d'avance et pris pour types, le rapport sera toujours le même, en quelque lieu que vous alliez. La pesanteur devient ainsi une proportion fixe, qu'il est possible de déterminer avec précision et certitude.

Les Chaldéens se dirent qu'on pourrait faire de même pour l'idée de valeur que pour l'idée de pesanteur. Le mesurage par égalité s'applique à l'une aussi bien qu'à l'autre ; et si l'on choisit pour élément d'appréciation un même corps métallique, la proportion des valeurs n'est pas autre dans ce métal que celle des masses et celle des poids. Les Chaldéens prirent donc pour commune mesure, — pour poids servant à l'appréciation de la valeur, — des poids d'argent, et, établissant pour ainsi dire une balance dans leur esprit, ils s'appliquèrent à mesurer, par une sorte de pesée mentale, ce qu'il fallait de poids d'argent pour représenter à leurs yeux le prix qu'ils attachaient à tel ou tel objet, mobilier ou immobilier. C'est là cette mise à prix qu'on retrouve sans cesse dans les contrats les plus antiques de Warka et de Sippara.

Allant d'ailleurs plus loin dans ce sens que la plupart des peuples anciens et même des peuples modernes, les Chaldéens comprirent aussitôt qu'en laissant dominer l'idée de valeur, en rendant les échanges extrêmement faciles, il n'y avait pas lieu de faire des distinctions entre les valeurs de natures diverses dont l'égalité était établie par cette sorte de pesée.

L'équivalence pouvait être regardée comme parfaite entre la possession des unes et des autres. On pouvait donc les changer de mains, comme on peut changer de côté, sur les plateaux d'une balance, ce qu'on y a mis, porter à gauche ce qui est à droite et à droite ce qui est à gauche, sans que l'égalité soit rompue.

Il n'y a qu'à lire les bilingues du palais d'Assourbanipal écrits, d'une part, en accadien, c'est-à-dire dans la vieille langue conservée comme langue sacrée après l'invasion des Sémites, et, d'une autre part, vis-à-vis, à titre de traduction, en langue sémitique, pour voir combien cette notion était devenue simple et claire, soit à l'époque, relativement moderne, qui commence à cette invasion, soit à l'époque, extrêmement ancienne, où le texte accadien fut écrit. Dans l'une comme dans l'autre langue, le verbe employé pour désigner la pesée mentale de la valeur en argent veut dire proprement *obtenir une égalité*, telle qu'on en obtiendrait pour les poids sur les plateaux d'une balance.

Cet établissement d'égalité, cette mise à prix se fait en vue d'un échange de possession, échange qui deviendra la vente quand il sera définitif, mais qui peut être seulement momentané, constituant alors un contrat extrêmement fréquent dans les tablettes chaldéennes de toute époque, contrat dont l'usage, conservé dans l'ancienne Grèce, s'est à peu près complètement perdu à l'époque romaine, et que les Grecs nommaient αντιχρησις « antichrèse ». Voici comment les fameux bilingues, dont nous vous avons déjà parlé, résument cette opération en prenant pour exemple l'antichrèse d'une maison, d'un champ, d'une servante et d'un esclave, c'est-à-dire des genres de biens qu'on engageait le plus souvent.

« Ils ont établi l'égalité entre la maison et de l'argent;

« Ils ont établi l'égalité entre le champ et de l'argent;

« Ils ont établi l'égalité entre la servante et de l'argent ;

« Ils ont établi l'égalité entre l'esclave et de l'argent.

« Quand il rapportera l'argent, il rentrera dans sa maison ;

« Quand il rapportera l'argent, il sera rétabli dans son « champ, etc. »

Ainsi, la possession de la maison, du champ, de l'esclave ou de la servante, était établie en équivalence avec la possession d'une somme d'argent.

Suivant la formule usitée dans les constitutions d'antichrèse faites à Babylone, quelques milliers d'années plus tard, sous le règne de Nabuchodonosor le Grand et de ses successeurs : « il n'y a pas d'intérêt, pour l'argent prêté, pas « de prix de location pour la maison, pour le champ ou pour « les esclaves dont la possession est reçue en échange. »

L'argent est donc mis sur le même pied que le champ, malgré les moissons de celui-ci, que les esclaves, malgré les produits de leur travail. Sur la balance des valeurs, il occupait un des plateaux ; il occupe actuellement l'autre : cela s'équivaut pour les deux.

Il est vrai que, dans la Chaldée, florissait alors le grand commerce international, qui rapporte toujours beaucoup. C'était la grande route de l'Inde, de la Chine, de toutes les parties de l'Extrême-Orient. L'argent donc y pouvait produire à peu près autant que le sol, ce sol fécond par excellence. Mais pour qu'il produisît ainsi, il fallait qu'il fût mis en œuvre, qu'il ne restât pas dans les mains de celui qui l'avait reçu. Peu importaient, d'après le principe de l'égalité absolue, les formes diverses que pouvait prendre une valeur, un capital, une « *tête* », *kakkadu* pour nous servir de l'expression même employée en sémitique dans les contrats des Chaldéens.

Cette expression « tête », appliquée à la somme d'argent dont on échange la possession contre la possession d'un esclave, par exemple, ne vous paraît-elle pas bien trouvée ? Ne vous semble-t-elle pas donner à cette somme une individualisation spéciale, analogue à celle que l'esclave avait reçue de la nature elle-même ?

Cela devait être, car l'égalité la plus absolue est établie entre la jouissance de cet esclave et la jouissance de cette somme, entre le droit éventuel à la restitution de cette tête d'esclave et le droit éventuel à la restitution de ce capital, de cette *tête* d'argent.

La créance a donc reçu corps en Chaldée, quel qu'en soit l'objet. L'idée du capital découle directement de celle de la pesée, de la mise en balance, en égalité, des valeurs diverses.

Mais de là résulte, pour la créance, une physionomie d'un relief singulier.

La créance chaldéenne nous apparaît ayant une vie propre, pour ainsi dire. Ce n'est point seulement un lien qui rattache un débiteur à son créancier, comme le *nexus* des vieux Quirites, c'est une valeur qui peut se transmettre activement d'une main à une autre et qu'on peut avoir attachée à une chose aussi bien qu'à un individu.

Il en était ainsi de la double créance résultant de toute antichrèse. Si nous reprenons, par exemple, la même espèce que tout à l'heure, celle de l'antichrèse d'un esclave, le possesseur actuel de l'esclave avait la créance conditionnelle d'un capital d'argent, d'une somme déterminée, pour le cas où on voudrait lui reprendre cet esclave; mais il avait le droit de céder cette créance conditionnelle sur le capital en question à un tiers auquel il cédait du même coup la possession de l'esclave. De son côté, celui qui jouissait de la somme d'argent prêtée et qui avait cédé son esclave en antichrèse pour se la procurer, avait gardé sur cet esclave un droit de créance conditionnelle pour le jour où il rembourserait le capital. Mais cette créance suivait l'esclave entre toutes mains où il passait, et elle cessait de peser sur le premier antichrétiste quand celui-ci, s'étant fait rembourser par un tiers, lui avait cédé la possession de l'esclave reçu par lui en jouissance.

C'est parce que les contrats de ce genre sont les plus fréquents parmi les anciens que nous avons choisi cet exemple, en premier lieu, pour vous montrer combien en Chaldée les créances avaient, pour ainsi dire, une vie indépendante au lieu d'être une simple relation entre le créancier et le débiteur.

Comme l'esclave lui-même, le capital créance pouvait éprouver des accidents. Il pouvait être mutilé, il pouvait périr. Quand on le constituait autrement qu'en l'établissant en antichrèse, on devait tenir compte de ses produits, comme on tenait compte des produits que fournissait le travail de l'esclave alors qu'on donnait celui-ci en location. Ainsi, la créance ordinaire doit se comparer, en droit chaldéen, à une location, comme l'antichrèse peut être comparée à une vente provisoire et résiliable. On loue le capital d'argent comme on loue un esclave ou comme on loue un champ. Et on trouve aussi naturel d'exiger un prix pour la jouissance de ce capital d'argent que pour la jouissance d'une autre valeur qu'on pourrait mettre en égalité avec cet argent.

Le prêt à intérêts, ainsi considéré, paraît tout ce qu'il y a de plus légitime chez un peuple très commerçant, — tandis que si l'on perd de vue la transformation facile et rapide des valeurs diverses, la notion nette d'un capital persistant toujours au milieu de toutes ses transformations, les produits que peut procurer ce capital sous ses formes diverses, — en un mot, toute l'économie politique, avec le commerce et l'industrie, — on en arrive forcément à voir dans le prêt à intérêts une abominable exploitation des besoins du prochain.

La charité égyptienne commandait de venir en aide au prochain, de lui fournir la nourriture, la boisson, le vêtement, la barque, tout ce qui lui était nécessaire pour entretenir son existence. Quand le prêt était considéré comme fait pour remplir ce but, quand il était à la donation ce que l'antichrèse était à la vente — c'est-à-dire quand c'était une cession provisoire faite avec la pensée qu'on reprendrait un jour ce qu'on cédait ainsi, — le prélèvement d'intérêts n'était pas plus possible pour le prêt qu'il n'était possible pour l'antichrèse.

Mais quand, au lieu d'être motivé par le besoin, par la misère, par la charité, il l'était par la pensée même qui domine tout le commerce, celle de faire produire un capital, une valeur déterminée, en la transformant, s'il le faut, et autant de fois qu'il le faudra, pour qu'elle ne soit pas inféconde, l'équité veut qu'on donne au capital d'argent un intérêt, calculé d'après : d'une part, les produits du commerce et de l'industrie, et, d'une autre part, les produits du sol.

Ce fut très tôt que les Chaldéens fixèrent un intérêt légal d'après ces bases. Dans les bilingues d'Assourbanipal se rapportant à une époque extrêmement ancienne, cet intérêt est identique à celui que nous retrouvons dans les actes de Babylone du temps du Nabonid ou de Darius, par exemple.

Il faut dire pourtant que les Assyriens, établis au nord de la Chaldée et qui avaient puisé leur civilisation aux sources chaldéennes, — mais en restant plus pleinement sémites par les mœurs et par le langage, — n'avaient pas voulu se plier à l'intérêt légal chaldéen. Chez eux, l'intérêt de l'argent était fixé entre les parties d'après le principe économique — je me demande vraiment s'il ne faudrait pas dire anti-économique — de l'offre et de la demande. Il variait donc dans les plus vastes proportions, suivant le crédit de l'emprunteur. C'était juste le principe contraire à celui de la charité. Et l'on peut affirmer que, dans de telles conditions, le prêt à intérêts méritait bien souvent le nom d'*usure*, pris dans son sens actuel.

Il est rare que dans les contrats provenant de Ninive, l'intérêt descende jusqu'au taux légal de la Chaldée, c'est-à-dire jusqu'au cinquième, à 20 pour 100, ce qui représente bien ce que pouvait donner en Chaldée, soit la terre, qui est la plus féconde du monde, soit le grand commerce dans des conditions exceptionnellement favorables. Mais déjà le sol d'Assyrie est notablement moins fertile que le sol de Mésopotamie, de cette région de Babylone où, d'après Delisch, les légendes antiques plaçaient le paradis terrestre.

Le climat de Mossoul, de l'ancienne Ninive, est assez froid pour que les palmiers n'y poussent plus, et, jusqu'à l'époque romaine, les grandes routes commerciales menant à l'Extrême-Orient, évitant les montagnes des environs de Nivive, allaient passer par Babylone.

Si donc l'intérêt de l'argent eût été là un intérêt légal, calculé d'après les mêmes bases, il aurait fallu en abaisser le taux dans une proportion très notable pour qu'il restât juste. Loin de là, nous le voyons souvent s'élever non seulement au quart de la somme prêtée, c'est-à-dire à 25 pour 100; non seulement même au tiers, c'est-à-dire à 33 pour cent; mais, assez fréquemment, à moitié, ou 50 pour 100; et quelquefois même jusqu'à somme égale, c'est-à-dire jusqu'à 100 pour 100.

Et ce qui prouve bien que c'est là de l'usure dans ce qu'elle a de plus répugnant, c'est que ces taux colossaux, excessifs, se rencontrent surtout lorsqu'il s'agit de prêts de sommes fort peu importantes, exprimées, par exemple en unités de cuivre, parce qu'elles n'égalent plus les unités d'argent.

Ce sont bien là les mêmes hommes qui écorchaient vifs leurs prisonniers, qui clouaient leurs peaux en losange le long des murs des villes qu'ils avaient prises, qui établissaient auprès des portes de hautes pyramides de têtes coupées, et qui, pour compléter la perspective, clouaient sur de hauts pals les prisonniers vivants.

On ne peut pas leur refuser le goût artistique.

Assourbanipal, avant de détruire de fond en comble la ville de Suse, qui était alors la plus belle ville du monde, avec sa haute tour recouverte de cuivre doré, ses palais, ses musées superbes, ses bois sacrés, semblables à de vraies forêts vierges, ses sanctuaires vénérés, où jamais nul profane n'avait mis les pieds, Assourbanipal commença par les parcourir en touriste, en amateur, et il y fit prendre, chemin faisant, quelques statues particulièrement belles, qu'il emporta pour ses palais de Ninive.

C'était un lettré, puisqu'il fit traduire les vieilles tablettes accadiennes, choisies avec soin dans le pillage des célèbres villes de la Chaldée, — tablettes parmi lesquelles s'en étaient glissées d'autres, beaucoup plus modernes, motivées par les cruelles expéditions de son grand-père, et qui, dans la langue sacrée, sous une forme prophétique, contenaient de terribles menaces à l'adresse des Assyriens. — Mais cet artiste, ce lettré, était une vraie bête féroce ; et l'on peut dire la même chose de la plupart de ses ancêtres et de la plupart des Ninivites.

Ces prêteurs, qui demandent 100 pour 100 pour quelques sous remis à un pauvre, auraient parfaitement été capables de se partager avec leurs couteaux le corps même de leur débiteur, comme les créanciers romains du temps de la loi des XII Tables.

Le roi d'Égypte qui consacra, dans le code des contrats, le principe de la créance portant intérêts, le fils de Tafnekht, Bocchoris, était un client du roi d'Assyrie.

A cette époque, où l'Égypte, abaissée, était en proie aux compétitions, d'une part, des rois d'Éthiopie, et, d'une autre part, des rois de Ninive, — grands conquérants qui avaient soumis presque tous les peuples connus, — Bocchoris, en se rattachant à ces derniers, s'attira la haine des rois d'Éthiopie qui, un peu plus tard, envahirent ses États et le firent brûler vif. Cependant, il ne proclama pas le principe de l'offre et de la demande pour les prêts d'argent. Il préféra adopter, au contraire, le système chaldéen de l'intérêt légal. Le taux de cet intérêt légal fut fixé à 30 pour 100, ce qui était moins que la moyenne de l'intérêt des Ninivites et que l'intérêt demandé, à la même époque, sous la domination ninivite dans une ville chaldéenne, à Warka ; mais plus que l'intérêt légal de la Chaldée indépendante, intérêt que les Chaldéens devaient reprendre, d'après leurs vieux textes vénérés, aussitôt après le renversement de Ninive. Ce taux de 30 pour 100 était alors peut-être motivé par le développement de plus en plus grand que le commerce avait pris depuis les temps déjà éloignés où les vieilles tablettes qui faisaient loi dans la vallée de l'Euphrate avaient été écrites. D'ailleurs, nous savons par le témoignage de tous les anciens qu'à cette époque surtout la terre égyptienne, fertilisée par l'eau du Nil, admirablement canalisée, était d'une fécondité qui ne le cédait en rien à celle de la terre mésopotamienne.

Cependant, ce grossissement de 30 pour 100 était trop

rapide pour être abandonné pleinement à lui-même dans un
pays où le prêt à intérêts semblait jurer avec la morale des
livres sacrés. Bocchoris, en laïcisant le droit, jusqu'alors considéré comme quelque chose de religieux, pour ainsi dire,
craignit de révolter l'opinion, s'il permettait aux créanciers
d'exploiter sans bornes leurs débiteurs. Il fixa donc une
limite, au-delà de laquelle l'argent prêté ne produisait plus
intérêts. Le capital primitif, la créance, pouvait doubler par
ses produits. Elle ne pouvait faire davantage. Les intérêts ne
formaient pas de nouveaux capitaux qui grossiraient eux-
mêmes. Ils restaient toujours à l'état d'accessoires immo-
bilisés.

Sur ce dernier point, le droit chaldéen, dans ses principes,
ne paraîtrait pas en contradiction avec le droit égyptien. En
effet, l'anatocisme, — la constitution des intérêts déjà échus
à l'état de nouveau capital produisant intérêts lui-même, —
n'allait jamais de soi en Chaldée. Mais le créancier avait
grand soin d'effectuer cette transformation de temps en
temps par un nouvel acte. Il se servait, à cet effet, des règlements de compte répétés, qu'on emploie encore actuellement
pour obtenir le même résultat dans les maisons de banque.
A chacun de ces règlements de compte qui, nous l'avons déjà
vu, motivaient un écrit, — même quand ils intervenaient
entre un maître et son serviteur, — le créancier appelait des
témoins pour faire rédiger une tablette d'après laquelle ce
qui lui était dû d'intérêts était censé prêté par lui ce jour-là,
avec les mêmes garanties réelles, s'il y en avait, que sa
créance antérieure.

En pratique donc, l'anatocisme, interdit en Égypte d'une
façon si formelle, était de coutume en Chaldée.

Mais ce n'était pas en cela que la législation de Bocchoris
s'écartait le plus du droit chaldéen, relativement aux créances. L'interdiction de laisser courir les intérêts après le
doublement du capital, qu'il avait inscrite dans son code,
était en formelle opposition, il faut bien l'avouer, avec la
conception de ce capital vivant, produisant par lui-même.
Les Chaldéens n'auraient pas compris comment, à partir

d'une certaine époque, on aurait cessé d'attribuer les fruits de ce capital à celui qui en était en droit propriétaire.

Mais, nous vous l'avons dit déjà, les lois formulées par Bocchoris étaient une sorte de transaction entre les idées courantes en Égypte et les idées courantes en Chaldée. En réglementant le placement d'argent, le prêt à intérêts, le législateur avait encore en vue les règles de charité de la morale égyptienne et le prêt de libéralité qui en découlait naturellement.

Quant à ce prêt de libéralité, de charité proprement dit, quant à ce que les Grecs ont nommé l'ερανος, nous avons déjà vu qu'il ne l'avait pas sorti du droit religieux, puisque ce prêt, contracté sans écrit, ne pouvait pas être prouvé autrement que par un serment déféré au seul débiteur et que celui-ci solennellement devait prononcer dans un temple.

La créance portant intérêts, le placement d'argent proprement dit fut reçu dans l'ancienne Grèce, comme il fut reçu en Égypte; seulement, à la différence du code égyptien, les Grecs, s'inspirant plus directement de l'Assyrie, ne fixèrent pas un taux légal pour l'intérêt.

Il est vrai que, dans la ville grecque qui eut le plus long-temps l'hégémonie, dans cette Athènes dont les lois servirent de modèle à la plupart des autres villes grecques — Isocrate nous le dit d'une manière formelle dans son discours égénétique — Solon avait édicté sans limite la liberté absolue des contrats.

La liberté des contrats était bien un des principes du code de Bocchoris où le législateur athénien avait puisé ses inspirations. Mais les raisons particulières que je vous ai exposées plus haut, les traditions basées sur les anciennes règles de la morale religieuse égyptienne avaient conduit ce roi à faire une dérogation à ce principe relativement au taux d'intérêt de l'argent prêté. Solon trouva que l'institution des ερανα suffisait pour la charité dans Athènes et il s'écarta de son modèle en cela, comme en ce qui touchait les droits des femmes.

A Athènes donc le taux d'intérêt fut fixé conventionnellement entre les parties, comme il l'était en Assyrie sous le règne d'Assourbanipal. Mais nous voyons, par les plaidoyers des orateurs, que d'ordinaire il y était loin d'atteindre un taux aussi excessif. L'intérêt de 30 pour 100 est un des plus forts qu'on y rencontre, — en dehors du moins des sommes dues aux dieux, particulièrement à Minerve, et qui croissaient en cas de retard, à titre de peine, dans des proportions véritablement extraordinaires.

Le taux de 30 pour 100 était fréquent dans les prêts à la grosse aventure, c'est-à-dire quand il s'agissait de sommes avancées pour le frêt d'un navire et qui devaient être perdues si le navire lui-même se perdait.

Les risques dans ce cas étaient considérables, et il était tout naturel que le capital en danger rapportât beaucoup s'il revenait sain et sauf.

En cas d'antichrèse ayant pour objet un atelier industriel d'esclaves, comme cet atelier de fabriquants de meubles dont il est question dans le plaidoyer de Démosthène contre Aphobos, lorsqu'on faisait, suivant la méthode chaldéenne, la pesée de valeur entre le groupe d'esclaves dont on allait ainsi céder la possession et une somme d'argent correspondante, on comptait que le capital que l'on mettait en égalité avec le gage antichrétique devait rapporter également 30 pour 100. En effet, une épidémie pouvait enlever tous les esclaves, ou du moins la plupart d'entre eux, et dans ce cas le capital d'argent était perdu pour le prêteur ; car l'emprunteur n'aurait plus eu aucun intérêt à lui rapporter son argent pour reprendre en échange le peu d'esclaves qui restaient, s'il en restait, ou pour ne rien reprendre. Or les principes de l'antichrèse étaient toujours ceux que nous avons vu formulés dans l'antique Chaldée par une phrase arcadienne traduite dans les bilingues d'Assourbanipal.

Le père de Démosthène, en versant à Mériadès 40 mines pour en recevoir 20 fabricants de lits du travail desquels il jouirait, a fait exactement comme le prêteur chaldéen dont il est question dans ce bilingue. Après qu'ils eurent *mis en égalité*, suivant les expressions mêmes de ce texte, les esclaves, d'une part, et, d'une autre part, une somme d'argent correspondante, le père de Démosthène a dit à Mériades : *quand tu me rapporteras l'argent, tu seras remis en possession de tes esclaves.* Et le contrat était ainsi conclu. Tant que l'argent n'était pas rendu, le père de Démosthène restait en possession des esclaves de Mériades. Il en jouissait comme eût pu le faire un propriétaire proprement dit. Et par conséquent il subissait tous les risques qu'eût pu subir un propriétaire.

N'est-il pas curieux de trouver ainsi à Athènes, à l'époque classique, dans toute sa pureté primitive, la plus ancienne forme connue de la mise à prix, celle qui a précédé certainement toutes les autres, qui a fait éclore l'idée d'argent, qui a fait naître l'idée de monnaie, réalisée ensuite de diverses manières ?

Remarquez-le bien, Messieurs, l'idée d'égalité n'a rien de compliqué en soi ; et elle pouvait suffire à tout quand, à la vente proprement dite, on joignait en outre l'antichrèse. Il n'y avait point alors d'intérêts à recevoir. L'échange de deux valeurs égales se faisait entre le créancier et le débiteur comme il se fait entre le vendeur et l'acheteur. La location d'esclaves ou d'immeubles s'opérait de même. Celui qui voulait jouir de la terre d'autrui versait entre les mains du propriétaire le capital d'argent dont on avait jugé la valeur égale à celle de l'immeuble ; et le propriétaire, pour reprendre l'immeuble, devait d'abord rembourser l'argent. Cette forme de la location est encore une des plus fréquentes dans les tablettes chaldéennes du temps de Nabuchodonosor, de Nabonid et même de Darius.

Tous les contrats, ou à peu près, pouvaient ainsi s'effectuer au moyen de simples échanges ; et à côté de la mise à prix n'intervenait, je le répète, aucun calcul apparent d'intérêts. Mais cette mise à prix déjà, je vous l'ai montré, comportait un calcul réel et sérieux, bien que n'étant pas exprimé dans l'acte, des intérêts que devait rapporter le capital et des risques qu'il pouvait avoir à courir. C'est même ainsi que l'antichrèse est devenue la mère de la créance proprement dite, du prêt d'argent portant intérêts et n'ayant point pour corollaire le prix de jouissance d'un objet déterminé.

En établissant l'égalité entre les jouissances comme en établissant l'égalité entre les valeurs, on s'accoutumait à considérer le capital représenté par de l'argent comme devant produire par lui-même des fruits équivalents à ceux que produisait le capital représenté par un champ ou par un jardin.

Je vous l'ai déjà dit souvent, mais je ne saurais trop vous le répéter, c'est là l'idée fondamentale du prêt à intérêts, des créances portant intérêts, et, d'une façon générale, de toute la science économique.

L'échange antichrétique n'exigeait encore rien qui ressemblât à ce que nous nommons la monnaie. Pour qu'il eût lieu, il pouvait suffire de peser l'argent à l'état de lingots, de morceaux, de poudre, sous quelque forme que ce fût, sans que les masses des morceaux eussent aucun rapport entre elles et sans que rien n'en indiquât le poids d'avance.

Je pourrais vous citer encore un très grand nombre d'expressions se rapportant à cette pesée de l'argent, soit en accadien, soit dans les langues sémitiques, soit en égyptien, soit en grec, etc.

Tant que la proportion cherchée était une simple proportion d'égalité, cela pouvait suffire. Mais le jour où l'on établit dans les contrats une proportion nouvelle, celle qui devait relier au capital d'argent le produit, le fruit qu'on en obtiendrait durant un temps déterminé, cette proportion, devenue fixe chez les Chaldéens, demandait qu'on établit des unités de compte ayant entre elles des proportions fixes.

Les unités de compte chaldéennes furent surtout la mine et le sekel. Le sekel devint chez les Grecs le didrachme, — cette monnaie qui est de beaucoup la plus commune parmi les plus anciennes monnaies d'Athènes. Quant à la mine chaldéenne, elle comptait 60 sekels ou 120 drachmes athéniennes.

Dans un pays très commerçant, les déplacements d'ar-

gent sont de grande fréquence : et c'est pourquoi l'on y cal-
cula l'intérêt de l'argent par mois, au lieu de l'y calculer
par an comme on le faisait en Assyrie, pays de peu de commerce et de beaucoup d'usure. Le taux de 20 pour 100 pour
l'argent formait par mois juste un soixantième du capital,
c'est-à-dire un sekel par mine. On s'habitua très tôt à donner
une forme à des masses d'argent qui pesaient une mine,
dont le poids était contrôlé et indiqué par une marque
officielle. D'autres masses pesant une fraction déterminée de
mine ou un nombre de mines déterminé étaient également
façonnées, contrôlées, et marquées ainsi.

En Assyrie, où le cuivre était aussi un métal monétaire,
ainsi que les contrats nous l'apprennent, le même genre de
travail avait lieu pour ce cuivre que l'on transformait en
monnaie. C'est même par le cuivre, dédaigné dans les pil-
lages, que nous avons appris la chose. Un assez grand
nombre de lions, de canards, qui étaient des monnaies,
mais que les vainqueurs de Ninive ont négligés de ramasser,
alors qu'ils emportaient des dépouilles opimes, ont été trouvés, ainsi délaissés, comme les tablettes de la Bibliothèque,
dans les ruines des palais ravagés et détruits des grands
monarques assyriens.

En Chaldée, il n'est plus douteux que la monnaie proprement dite, c'est-à-dire l'argent divisé en pièces, ayant
un poids et une valeur déterminés, quel qu'en fût du
reste la forme, existait déjà, et peut-être depuis bien des
siècles du temps de Nabuchodonosor, lorsque furent rédigées les tablettes babyloniennes où il est question de sekels
en pièces et de *takati*, quarts de sekels.

Les *takati*, les quarts de sekels, se trouvent représentés,
comme le sekel lui-même, dans les monnaies grecques. Ce
sont ces pièces d'une demi-drachme, de trois oboles, dont
chaque juré athénien recevait une par jour, du temps
d'Aristophane, pour représenter sa journée de travail perdue et son entretien.

Nous avons vu un grand nombre de pièces d'argent de
ce genre dans les collections monétaires que nous avons

examinées, et cela aussi bien pour d'autres monnayages que pour le monnayage d'Athènes.

Il n'est plus aujourd'hui permis de supposer que le monnayage a été inventé par quelques peuples grecs ou par quelque roi de la Lydie. Les outen de l'ancienne Égypte, nommés plus tard *hat'* « argent », c'est-à-dire ce qu'en latin on peut nommer *argenteus,* avaient une forme déterminée, comme leur poids, poids qui représentait environ le sixième d'une mine chaldéenne, 10 sekels chaldéens ou 20 drachmes d'Athènes. C'étaient donc bien, à proprement parler, des monnaies, comme les canards et les lions trouvés en Assyrie, et les lions, les biches de métal, etc., figurés à l'état de monnaies pesées sur d'anciens bas-reliefs égyptiens.

L'outen-argenteus se divisait, en Égypte, en 10 kati, et si nous voulons nous rendre compte de la manière dont l'intérêt de l'argent prêté a été fixé par Bocchoris, il faut se rappeler que l'année égyptienne se divisait surtout fondamentalement en trois saisons de quatre mois. En démotique encore, comme dans l'ancienne écriture sacrée, chacune des saisons est désignée par un caractère spécial ; mais quant aux mois, il est dit seulement de chacun que c'est le premier, le deuxième, le troisième, le quatrième de telle ou telle de ces saisons. L'intérêt de 30 pour 100, calculé en Égypte, en prenant pour unité de capital la grosse monnaie du pays, l'argenteus-outen — comme on l'avait calculé en Chaldée en prenant pour unité de capital la grosse monnaie du pays, la mine — représentait donc juste par saison égyptienne, une petite unité monétaire du pays, le kati — comme il représentait en Chaldée, par mois, une petite unité monétaire chaldéenne, le sekel.

Les comptes devenaient ainsi beaucoup plus simples et prêtaient moins aux fraudes : et peut-être bien avons-nous là une des principales raisons qui ont déterminé le roi Bocchoris, toujours préoccupé de la pensée des fraudes possibles, à choisir l'intérêt légal de 30 pour 100 pour l'argent prêté.

Pour le blé, comme la moisson était annuelle, on calculait l'intérêt par an et on l'avait fixé au tiers du capital, parce que les mesures de capacité se divisaient par trois. Cela faisait un peu plus que l'intérêt permis pour les prêts d'argent, 33 1/3 pour 100 au lieu de 30 pour 100.

Du reste, il faut remarquer que la simplicité de ce système consistant à rendre le calcul matériel pour ainsi dire, en rapportant à la fois le capital et l'intérêt à des unités usuelles de monnaies ou de mesures, était bien fait pour séduire les Grecs.

Pour indiquer le taux d'intérêt dans les créances ou les prêts simples, les Athéniens sous entendent d'ordinaire que le capital sera la mine réduite chez eux à valoir 100 drachmes, et ils se bornent à écrire : « L'argent est placé à une drachme », par exemple, en sous-entendant également que le calcul se fait par mois. A côté de la drachme, ils avaient l'obole, valant six fois moins, et quand ils disaient que l'argent était placé à 9 oboles, cela voulait dire qu'il rapporterait une drachme et demie par mois, 18 drachmes par an ou, en d'autres termes, 18 pour 100, avec la proportion d'un à cent établie entre la mine athénienne et la drachme. On trouve ces deux taux d'intérêt dans les contrats grecs mentionnés par les orateurs et dans les inventaires qu'ils dressent. C'est ainsi que le père de Démosthène avait dans sa fortune, au moment de sa mort, des créances représentant environ un talent d'argent prêté à la drachme. Démosthène compte ce δανειον, — à côté de l'atelier de fabricants de meubles dont nous avons déjà parlé et d'un autre atelier de fabricants d'épées, — dans la partie activement productive de son héritage. Dans ce même héritage se trouvait également, et cette fois dans la partie improductive, le remboursement attendu d'une somme à peu près égale, se montant aussi à environ un talent, qui avait été prêtée à divers en prêt d'amitié, en ερανα, ne rapportant pas intérêts.

Sans sortir de ce même plaidoyer, on voit également mentionner le taux d'intérêt de 9 oboles, comme étant l'intérêt légal qu'on était en droit d'exiger de celui qui détenait en mains la dot d'une veuve. Démosthène, à propos de la dot de sa mère, — que n'avait pas rendue son tuteur Aphobos, — déclare qu'il se contentera du taux de la drachme, c'est-à-dire de ce taux du centième par mois, de 12 pour 100 par an, dont se contentait son père envers ses débiteurs, quand il faisait des placements d'argent ne comportant pas les risques des prêts maritimes, à la grosse aventure, ou des antichrèses d'esclaves. Les prêts à la grosse aventure s'élevaient dans cette succession à un peu plus d'un talent, à 70 mines 7,000 drachmes. Deux tiers de talent, étaient placés en comptes courants chez des banquiers. Un talent un tiers restait en caisse.

Ne jugez-vous pas intéressant cet inventaire des biens d'une famille que Démosthène a rendu illustre ?

Nous y voyons les placements d'argent, les prêts à intérêts faits à la chaldéenne, et les prêts d'amitié, les actes de charité sortis de la morale égyptienne occuper juste la même place. Nous y voyons l'esprit d'aventure des Athéniens se révéler par une somme un peu plus forte, exposée sur mer, et bien que l'argent ne manquât pas dans la caisse, le commerçant s'est fait ouvrir chez trois banquiers des comptes courants, — par de l'argent déposé, pour avoir le droit de tirer à vue et qui, comme au Crédit foncier actuel, pour ceux qui s'y font délivrer des cahiers de chèques, ne rapportent rien ou à peu près.

Revenons-en au taux d'intérêt.

Je vous ai cité déjà pour Athènes, dans la dernière leçon, à propos de l'emprunt fait sur hypothèque par Apollodore, quand il voulait prêter lui-même en prêt d'amitié sans intérêt à Nicostrate, le taux de 8 oboles par mois, — intermédiaire entre celui d'une drachme et celui de 9 oboles.

On en a relevé d'autres encore, sur lesquels Saumaise a fait autrefois un mémoire fort intéressant.

A Rome, un soulèvement populaire contre les créanciers, qui étaient surtout les nobles et qui exploitaient les plébéiens par une usure sans merci, eut pour résultat de faire établir, à l'imitation de l'Égypte et de la Chaldée, un taux légal que ne devraient pas dépasser dans leurs contrats les prêteurs d'argent. Ce taux fut celui que les Athéniens appelaient l'intérêt de la drachme, c'est-à-dire, pour chaque mois le centième de chaque mine du capital versé. Voilà ce que les Romains nommèrent la *centesima*, nom qui avait pour eux — dont les monnaies correspondaient mal et qui étaient d'ailleurs très souvent l'objet de réductions en poids, etc., — l'avantage de placer le calcul en dehors de toute fluctuation du monnayage.

Ajoutons, du reste, qu'en Grèce la mine n'était plus conservée que comme unité de calcul. On n'y frappait plus de ces monnaies, environ du poids d'une livre actuelle, et qui prirent, en effet, le nom de *livre* en Sicile, en Italie et chez les Romains.

Mais la créance d'une mine valait 100 drachmes pour les Athéniens, comme notre billet de banque de 100 francs vaut chez nous 100 pièces d'argent du poids de 5 grammes.

Il en fut de même en Égypte sous les Ptolémées, quand on y adopta un monnayage de l'argent qui, imité d'abord de celui d'Alexandre, pleinement attique, fut progressivement rapproché du monnayage de Philippe, ce père d'Alexandre dont Ptolémée Lagus prétendait descendre de la main gauche. La plus ancienne unité grecque, la mine, dont il est encore très souvent question dans les papyrus grecs, n'est plus jamais frappée en pièces. Et quant à l'ancienne unité monétaire des Égyptiens, — l'outen, cinq fois plus petit que la mine et assimilé officiellement à 20 drachmes grecques, — elle est devenue également une unité de compte, — comme d'ailleurs le talent *kerker* de 300 argenteus-outen, dans les papyrus démotiques de la première période, c'est-à-dire de l'étalon d'argent — sauf à redevenir une monnaie existante à la seconde période, c'est-à-dire sous le régime de l'étalon de cuivre.

Du temps de l'étalon d'argent, afin d'avoir pour base dans les comptes d'intérêt au moins une monnaie existante en réalité, on avait donné le nom de sekel à l'ancienne pièce macédonienne de Philippe qui était devenue en Égypte —

par une série de réductions successives du poids de la drachme d'Alexandre — un tétradrachme pour les Grecs. Ce sekel — plus gros que le sekel asiatique des premières époques dont nous vous avons parlé — avait lui-même pour moitié, comme monnaie de compte, dans le système ptolémaïque établi pour les indigènes, le vieux kati égyptien. De telle sorte que l'ancienne manière de calculer les intérêts ne se trouvait modifiée en rien par les changements de monnaie.

La règle interdisant de dépasser le doublement du capital créance en y ajoutant ses produits, subsistait toujours, du reste, ainsi que la règle interdisant l'anatocisme.

La substitution de l'étalon de cuivre à l'étalon d'argent, dans le second siècle avant l'ère chrétienne, ne changea rien encore. On conserva les mêmes noms à toutes les unités de compte qui représentaient les mêmes poids d'un autre métal.

Quand Auguste, s'étant emparé de l'Égypte, l'eut livrée au gouvernement d'un Augustal, chargé de remplacer les rois, conservant d'abord en principe tout le droit existant, on en revint bientôt à l'étalon d'argent, et les monnaies frappées dans ce pays sous Tibère ressemblent, comme poids et nature de métal, aux monnaies d'argent très adultérées que les derniers Ptolémées frappaient.

Puis, sous Constantin, l'Égypte, devenue pleinement romaine, reçut, comme le reste du monde, l'étalon d'or pour nouvel étalon. Mais alors l'empereur voulait faire par lui-même le départ entre les vieilles règles égyptiennes relatives aux intérêts des créances. Il en adoptait quelques-unes pour le monde entier : par exemple, l'intérêt d'un tiers pour le prêt de blé, l'interdiction de grossir, par l'accumulation des intérêts, le capital créance au-delà de son doublement. Il en repoussait d'autres pour se rattacher aux idées romaines.

A cette époque, les comptes se font en *holocots* d'or, c'est-à-dire en aureus romains basés sur la drachme athénienne d'or, moitié du didrachme χρυσους.

Cependant, bien plus tard encore, les Nubiens avaient conservé le talent *kerker* et ses divisions.

Mais, je m'écarterais trop loin de mon sujet si je voulais

aujourd'hui m'engager plus avant dans l'histoire des monnaies diverses en usage dans le monde antique et des divers étalons monétaires qui y furent successivement ou parallèlement employés.

Qu'il me suffise de vous avoir montré que cette histoire de la monnaie se rattache d'une manière intime à celle du droit, et qu'elle en est pour ainsi dire la conséquence.

Si nous ne nous servons plus aujourd'hui de la balance pour la pesée des métaux monétaires, comme les peuples de l'Extrême-Orient le font encore, la cause en est dans les progrès que fit en Chaldée, à partir de l'invention de l'antichrèse, la science des principes économiques, la science de l'argent.

A ce point de vue, nous sommes les élèves éloignés des Chaldéens — comme au point de vue de la morale, et même après le christianisme, nous sommes restés les élèves des Égyptiens. La réputation des pères du désert, leur influence sur le reste du monde ne furent pas moindres que l'avaient été celles des prêtres de l'ancienne Égypte. Ce fut toujours là qu'on alla chercher l'idéal le plus élevé de la doctrine de charité, et je dirais presque de bonhomie.

QUATRIÈME LEÇON

Messieurs,

Quand, il y a trois ans, nous traitions des obligations, j'ai eu l'occasion de vous faire remarquer que dans les bilingues gréco-démotiques c'était le mot δανειον, — s'appliquant primitivement aux prêts à intérêts — qui était donné comme équivalent du mot égyptien *sankh,* dont l'acception primitive était tout autre et beaucoup plus large. Je vous ai fait aussi remarquer que le *sankh,* ainsi traduit par les conquérants d'une façon un peu forcée δανειον, jouait en droit égyptien un rôle tout aussi important qu'en droit romain la stipulation.

Notez-le bien d'ailleurs, cette stipulation romaine est un équivalent exact du *sankh* égyptien avec cette différence du moins que dans la création de ce mot, comme dans celle de tous leurs autres termes juridiques, les auteurs de la loi des XII Tables s'attachèrent à la forme, au geste, tandis que les Égyptiens s'attachèrent au fond même des choses.

Prenons au hasard un autre exemple. La mancipation, chez les Romains, est bien une copie de ce qu'était en Égypte l'écrit pour argent. Dans un pays comme dans l'autre, c'est un transfert de la propriété contre une somme reçue. Mais en Égypte, pour désigner cet acte de transfert, on s'est attaché à l'idée du prix payé qui en était la cause et on l'a nommé en conséquence *l'écrit pour argent.* A Rome, on s'est attaché seulement à la forme visible, au geste, et on l'a nommé *prise avec la main.*

Revenons-en au *sankh*. Primitivement, les obligations se contractaient surtout en Égypte par un serment, et nous savons, ainsi que je vous l'ai déjà dit, par le récit d'une action judiciaire contemporaine des Ramessides, que pour donner plus de solennité au serment, le juge le faisait souvent prêter sur son bâton.

A Rome, cette idée du bâton, de la baguette, de la tige de paille représentant d'ailleurs la lance, l'ayant emporté sur toute autre, on nomma l'engagement solennel par *sponsio*, dérivé du *sankh* égyptien, *stipulation,* ce qui revient à ce que serait en français *bâtonnage*.

Le terme égyptien voulait dire action de faire jurer.

N'était-ce pas plus topique, plus intelligent, plus conforme aux habitudes d'esprit d'un peuple policé?

Ces différences dans les mots, une fois bien comprises, on est frappé des analogies pour le fond.

En Égypte, le terme *sankh*, ou son correspondant macédonien δανειον, représente un genre de contrats d'une application aussi fréquente que la stipulation romaine, comme d'ailleurs l'écrit pour argent est d'un usage aussi fréquent que la mancipation romaine.

C'est une stipulation du prix qui en remplaçait à Rome le paiement, quand le transfert de propriété s'y faisait par mancipation, bien que l'acheteur qui était censé payer de suite n'eût point en mains les fonds nécessaires et reçût en réalité la chose à crédit.

En Égypte, c'était un δανειον ou *sankh* qui intervenait en pareil cas.

C'était également un δανειον ou *sankh* qui masquait en Égypte une libéralité, comme c'était à Rome une stipulation.

La constitution d'une dot par un étranger en Égypte — nous en avons un exemple dans un des papyrus de Turin — se faisait au moyen d'un δανειον ou *sankh,* comme elle se faisait à Rome au moyen d'une stipulation.

Nous nous bornerons à ces exemples; mais on pourrait poursuivre cette comparaison pour ainsi dire indéfiniment.

En ce qui touche son formalisme, le droit romain de la

loi des XII Tables n'est qu'une copie déformée du droit égyptien.

Nous vous avons dit qu'en Babylonie il y avait des expressions d'un usage tout aussi fréquent et qui ne se rattachaient nullement à un formalisme. Les Babyloniens qui, de tous les peuples de l'antiquité, ont poussé le plus loin les notions vraies de l'économie politique, ne s'étaient attachés ni à cette idée du droit religieux, du serment qui faisait d'abord la base de toute obligation, soit en Égypte, soit à Rome, soit même un peu partout ; car dans les actes de Warka on voit sans cesse intervenir l'invocation des dieux. Ils ne s'étaient pas attachés non plus à l'objet brutal, au bâton dans lequel les Romains individualisaient la même idée.

Scrutant jusqu'au fond la nature des choses, ils avaient vu que toute obligation aboutit à un capital réclamable, à une créance, à une somme d'argent, et ce sont ces trois mots : capital, créance ou argent qu'ils emploient indifféremment pour désigner le droit personnel créé par un contrat, l'essence même de ce contrat envisagé dans l'obligation en résultant, la cause pour laquelle une des parties avait action sur l'autre, ce que les Égyptiens nommaient *sankh*, les Macédoniens comme les Athéniens δανειον et les Romains stipulation.

En effet, Messieurs, je vous ai dit que les prêts d'amitié des Athéniens ne portaient pas intérêt. Et cependant, à Athènes aussi, à côté des ερανα, il y avait d'autres genres de prêts qui, à la différence de ceux-là, portaient intérêt : on les appelait δανεια.

Le δανειον portant intérêt avait souvent, à Athènes, certaines garanties réelles, c'est-à-dire comportait certains droits portant sur les choses, sur les biens possédés par le débiteur, droits établis au profit de son créancier. La πραξις, dont le nom répond assez bien au mot français *exécution* et qui représentait le droit donné au créancier de saisir directement les biens de son débiteur et de les vendre, afin de rentrer dans son argent, présentait certaines analogies avec l'hypothèque générale qui existait en Égypte sous le code de Bocchoris. Aussi ne faut-il pas nous étonner si les Grecs établis en Égypte sous les Ptolémées appelaient δανειον la créance égyptienne qui comportait ce droit d'hypothèque générale. Mais cette créance égyptienne, que les Grecs nommaient δανειον, avait en égyptien un nom qui rappelait immédiatement la manière dont on l'avait primitivement comprise, le nom de *sankh*.

Ce nom de *sankh*, qui la désigne encore dans tous les documents de l'époque classique, ne se rattache pas, je vous l'ai déjà dit, comme le mot δανειον, à l'idée de prêt usuraire. Il signifie : faire adjurer, faire adjuration, faire serment, et s'applique aux substantifs qui sont dérivés de cette racine. Évidemment, ceci nous indique que les créances étaient primitivement contractées par serment. Mais elles ne reposaient plus sur un serment à l'époque des Ptolémées, quand le mot *sankh* et le mot δανειον s'appliquaient également à la même créance. Pour trouver l'origine de ce mot *sankh*, conservé traditionnellement, il faut donc remonter bien plus haut que l'époque classique ou même que le code des contrats promulgué par Bocchoris et jusqu'à l'époque du droit hiératique.

Peut-on croire, d'après ce que je vous ai dit précédemment, qu'alors, sous le droit hiératique qui précéda le code de Bocchoris, la créance basée sur le serment, le *sankh*, avait été, dès le début, muni des mêmes garanties d'hypothèque générale qu'il eut sous le code de Bocchoris ? Peut-on croire que la somme prêtée comportait, comme sous ce code, un intérêt légal, etc. ? Je ne le pense pas. Le code de Bocchoris, fait par un allié des rois d'Assyrie à une époque où, depuis longtemps, les peuples, imbus de la vieille civilisation chaldéenne, étaient dans des rapports constants avec l'Égypte dont ils venaient de s'emparer sous le père d'Assourbanipal et qu'ils avaient possédée, déjà, à plusieurs reprises antérieures, mais particulièrement sous la dynastie de ces Sheshonkides dont le fondateur avait le premier introduit l'argent dans un acte relatif à une fondation pieuse, le code de Bocchoris, dis-je, traduisait sur plus d'un point l'influence d'idées chaldéennes très habilement adaptées d'ailleurs aux traditions du peuple égyptien.

Ces adaptations sont fort intéressantes à étudier.

Nous avons vu, par exemple, que l'idée de l'intérêt légal était bien une idée chaldéenne découlant de l'antichrèse.

Mais le taux de l'intérêt n'était pas le même en Égypte, sous le code de Bocchoris, qu'il avait été en Chaldée depuis les temps les plus anciens et que nous le retrouvons encore dans les contrats babyloniens du temps de Nabonid ou de Darius. Il était de 20 pour 100 en Chaldée ; 30 pour 100 en Égypte. Sans aborder encore l'histoire complète des intérêts légaux ou non, il est facile de voir que cette différence de taux, 30 pour 100 en Égypte, 20 pour 100 en Chaldée, écarte absolument l'idée de simple emprunt, d'imitation servile.

L'hypothèque générale elle-même, cette institution fondamentale du code de Bocchoris, était une garantie bien calculée pour se substituer en droit civil à la garantie du serment en droit religieux. En droit religieux, par le serment, en invoquant l'intervention des dieux, on mettait en cause sa vie présente, sa vie future, tout ce qui se rattachait religieusement à sa personne pour assurer l'exécution de l'engagement que l'on prenait. En droit civil, par l'hypothèque générale, on mettait en cause tout ce qui se rattachait civilement à cette personne.

Du temps de Bocchoris [1], la personne elle-même, la liberté du débiteur, pouvait être mise en gage — comme le prouvent d'ailleurs nos contrats archaïques — ce qui rendait l'analogie encore plus parfaite — et son successeur — qui le brûla vif — Shabaka appliqua le premier le même principe aux serviteurs de la peine, *servi paenae*, condamnés parce qu'ils n'avaient pas rempli d'autres obligations plus graves et qu'il employait dans les mines et dans les travaux publics.

---

1. J'ai changé d'opinion : j'inclinerais à croire que la suppression de la prise de corps a bien été faite pour la première fois par Bocchoris, comme le dit Diodore, mais que cette loi de Bocchoris, supprimée par Shabaka, fut rétablie par Mautrut (voir ma « notice »).

J'ai longtemps hésité et j'hésite encore sur la question de savoir si la réforme dont parlent les Grecs et qui, tout en laissant la saisie de l'homme comme sanction des obligations publiques, la supprima pour les obligations entre particuliers, est ou non l'œuvre de Darius dans la dernière partie de son règne ou l'œuvre de ce roi éthiopien, dont je vous ai déjà parlé l'année dernière, et qui lutta contre Artaxercès. Ce qui est certain, c'est que cette prise de corps mentionnée encore dans les contrats de Darius que nous possédons, disparaît dans une obligation tout à fait semblable, qui est datée d'Artaxercès et que nous ne la retrouvons plus dès lors dans aucun acte égyptien de droit civil, à l'époque classique. Mais jusque-là, la mancipation égyptienne, soit comme forme de droit, soit comme cession de la personne mise ainsi à l'état de servage, est très fréquente. Je vous ai trop souvent parlé des *nexi* aussi possédés par des créanciers, des mariages serviles avec des femmes nées libres, des adoptions par mancipation, etc., pour avoir besoin de revenir sur ce sujet. Mais dans cette période intermédiaire d'assez longue durée, depuis Bocchoris jusqu'à Artaxercès, les sanctions attachées à la créance, *sankh*, par la loi civile, et qui pouvaient aller jusqu'à la servitude du débiteur, ne vous semblent-elles pas s'expliquer en partie par les traditions du droit religieux?

D'après le droit religieux, la peine du faux serment était la mort, ainsi que le rapporte d'ailleurs Diodore de Sicile. Or le serment violé est bien proche du faux serment et on peut considérer la servitude, sorte de mort civile, comme étant plutôt un adoucissement par rapport à la mort réelle, à la mort physique.

L'idée de devoir est bien celle qui explique le mieux certaines sévérités de la loi égyptienne, d'ailleurs si douce et si libérale sur la plupart des points.

En effet, l'idée de devoir et l'idée de charité sont les deux idées fondamentales dominant tout dans le code de la morale égyptienne, qui, sous forme de confession négative et affirmative, faisait partie du livre des morts dès les plus anciennes époques, dont on trouve d'ailleurs le reflet dans une multitude de stèles funéraires très archaïques, et dont je vous ai traduit dans mes cours un des plus beaux spécimen, le rituel de Pamont.

L'idée de devoir et l'idée de charité — je vous l'ai déjà dit — sont l'une et l'autre unilatérales pour ainsi dire. Celui qui accomplit son devoir le fait sans réciprocité. Celui qui assiste quelqu'un par charité ne compte rien recevoir de celui qu'il assiste. Et c'est encore une dérivation bien curieuse de ces principes que la forme unilatérale dont je vous ai déjà parlé et que prend le contrat égyptien sous le code de Bocchoris.

On ne saurait douter que cette forme unilatérale de l'obligation, de la créance, du *sankh* égyptien, n'ait existé d'ailleurs aux époques les plus anciennes quand le serment était la base du *sankh*. A ce point de vue, la *sponsio* romaine nous paraît une imitation du vieux *sankh* égyptien. Et pourtant cette *sponsio* romaine n'avait plus rien de religieux, pas plus que le *sankh* usité en Égypte sous les Ptolémées; mais l'un et l'autre ils gardaient quelque chose de hiératique de cette origine première.

A côté du *sankh*-δανειον, sur lequel nous aurons bientôt à revenir en en étudiant les règles, les conditions, les garanties et les formes à l'époque classique, — c'est-à-dire de ce prêt d'argent qui, bien qu'égyptien essentiellement par sa forme, comme par son nom et ses garanties, avait emprunté aux Chaldéens la théorie des intérêts légaux, nous avons en Égypte même, à l'époque des Ptolémées, la preuve de l'existence de prêts qui ne portaient pas intérêts, qui étaient des actes de charité et qui se rattachaient davantage encore au droit de l'époque hiératique.

D'après le code même de Bocchoris, que nous avaient pour cela cité les Grecs et dont les dispositions sous ce rapport ont été confirmées par une multitude énorme de documents démotiques, la bonne foi du débiteur était la seule garantie du créancier pour ces prêts d'argent qui n'avaient pas été contractés par écrit d'après les formes exigées par le nouveau code. Si la bonne foi du débiteur ne lui faisait pas avouer dès le début sa dette, le créancier n'avait plus qu'un moyen de preuve. Il devait lui déférer le serment et ces serments du débiteur, que nous comptons par centaines en démotique, devaient toujours l'emporter alors suivant la loi.

Dans le prêt d'amitié, dans le prêt de charité qui ne portait pas intérêts, il pouvait donc intervenir un serment comme aux temps anciens. Mais ce serment n'était pas le seul que nous rencontrons pour des questions de prêts. Parfois, le serment pouvait être un serment *faciendi*, un engagement pris devant les dieux, au lieu d'être seulement un serment invoqué à titre de preuve. Nous en avons plusieurs exemples pour des dettes entre particuliers. La vieille forme de l'obligation égyptienne s'était donc exceptionnellement conservée en droit civil dans toute sa pureté, jusqu'aux époques les plus récentes, dans ce pays où avaient pris naissance les actes basés sur les principes de charité, de devoir, de conscience, de responsabilité, dans ce monde et dans l'autre, devant les dieux vengeurs et devant la vérité conductrice de l'âme.

Aussi ne faut-il pas nous étonner si le serment est devenu, sous les Ptolémées, la forme de l'obligation par excellence, quand il s'agissait des devoirs imposés par le roi. On l'exigeait des fonctionnaires, on l'exigeait des débiteurs du fisc. On l'exigeait même des pauvres paysans qui s'engageaient à cultiver une terre royale. Et alors ce serment, de nature religieuse, avait des retours terribles contre le droit religieux lui-même.

Vous savez, en effet, qu'en Égypte, le droit religieux était la suprême garantie et la suprême ressource de tous les opprimés, de tous les malheureux.

C'est en vertu du droit religieux qu'un esclave, violenté par son maître, pouvait voir finir ses douleurs. Hérodote nous l'avait déjà dit à propos du temple de Canope où se réfugiaient les esclaves qui, dans de telles conditions, en appelaient aux dieux et qui, si leurs plaintes étaient jugées justes par le tribunal ecclésiastique ayant alors à les examiner, étaient enlevés à leurs tyrans pour être attribués aux

dieux, c'est-à-dire rendus pratiquement libres. Mais il y a
mieux que cela. Il y a la requête même d'un esclave contre
sa maîtresse, trouvée au Serapeum de Memphis où il s'était
réfugié — comme l'avaient fait, suivant les papyrus grecs,
bien d'autres persécutés — requête qui nous a été conservée
dans un papyrus démotique dont voici la traduction :

« Cri de l'esclave de Tavé devant le dieu Osor Apis, le
grand seigneur qui fait de sa face une protection.

« Je crie vers toi en m'éloignant de cette femme. Entends
ma voix sur l'état de lutte et de misère qui m'a atteint : — tu
connais le petit serviteur selon le cœur (tel qu'il est au fond
du cœur), tu sais la perversité qui est en elle (dans cette
femme) grande comme la mer et qui est à ma charge, l'état
d'oppression qui en résulte pour moi, combien immense est
mon éloignement pour son service et sa compagnie.

« Allons ! S'il y a une démarche à faire, je la ferai ! S'il y
a des reproches ou des ennuis à recevoir, je les recevrai. S'il
y a des statues de dieux à invoquer, je cours auprès d'elles
pour les prier.

« Qu'elle dise celle que doit invoquer le serviteur ! »

Eh bien ! ce recours suprême, qu'on ne refusait à personne, pas même aux esclaves, et qu'avaient solennellement
confirmés dans leurs rescrits et leurs décrets les rois Horemhebi et Ramsès III [1], le malheureux qui s'engageait envers
le roi, qu'on chargeait, par exemple, de cultiver une portion
des terres royales, est obligé d'y renoncer et d'y renoncer
par un serment, opposant, pour ainsi dire, le droit sacré au
droit sacré. Je citerai, à ce sujet, d'après ma dernière revi-
sion faite pendant les vacances dernières, un bilingue du
Musée de Berlin, dont mon ami Wilcken a publié le texte
grec et moi le texte démotique.

« Le grec porte après une lacune :

....μεσορη, χειρογραφια ορχου βασιλιχου σησαμεινων αρουρων
εικοσι Φιβιος του Φιβιος — σασαμεινων αρουρων εικοσι ».

1. Voir dans mes *Notices* le chapitre relatif à Horemhebi. — Quant au
προσταγμα d'Elephantine je tends maintenant à y voir l'œuvre de Ramsès III,

Le démotique :

« L'an 37, mésoré 24 du roi Ptolémée, le dieu Évergète, fils de Ptolémée et de Cléopâtre, les rois épiphanes, et de la reine Cléopâtre, sa sœur, et de la reine Cléopâtre, sa femme, les dieux évergètes, et sous le prêtre d'Alexandre, des dieux sauveurs, des dieux frères, des dieux évergètes, des dieux philopators, des dieux épiphanes, du dieu philométor, du dieu eupator, des dieux évergètes, comme ils sont établis à Alexandrie et à Ptolémaïs en Thébaïde.

« Le pastophore d'Amon de Djème Phib, fils de Phib, dont la mère est Tachem, dit à Apollonius, le fermier général des lieux (τοποι) de Thèbes, et à Panas, le topogrammate du territoire de Thèbes du nome Pathyrite :

« Je fais serment, devant le roi Ptolémée et la reine Cléopâtre sa sœur, et la reine Cléopâtre sa femme, les dieux évergètes, et les dieux sauveurs, les dieux frères, les dieux évergètes, les dieux philopators, les dieux épiphanes, le dieu philométor, le dieu eupator, les dieux évergètes, et Isis, et Osiris, et tout dieu, toute déesse, que je cultiverai en sésame 20 aroures de terres royales portant le nom de..... sises à tel endroit, qui ont pour voisins : au sud.....; au nord.....; à l'orient, le champ de Pseosor et le champ des Ala ; à l'occident le..... qui est sur le *neter hotep* d'Amon, au nord de Thèbes ; au moyen de l'eau de l'an 37 à l'an 38. Que je paie leur redevance à la porte (au θησαυρος) du roi, selon ce qui est sur les écrits du roi qui ont été écrits à ce sujet. Que je sois me tenant debout sur ces champs, t'en montrant les produits, sans que j'aille sur la place adjurer temple divin, autel ou statue, comme font des compagnons s'appuyant sur les temples, ceux qui entrent en lutte. Je fais serment sur ces choses. Je resterai tranquille. Je fais serment que j'apporterai le blé du serment. A écrit Nesmin. »

Vous le voyez, Messieurs, les sanctuaires, créateurs du droit égyptien, avaient primitivement fort bien pondéré les choses.

S'ils avaient fait du devoir, et d'un devoir de nature toute religieuse, le principe souverain des obligations, même en matière de droit civil, ils avaient mis à ce devoir, à ces obligations, un correctif nécessaire dans le recours aux dieux, quand les limites des forces humaines se trouvaient vraiment dépassées. C'étaient les dieux qui faisaient le devoir. C'étaient les dieux qui faisaient le droit. A eux donc appartenait d'accorder des remises, des délais, des grâces.

En soi, philosophiquement, l'homme ne peut rien par lui-même imposer à l'homme. Mais tous ils ont également l'empreinte divine. Ils doivent se courber devant la volonté qui les a créés, qui les fait vivre et les fera mourir.

Rien donc de plus naturel, dans un pays essentiellement religieux, que d'admettre l'appel à la divinité dans tous les cas de nécessité urgente.

Dans notre pays même, il y eut un bandit de génie qui eut une idée analogue. Le norvégien Rollo, dont les compagnons et les compatriotes avaient longtemps dévasté, pillé et rançonné la France, se fit gendarme sur ses vieux jours, quand on lui eut donné la Normandie et il y établit un ordre admirable. Mais il sentit que ses réglementations pouvaient avoir, comme toutes les réglementations possibles, un but contraire à sa volonté et ruiner le pays qu'il voulait garder productif. Il mit donc une sourdine à cette voix toute puissante de l'autorité, qui couvre généralement toutes les autres voix, et il ordonna que les exigences de la loi s'arrêteraient et qu'on examinerait avec bienveillance l'affaire de quiconque l'invoquerait, après comme avant sa mort, par une exclamation juridique restée traditionnelle jusqu'à la révolution, le cri de Haro=Ha-Rollo!

Mais hélas! ce que l'orgueil d'un homme avait institué en se substituant à la divinité comme protecteur et vengeur de l'homme, devait finir par se trouver le plus souvent de nul effet, comme ce que les prêtres avaient institué en faveur des dieux en Égypte. Dans un pays comme dans l'autre, le gouvernement royal avait trouvé tout simple de faire renoncer d'avance à cet appel suprême ceux avec lesquels il avait affaire.

C'est ainsi que toutes les bonnes institutions disparaissent

en définitive, à peu près partout, devant cet égoïsme et ce
mépris des autres qui sont habituellement la règle de toute
société humaine.

En Égypte, du temps des Lagides, l'appel aux dieux avait
donc disparu quand il s'agissait des intérêts du roi, comme,
lorsqu'il s'agissait des mêmes intérêts, avait disparu cette loi
primitivement générale qui interdisait toute prise de gage
des personnes pour leurs dettes. Le décret de Rosette nous
prouve, en effet, comme plusieurs autres textes démotiques
très formels, publiés par moi dans une de mes leçons d'ouverture, que si l'on ne mettait pas alors en prison ceux qui
avaient des obligations non remplies envers des particuliers,
on emprisonnait très bien ceux qui redevaient quelque chose
au roi. Les usuriers s'étaient même servi de ce moyen
comme garantie surajoutée de leur créance, en imposant
contractuellement une amende au roi à leurs débiteurs qui
n'auraient pas payé au jour dit.

Ce fut bien autre chose encore depuis l'occupation d'Auguste, avec le tempérament rapace des nouveaux conquérants.
Ces abus du fisc devinrent alors tellement grands qu'un
empereur moins imbu que les autres des idées romaines,
l'espagnol Adrien, qui accepta le titre d'archonte d'Athènes
et passa sa vie à voyager surtout dans les provinces orientales
de l'empire, crut devoir, pour en dissuader l'administration,
lui montrer qu'elle comprenait mal ses intérêts.

Les Romains avaient procédé en Égypte comme en Sicile.
En Sicile, tout en conservant les lois de Hiéron, ils les avaient
tourné à mal, par quelques petites additions; ils avaient ainsi
ruiné un pays qu'ils avaient trouvé si prospère. Cicéron le
reproche à Verrès, en se moquant de ce Romain qui se figure
pouvoir améliorer, en la changeant, l'œuvre intelligente et
bien pondérée d'un grec de Sicile. En Égypte, ils tournèrent
à mal les institutions des Ptolémées, tout en les gardant en
principe, et ce qui avait été jusque-là un instrument de prospérité pour l'État devint un instrument de misère pour tous.
Telle avait été la destinée de l'exécution privilégiée, de la
πραξις spéciale accordée au fisc.

Les véritables ravages de cette institution s'étaient tellement multipliés par suite de l'insatiable avidité qui faisait le fond du caractère romain, que la splendide ville d'Alexandrie, sucée par les agents fiscaux, en était devenue presque déserte. Un principe de l'injustice la plus criante s'était introduit, et ce principe a survécu à tous les essais de réforme. Le fisc pouvait, pendant trois ans, faire recommencer sans cause les procès qui ne lui avaient pas donné raison, et il le pouvait à toute époque s'il alléguait, soit quelque fraude, soit quelque prévarication.

Ce principe, bien romain, exclusivement romain, est rappelé dans un rescrit de Caracalla qui occupe une place honorable dans le *Corpus* de Justinien.

Mais il ne faut pas s'y méprendre, ce n'est point un de ces abus qui se sont introduits avec le temps. Il florissait déjà sous les premiers Césars : et l'Augustal Tibère Alexandre, aussitôt après la mort de Néron, le jugeait ainsi : « Le rece-« veur des finances est punissable de demander un second « examen pour les mêmes objets, ne faisant en cela que se « ménager pour lui et les autres employés du fisc un moyen « de gagner de l'argent. »

Toujours par cette avidité qui leur faisait tuer la poule aux œufs d'or, les Romains, dès cette même époque, avaient rendu déjà responsables des recettes publiques, non seulement ceux qui volontairement avaient contracté avec le fisc comme fermiers d'impôts, non seulement ceux qui, à défaut des fermiers volontaires, avaient été désignés d'office pour en tenir lieu, mais ceux qu'ils nommaient gouverneurs ou stratèges et auxquels ils confiaient les plus hautes fonctions administratives.

Avec ces procès sans cesse renaissants on peut juger de la situation de ces pauvres stratèges :

« Aussi beaucoup, dit l'Augustal, ont-ils demandé de pré-« férence l'expropriation de leurs biens, disant qu'ils avaient « dépensé au-delà de la valeur de ces biens, parce qu'à « chaque reddition de compte, on remettait en question et « en jugement les mêmes affaires. »

En même temps, les charges pesant sur le pays s'accroissaient toujours : « Bien souvent les cultivateurs, dans toute « l'étendue du pays, ajoute Tiberius Julius Alexandre, ont « réclamé auprès de moi et m'ont fait voir qu'on les avait « condamnés à payer de nombreuses et fortes contributions « jusqu'alors inconnues tant en blé qu'en argent, quoiqu'il « ne soit pas permis à qui bon semble d'imposer aussi de sa « propre autorité des charges toutes nouvelles. » Et plus loin : « J'ai déjà auparavant réprimé le pouvoir démesuré des rece- « veurs des finances, parce que tout le monde les accusait de « surcharger le plus souvent leur cote de contributions — ce « qui leur a procuré les moyens de s'enrichir en ruinant « l'Égypte. »

Eh oui ! l'Égypte se trouvait bien ruinée en très peu d'années d'administration par les Romains. Pour s'en convaincre, il suffit de lire les descriptions de Strabon sous Auguste, et de les comparer à celles que Diodore écrivait, une cinquantaine d'années plus tôt, sous un des derniers Ptolémées. L'idée d'où devait sortir plus tard le colonat, celle d'attacher les fermiers de l'État au sol, quand on ne pouvait pas trouver un prix plus avantageux pour la location de la terre à l'expiration de leur bail, comme on attachait les fermiers d'impôts à leur location, les magistrats municipaux, les stratèges, etc., à leur magistrature, cette idée, dis-je, était devenue tellement une nécessité de situation, que les Égyptiens eux-mêmes la considéraient comme un refuge. Nous vous avons déjà cité deux actes de ce genre par lesquels deux Égyptiens libres, et dont un au moins avait tout un train de culture et même des esclaves en viennent à accepter d'eux-mêmes librement cette situation de serfs, bien avant le moment où les successeurs de Constantin firent de cet attachement à la glèbe une loi générale pour toute l'étendue de l'empire.

CINQUIÈME LEÇON

Messieurs,

Nous avons insisté un peu longuement sur l'histoire du prêt à intérêts, parce que la forme de ce prêt fut celle que choisit Bocchoris comme type des créances dans son code des contrats.

Il faut bien le remarquer, le prêt à intérêts est par lui-même, foncièrement, un contrat unilatéral. Une seule des parties s'oblige : c'est la personne qui a reçu l'argent. Celle qui l'a versé ne s'engage à rien. Elle a fait tout ce qu'elle devait faire. Elle est créancière : et c'est tout. Or, il se trouvait en Égypte que, déjà avant Bocchoris, les contrats avaient une forme unilatérale. Cela tenait à ce que le droit s'était développé dans les temples, à ce que les prêtres étaient les seuls juges et à ce que, tout naturellement, l'invocation des dieux, le serment, était devenue la base la plus solide et la plus fréquente des obligations.

Nous vous avons déjà montré que, jusqu'aux dernières époques, à côté des types de contrats qui avaient été introduits par la réforme de Bocchoris, le vieux type religieux, hiératique, du serment, était resté encore en usage pour créer des obligations de faire ou de donner quelque chose. C'était un reliquat du droit le plus ancien. Et le serment de faire ou de donner quelque chose est de sa nature unilatéral, non moins que le prêt à intérêts.

L'unilatéralité des actes rend beaucoup plus simple leur application et le jugement des contestations qui en résultent. Le réformateur égyptien conserva donc avec soin ce principe qui resta toujours fondamental pour ainsi dire en droit égyptien, et fut également appliqué aux contrats de toutes les espèces. Même pour la vente à crédit — ce qui est bien chez nous, par excellence, le type du contrat bilatéral — on s'arrangeait pour donner à chaque acte l'unilatéralité voulue, et l'on y arrivait au moyen de la forme fictive d'un prêt à intérêts qui intervenait à côté de la transmission de propriété de la chose. Celui qui achetait cette chose était toujours censé avoir versé le prix — ce qui le mettait en dehors de toute obligation résultant directement de l'acte de vente. Mais, par un acte séparé, il s'obligeait envers le vendeur, comme si celui-ci lui eût prêté, au moment de la vente, la somme nécessaire pour que ce prix pût être versé. Ce n'était donc point à titre d'acheteur, c'était à titre d'emprunteur qu'il se constituait débiteur de cette somme, et les intérêts, qu'il paierait au taux légal jusqu'au moment où il se serait acquitté, étaient regardés non point comme les intérêts d'un prix de vente, mais comme ceux d'un prêt d'argent.

Ceci n'était nullement une plate imitation du droit chaldéen. En effet, en droit chaldéen, les contrats ont presque toujours une forme bilatérale — en dehors du prêt proprement dit, — et grâce au mandat, aux gestions d'affaires, aux cautions, aux interventions de toute nature, un seul acte peut devenir la source d'obligations nombreuses et diverses, présentant une complication qui fait contraste avec cette simplicité si remarquable de l'acte égyptien.

Cette simplicité de l'acte égyptien est encore augmentée par l'application d'un autre principe, également emprunté au vieux droit hiératique qui avait précédé la réforme de Bocchoris. Quand l'obligation était basée sur un serment, la seule des parties qui prenait la parole était celle qui prononçait ce serment et qui, invoquant ainsi les dieux, les prenait à témoins de cette obligation qu'elle contractait envers l'autre partie. Celle-ci n'avait qu'à l'écouter en silence, alors que l'acte se formait par cette invocation solennelle. Sous le code de Bocchoris, les dieux ne sont plus invoqués. Mais celui qui s'oblige n'en est pas moins tenu à indiquer formellement, lui-même, quel engagement il prend envers l'autre partie, qui se tait et l'écoute.

A la place des divinités des hommes sont appelés à jouer le rôle de témoins. L'un d'eux tient la plume et il écrit les phrases que le débiteur lui dicte ou du moins est censé lui dicter. L'écrit intervient donc maintenant en Égypte comme il intervenait en Chaldée. Mais il y remplace la garantie qui était jadis considérée comme la plus forte de toutes, celle de la religion, du serment, des dieux eux-mêmes. Et c'est pourquoi les législateurs se préoccupent de procurer à cet écrit une authenticité, une solidité, pour ainsi dire inattaquable, qu'en Chaldée il n'a jamais eues.

L'institution du monographe, de ce notaire qui écrivait les actes au nom de tout le corps sacerdotal d'un des vieux sanctuaires vénérés, est essentiellement égyptienne. Nous voyons encore là une de ces heureuses adaptations des vieilles traditions nationales aux formes nouvelles qui distinguent par dessus tout le droit égyptien de l'époque classique.

C'est, nous vous l'avons déjà dit, un droit puissamment original : où des éléments étrangers n'entrent qu'après avoir subi un travail d'assimilation qui, pour ainsi dire, les nationalise. L'étude de ce prêt-créance, qui nous occupe en ce moment, vous en convaincra de plus en plus.

Non seulement l'aspect extérieur en diffère de celui du prêt à intérêts des peuples de la Haute-Asie que le réformateur égyptien avait sous les yeux quand il choisit ce genre de contrats pour en faire le type des créances, mais on n'y rencontre jamais ces interventions accessoires de tiers, mandataires ou cautions, si fréquentes dans les contrats de prêts chaldéens, et qui seraient venus enlever à l'acte égyptien son caractère de limpide simplicité.

L'Égyptien ne parle jamais dans les actes que pour soi-même ou pour ceux que, légalement, il représente, comme chef de famille. Il s'oblige à payer des dettes personnelles. Il ne s'oblige point à se mêler éventuellement des affaires d'autrui, en se substituant à un débiteur pour l'acquittement de ses dettes. Le seul engagement solidaire que nous ayons jamais trouvé dans un contrat égyptien est celui d'un père qui se porte fort pour ses enfants mineurs, sous le règne de Ptolémée Denys. Vous vous rappelez, sans doute, que l'une des années dernières, en traitant de l'état des personnes, nous vous avons déjà parlé de cet acte qui se rattache, comme une conséquence éloignée, aux modifications apportées dans l'organisation de la famille égyptienne par le prostagma de Philopator. Sous Ptolémée Denys, à la dernière époque, le droit égyptien, modifié par les ordonnances royales de souverains de race grecque, avait fini par subir lourdement l'influence des droits étrangers. Le père qui faisait agir ses fils tendait à être assimilé à l'épitrope des Grecs, au tuteur des Romains, qui agissait directement en se portant fort pour ses pupilles. Mais, je le répète, c'était là une idée prise au droit des gens qui ne rentrait pas dans le cadre des vieilles traditions égyptiennes. Et cet acte reste d'ailleurs jusqu'à présent un fait isolé.

Celles des interventions qu'on peut rencontrer à la suite des contrats d'une meilleure époque sont d'une nature toute différente. Ce sont des acquiescements, des adhésions, données, par des actes spéciaux, au bas de l'acte principal, et qui comportent une renonciation à des privilèges possibles par rapport au droit que cet acte crée.

Il y a là encore un point de droit commun entre l'Égypte et la Chaldée, mais que le code égyptien des contrats de Bocchoris a puissamment marqué de son cachet spécial.

En Chaldée, ceux qui interviennent d'une façon quelconque dans un contrat soit directement, soit à titre de scribes ou même de simples témoins, se trouvent renoncer, par cela même, à invoquer contre l'exécution de ce contrat les droits antérieurs et privilégiés qu'ils pouvaient avoir d'autre part. C'est ainsi, par exemple, que quand le mari emprunte sur hypothèque, pour que l'hypothèque que la femme pourrait avoir relativement à sa dot ne vienne pas enlever au créancier son gage, il suffit, en droit chaldéen, de dire expressément dans le contrat que cet acte a été fait en présence, avec l'assistance, *ina asabi,* de la femme. En droit égyptien, il faut de plus que la femme prenne la parole à son tour, une fois le premier contrat terminé, et qu'elle donne son consentement d'une manière expresse à ce qu'on vient de faire, indiquant par là qu'elle renonce à ses privilèges, relativement au créancier.

Le grand principe du droit égyptien, d'après lequel celui qui s'oblige ou qui renonce à quelque chose doit le faire en termes formels, s'impose ici comme partout. La femme s'oblige à ne point agir à l'encontre du créancier. Elle renonce à des privilèges qu'elle avait le droit d'invoquer. Il faut qu'elle le dise : et le monographe doit inscrire cette déclaration, séparément, comme un acte à part, — acte, il est vrai, accessoire de l'autre, écrit sur le même papyrus, prenant son authenticité des mêmes signatures de témoins, mais qu'on ne saurait confondre avec le précédent, puisque c'est une personne nouvelle qui prend la parole.

Nous venons de vous citer l'exemple de la femme mariée. Mais, ainsi que nous l'avons dit en traitant de l'état des personnes — et aussi du régime des biens — d'autres membres de la famille pouvaient avoir, en droit égyptien, des droits réels qui, invoqués, auraient primé les droits postérieurs d'un créancier. La mère, par exemple, gardait pour ses reprises son hypothèque sur les biens du père, alors que les enfants en avaient hérité. D'une autre part, les fils, héritiers de leur mère, avaient les mêmes droits sur les biens du père survivant. En dehors de cette hypothèse d'une créance dotale, les enfants pouvaient être admis, dans l'avenir, à élever des revendications sur les biens de familles en vertu des lois relatives d'hérédité. Pour éviter ces réclamations, il fallait faire intervenir les intéressés à la suite de l'acte et dans les mêmes formes que nous vous avons exposées plus haut.

En tout cela le droit égyptien, s'écarte beaucoup, par les

formalités qu'il exige, du droit chaldéen, alors même qu'il s'en rapproche le plus par le fond.

En effet, dans l'un comme dans l'autre, on trouve bien également la règle que nous avons admise en droit français relativement à notre hypothèque légale de la femme : que le créancier hypothécaire peut laisser primer ses droits réels par d'autres droits réels créés postérieurement et à la constitution desquels il a consenti. Mais, si cette règle est commune à ces deux droits antiques, la condition de son application dans la pratique, dans les deux pays, est essentiellement différente.

Les actes du droit chaldéen sont, le plus souvent, des sousseings privés, dont la rédaction est abandonnée à l'initiative des parties. Le principe général de l'interprétation de ces actes est qu'il faut rechercher, non seulement d'après leurs termes, mais aussi d'après les circonstances et les inductions les plus logiques, quelles pouvaient être les intentions de chacun de ceux qui y collaborent. Si quelqu'un, par exemple, vend la chose d'autrui, en droit chaldéen on présume, jusqu'à preuve du contraire, ou bien que cette vente avait été faite par mandat du propriétaire, ou bien que le vendeur entendait se porter fort d'obtenir l'acquiescement de celui-ci. Le contrat tenait donc, produisant ses effets entre les parties.

En droit égyptien, au contraire, la vente du bien d'autrui n'était pas admissible, puisque le vendeur était tenu de par la loi, non seulement de garantir l'acheteur contre les revendications d'autrui, mais de lui céder tous ses titres et de prêter serment, au besoin, que ce qu'il avait vendu était à ce moment sa propriété légitime.

Aucune explication ne pouvait donc porter sur les termes mêmes des actes, qui étaient passés devant notaire, rédigés suivant des formules consacrées et bien connues de tous, ne comportant aucune discussion sur leur sens ou sur leur portée. L'unilatéralité, d'ailleurs, et la nécessité de faire parler celui qui contractait une obligation ou abandonnait quelque droit ne permettaient aucune induction relative à d'autres parties ou à des tiers.

L'acte babylonien, en tant que sous-seing privé, fait en quelque sorte contraste avec ces actes réguliers. Il admet, au besoin, comme nos actes modernes, la plus grande complexité. On peut même dire, d'une façon générale, qu'on n'est jamais allé plus loin dans l'interprétation des intentions probables de toutes les personnes qui y sont nommées. En effet, ces personnes peuvent manifester leurs intentions dans un cas donné de bien des manières différentes.

Reprenons l'exemple de la femme qui possède, en vertu de sa dot, un droit hypothécaire sur les biens du mari.

Nous avons vu déjà que si le mari cède le bien grevé, le donnant en antichrèse, par exemple, pour garantir un emprunt qu'il fait, il peut suffire, pour écarter les réclamations postérieures de la femme, d'indiquer formellement dans l'acte qu'elle y assistait. Mais, le plus souvent, on a recours, en cas pareil, aux mêmes moyens que nous employons dans le même but en droit français. La femme emprunte avec son mari ou elle vend avec son mari, comme si elle en était elle-même co-propriétaire, le bien de celui-ci grevé d'hypothèque à son profit pour ses reprises.

En Égypte, à première vue, en jetant les yeux sur certains actes, on aurait pu croire qu'il en était de même; car y on voit quelquefois la femme s'associer avec son mari pour vendre tous les deux ensemble, — en parlant « d'une seule bouche », suivant l'expression même usitée dans ce genre de contrat, — soit une terre, soit une maison. Mais quand on étudie la question de plus près, on s'assure bien vite qu'en cas pareil la femme n'a pas seulement des droits hypothécaires. Elle est toujours, en réalité, co-propriétaire du bien vendu.

Il est vrai que souvent pour elle cette co-propriété résulte directement de son contrat d'union. Vous vous rappelez, en effet, qu'en vous énumérant les diverses espèces de contrats de mariage usités en Égypte, je vous ai longuement parlé de ceux dans lesquels le mari abandonne, en propriété, à sa femme, le tiers de tous les biens qu'il possède déjà ou qu'il acquerra par la suite. Cette communauté du tiers est

très ancienne d'origine; car nous la trouvons déjà stipulée dans un acte du temps de Darius où les conditions ordinaires sont renversées, puisque c'est la femme qui fait des avantages à mari et qui lui assure par contrat une communauté d'un tiers dans ses biens à elle. Nous la trouvons d'ailleurs aussi dans d'autres actes de même époque, telle qu'elle restera en usage beaucoup plus tard, c'est-à-dire constituée par le mari au profit de sa femme. Sous ce régime matrimonial il fallait bien que les deux époux se portassent conjointement vendeurs puisqu'ils étaient conjointement propriétaires. Il n'y a pas de sous-entendu dans les contrats de ce genre : pas plus du reste que dans aucun acte égyptien. Toutes les fois que plusieurs personnes parlent d'une seule bouche en Égypte, on peut être sûr qu'ils agissent au même titre et représentent bien, au point de vue légal, une seule et même collectivité.

Les principes de simplicité et d'unilatéralité absolue des actes égyptiens ne souffrent pas même d'exceptions alors qu'il s'agit de partages. Dans un partage, on fait autant d'actes qu'il y a de co-partageants et, chaque part une fois fixée, tous ceux qui abandonnent leurs droits indivis sur cette part s'adressent, « d'une seule bouche », à celui qui en devient le maître, pour faire leur renonciation solennelle aux droits antérieurs.

Il est impossible de nier que Bocchoris ait fait vraiment œuvre de grand législateur en imaginant ce système. Il voulait rendre les procès presque impossibles. Il voulait pouvoir conserver toute l'ancienne organisation des tribunaux — exclusivement sacerdotale — et cependant enlever aux juges la faculté d'influer en rien par leurs arrêts sur la législation. Le grand tribunal des trente *suten* siégeait toujours. Les trois collèges sacerdotaux des sanctuaires les plus vénérés comptaient toujours chacun dix représentants à cette assemblée, dont les membres étaient honorés d'un titre royal. La déesse Vérité avait là sa statue, qu'on présentait à chacun des juges avant qu'il n'émît son opinion. Elle communiquait un caractère sacré aux décisions auxquelles elle présidait ainsi. Mais cette décision ne portait plus que sur des points de fait. Les

trente *suten* et leur président n'avaient point à faire jurisprudence. On ne plaidait pas devant eux. C'était inutile. La
loi était là, loi qui leur ordonnait de s'en tenir aux contrats et
de juger d'après des écrits authentiques. Rien de plus facile
quand il ne s'agit que d'actes unilatéraux, dont le moule,
arrêté d'avance, est toujours fort simple et dont tous les
termes ont été facilement compris, non seulement par celui
qui les a dictés ou a été censé les dicter et qui seul peut être
appelé à en subir les conséquences, mais par les témoins,
en grand nombre, qui assistaient à sa confection. Peu importait que le notaire fît partie du corps sacerdotal, comme les
juges eux-mêmes, comme le reste du cadre dans lequel fonc-
tionnait le droit. Ce droit était laïcisé d'une manière définitive : et il l'était sans que rien ne blessât les vieilles convic-
tions religieuses de l'Égyptien, sans que rien fût contraire,
d'une manière formelle, aux enseignements vénérés de cette
morale traditionnelle où la déesse Vérité tient une place
prépondérante. C'était dans l'intérêt de cette déesse Vérité,
pour qu'elle ne pût plus être blessée par de fausses déclarations, de faux témoignages, de faux serments, que Bocchoris
rédigeait son code. Il pouvait le dire, du moins : et on pouvait le croire. Son droit, tout en devenant laïque, conservait
une physionomie hiératique pleine de grandeur.

Ces obligations unilatérales rappelaient, nous vous l'avons
fait remarquer, les obligations unilatérales de la morale, telle
que l'Égypte l'avait formulée. Dans la confession négative,
la confession affirmative, il n'est jamais question de réciprocité. L'homme juste fait son devoir parce qu'il y est tenu :
sans s'inquiéter si tel ou tel autre fait le sien. S'il aide un
ami, ce n'est pas, comme en Chaldée, dans l'espérance que
cet ami peut l'aider un jour, c'est parce que la charité est
pour lui, en droit religieux, une obligation personnelle, indépendante et isolée pour ainsi dire, — comme sous le code
de Bocchoris chaque obligation contractée devant le notaire
devient personnelle, indépendante et isolée. Il n'est pas
possible de tenir mieux compte des traditions en apportant
une révolution aussi radicale dans la législation d'un peuple.

Aussi comprend-on bien comment le législateur Bocchoris eut une réputation si grande dans le monde grec, malgré ses malheurs et malgré la réaction théocratique temporaire de ses ennemis triomphants, les Éthiopiens, confiant au prêtre d'Amon et du roi la direction du droit et la surveillance des contrats — réaction qui, du reste, alla toujours diminuant jusqu'au moment où Amasis l'arrêta brutalement par ses réformes anticléricales et sa législation novatrice imitée plus tard à Rome par celle des XII Tables.

Mais ce fut l'esprit modéré et respectueux des traditions donné par Bocchoris à son œuvre législative qui devait bientôt l'emporter en définitive, surtout à partir du rétablissement du droit par les dynasties nationales. C'est ce qu'on sentit fort bien. Du temps de Diodore de Sicile, on se trompait souvent en attribuant à Bocchoris des lois qui, en réalité, avaient été rendues par quelqu'un de ses successeurs. Mais ce qu'on savait parfaitement toujours, c'est que c'était le premier auteur du code des contrats. En effet, la série d'actes égyptiens qui nous renseignent sur ce code commence à son règne, comme l'avait déjà remarqué notre ami cher et regretté M. Birch, et comme j'en ai fourni la preuve en traduisant devant vous les contrats datés de Bocchoris, de Shabaka, de Tahraka, de Psammétique Ier, de Nechao, de Psammétique II, d'Apriès, d'Amasis, etc.

Quand, à Rome, les décemvirs voulurent tenter une œuvre pareille à celle que Bocchoris avait réalisée en Égypte, quand ils remplacèrent le droit sacré, jusqu'alors dominant, par un code écrit, ils voulurent emprunter le principe de l'unilatéralité. En droit quiritaire, la stipulation, la mancipation, etc., sont essentiellement des actes unilatéraux, puisque dans la vente par mancipation le prix est censé intégralement payé, comme dans la vente égyptienne; puisque dans la stipulation, la dette, quelle qu'en soit la cause, devient complètement unilatérale comme dans le prêt créance égyptien. Mais l'influence d'une morale ne se fait à Rome aucunement sentir. A l'idée de cession et d'obligation consentie, de devoir accepté, s'est substitué l'idée de force qui s'impose. Les rôles sont donc renversés. Celui qui parle dans la vente, c'est celui qui prend le bien d'autrui, et c'est celui qui va bénéficier de l'obligation, qui, dans la stipulation, en dicte les termes.

Le principe qui domine tout dans le droit quiritaire est celui que Gaius a si bien traduit quand il a dit que le Romain ne considérait comme vraiment à lui que ce qu'il avait pu acquérir par la violence.

Ce principe viciait forcément les emprunts que les décemvirs étaient allés faire au droit de l'Égypte.

Ce droit, d'ailleurs, bien qu'arrêté dans ses contours par Bocchoris, n'était pas devenu un droit figé, incompatible avec toute idée de progrès. Au contraire, le législateur y avait proclamé, pour tout ce qui n'était pas défendu par la loi, la liberté des conventions, avec cette seule condition que les actes fussent unilatéraux; et cela permettait aux coutumes juridiques de subir des évolutions qui adaptaient ce droit aux mœurs. Mais les changements s'effectuaient sans que les arrêts des tribunaux y vinssent contribuer en rien; parfois par des innovations, pour ainsi dire individuelles; parfois aussi, par l'intervention de quelque ordonnance royale. Ce fut ainsi qu'un acte royal, dans la période commençant au milieu du règne de Darius pour se terminer à la conquête de l'Égypte par Artaxercès, interdit au débiteur la mise en gage de sa personne en garantie de ses obligations, — loi protectrice que Diodore de Sicile fait remonter à Bocchoris lui-même. C'est ainsi que, sous les rois des dernières dynasties, le régime des terres subit des modifications profondes. C'est ainsi que les formalités ayant pour but d'assurer aux contrats une authenticité complète et qu'Amasis avait essayé de bouleverser se compliquèrent au contraire de plus en plus, jusqu'assez tard sous les Lagides. Tout cela n'altérait en rien, dans ses grandes lignes, l'œuvre de Bocchoris, et le code des contrats avait été tellement bien conçu qu'il paraissait avoir prévu d'avance, comme ses conséquences légitimes, tout ce qui se réalisait plus tard. Chaque détail nouveau rentrait si aisément et à mesure dans le cadre tracé qu'on serait tenté de chercher dans ce développement des idées juridiques la main de profonds jurisconsultes. Et cependant il est probable qu'en Égypte, comme en Chaldée, le développement merveilleux du droit, à partir des législateurs qui en posèrent les premières assises, se fit pour ainsi dire de soi, par la pratique, par les coutumes, par l'intelligence affinée de ces grands peuples.

La science de l'argent était la base du droit chaldéen. Les principes de la morale étaient la base du droit égyptien. De ces différences de points de départ résulta toujours pour ces droits une différence de physionomie, qui, loin de s'effacer, s'accentua dans leur maturité complète.

Ayant en vue surtout les besoins du commerce, dans leur variété infinie, le droit chaldéen, non seulement développe les institutions qu'il possède, mais il peut emprunter, directement, à toute source, sans que ce qu'il prend ainsi paraisse jurer en rien avec le reste. Le droit égyptien, au contraire, doit savamment assimiler tout ce qu'il accepte, car il a gardé l'aspect formaliste de ce vieux code religieux de morale auquel il a dû s'adapter.

Du reste, les principes de ce code de morale, du moins dans ce qu'il interdit, restent encore, en somme, les principes du droit.

Dans la confession négative on condamne partout les abus de la force, de la puissance, de l'autorité. L'homme juste doit déclarer qu'il n'a jamais fait avoir faim, avoir soif, jamais fait pleurer. Le maître lui-même ne doit pas avoir abusé de son pouvoir relativement à son esclave en lui imposant une tâche excessive. Le fait brutal de l'occupation, quel que soit d'ailleurs sa durée, ne deviendra jamais un titre en droit égyptien. Les liens de droit ne sont pas créés par la volonté de celui qui en profitera, mais par celle de la personne qui les subira. Nul ne peut être dépouillé malgré lui de ce qu'il possède, et la possession, la propriété ne peuvent être acquises que par l'hérédité directe ou par une cession formelle du propriétaire légitime.

Vous voyez qu'après la révolution si radicale de Bocchoris, la chaîne n'était pas interrompue entre le présent et

le passé. Elle ne pouvait pas l'être : puisque la religion subsistait à côté du droit ; puisque la morale égyptienne ne cessait pas d'être enseignée avec sa sanction dans l'autre monde.
Aussi les préceptes de cette morale, si charitable, avaient-
ils donné aux Égyptiens une bonhomie qui vraiment nous
étonne. L'Égypte est peut-être le seul pays où, d'une manière
très générale, les pères cédaient à leurs enfants la propriété
de leurs biens, en se dépouillant ainsi eux-mêmes de leur
vivant. Les maris agissaient souvent de la même façon
envers leurs femmes, et la crainte d'abuser de sa force
envers le faible allait si loin qu'en pratique le faible abusait de sa faiblesse envers le fort. C'est ce que firent les
femmes, par exemple, en se servant habilement du principe d'unilatéralité dans les actes, qu'avait posé le code de
Bocchoris.

La femme n'était encore que l'égale de l'homme lorsqu'eut été rédigé ce code. Elle devait bientôt dominer dans
le ménage et y devenir cette maîtresse de tout que Sophocle
et Hérodote nous ont dépeinte. Or, ceci tient en grande
partie à ce que, quand on eut délaissé l'ancien mariage religieux, consacré dans le temple et dont je vous ai longuement parlé, les contrats de mariage laïcisés rentrèrent dans
la règle générale. Une seule personne parle et s'oblige dans
le contrat de mariage. Du temps de Darius, ce pouvait être
indifféremment soit l'homme, soit la femme. Un peu plus
tard, la femme avait compris que le mieux serait encore
pour elle de faire toujours obliger son mari envers elle,
sans jamais s'obliger elle-même. C'était le mari qui avait la
force. C'était donc lui qui devait céder. Le monographe
chargé de dresser le contrat, les témoins qui y assistaient,
tout le monde était convaincu que les choses devaient se
passer ainsi. Il n'y eut donc plus d'autres contrats de
mariage que ceux dans lesquels parlait le mari, contrats
faits exclusivement à l'avantage de la femme, puisque, dans
le droit égyptien, on ne parle que pour s'obliger ou pour
renoncer à quelque chose, au profit de la personne à laquelle
on s'adresse. Ce fut le beau temps pour les femmes. Rien

n'entravait leur liberté, puisqu'elles n'avaient parlé nulle part dans un acte dont on aurait pu invoquer contre elles les termes précis, et ne se trouvaient par conséquent engagées à rien, dans ce droit où les engagements, contractés par une déclaration verbale, devaient être, en outre, consignés par écrit, dans les formes voulues, pour être obligatoires.

Ici l'on peut trouver peut-être que le développement autonome du droit égyptien, sous l'influence des principes humanitaires de la confession négative, ouvrait la voie à certains abus. C'est ce que pensa un des rois les moins respectables de la dynastie macédonienne, Philopator, qui, à ce qu'on raconte, se laissait mener par ses maîtresses, et qui fut choqué de la domination prise par les femmes légitimes dans les ménages égyptiens.

Mais quelle différence entre ces abus tenant à des mœurs trop douces et ceux que machinèrent avec soin les jurisconsultes, dans les pays où c'étaient eux qui faisaient le droit! Ce qu'ils apprenaient surtout, c'était le moyen de tourner les lois par quelques distinctions subtiles. Nous vous en avons cité, il y a trois ans, dans nos leçons sur les obligations, de nombreux exemples, parmi lesquels nous vous rappellerons seulement ce qui se passa au sujet des obligations accessoires des *sponsores, fidepromissores, fidejussores,* etc.

A Rome, c'était le plus souvent par abus de puissance qu'on s'adjoignait des obligations accessoires. Le patricien romain empruntant de l'argent faisait s'engager avec lui quelques plébéiens, qui n'osaient pas s'y refuser, qui ne recevaient rien, qui se déclaraient solidaires et qu'on poursuivait de préférence lorsque l'échéance arrivait. Eh bien! toutes les lois populaires qui furent portées successivement pour réduire dans de certaines limites la portée de ces répondances imposées par les patriciens à leur entourage, qu'ils ruinaient ainsi, furent toujours bien vite éludées par un changement de mots dans les formules.

En droit égyptien, rien de pareil ne pouvait se produire ; car, nous vous l'avons déjà dit, les obligations accessoires d'un tiers s'engageant à subir les conséquences du manque de parole du principal intéressé n'existèrent jamais dans ce droit. En effet, les opérations y sont toujours extrêmement limpides : et le cautionnement est une opération pleine de surprises. Celui qui garantit la dette d'un ami est le plus souvent convaincu que cet ami paiera au jour dit et qu'en adjoignant sa promesse à la promesse principale, il lui rend service à peu près comme s'il l'assistait en qualité de témoin. C'est là du moins ce qui se passe quand la caution est volontaire comme elle l'était en Chaldée. Dans les pays où on la subissait, comme à Rome, c'était autre chose. Mais s'il était contraire aux principes du droit égyptien de se voir ruiner par une caution donnée de force, il ne paraissait guère plus normal de se voir ruiné, alors qu'on s'y attendait le moins, par un acte de bonne amitié pour lequel on n'avait jamais supposé de telles conséquences. La morale recommandait la charité, l'amour du prochain. Mais le code des contrats de Bocchoris, plein de précautions, soupçonneux, formaliste, ne voulait pas qu'on fût contraint, sans l'avoir prévu, sous prétexte de charité, à payer les dettes d'un autre.

La charité donc, en Égypte, reste une charité directe, un dépouillement volontaire et immédiat, tel que celui du père au profit de ses enfants ou du mari au profit de sa femme ; tandis qu'en Chaldée, comme nous l'avons vu, elle reçoit surtout des applications atténuées, mitigées, bâtardes, telles que les cautions et les ερανα.

L'idée de réciprocité domine dans cette charité. Quand on fait aux autres ce qu'on voudrait qu'on vous fît, c'est qu'on compte bien que les autres vous feront un jour ce qu'on leur fait.

Ajoutons du reste que la solidarité résultant des opérations commerciales crée des liens qui ressemblent un peu, bien que de loin, à ces liens de solidarité familiale qui jouent un rôle si capital en droit égyptien. Le cautionnement peut donc n'être plus un simple acte de bonne amitié entre commerçants, mais un acte de prévoyance personnelle, quand les opérations communes ont rendu le crédit de l'un solidaire du crédit de l'autre. D'alleurs, toutes les opérations du

commerce ont bien quelque chose d'aléatoire. Le commerçant est habitué à prévoir tous les *aléas*. Quand il répond
pour un de ses correspondants, il n'ignore point à quoi il
s'expose. Alors même que ce correspondant est actuellement
parfaitement solvable, il peut se trouver ruiné bientôt par
des opérations hasardeuses ou des circonstances imprévues.
Les conditions sont donc toutes différentes pour ce cautionnement fait par un commerçant que pour le cautionnement
auquel un homme étranger au commerce se laisse entraîner
par pure amitié.

Les lois chaldéennes ayant pour base la science de l'argent
et pour objet le développement du commerce devaient donner toutes facilités à tous les genres de répondances. Le code
de Bocchoris, conçu avec la pensée de protéger les contractants contre toutes les embûches, devait au contraire les
écarter, comme il l'a fait.

Les seules garanties que nous trouvions dans les créances
égyptiennes sont des garanties réelles, des gages, des hypothèques, des promesses de vente. Nous vous avons longuement expliqué, à plusieurs reprises, toutes les fois que nous
sommes revenus sur le régime des biens, comment l'hypothèque proprement dite, considérée comme un droit réel,
n'emportant pour le créancier aucune possession immédiate,
était de création égyptienne et se rattachait dans ce pays à
tout l'ensemble des droits réels qui pouvaient porter sur une
terre sans entraîner de possession.

Dans la vente égyptienne, à l'époque classique, sous les
Ptolémées, la propriété, envisagée d'une façon abstraite, est
encore distincte du droit de possession. On vend le titre de
propriétaire par un premier acte. Mais celui qui se trouve
constitué de cette manière le maître de la chose ne peut
point encore y toucher. Bien que le vendeur ait reçu le prix
de son domaine lorsqu'il a fait l'acte par lequel il en cédait
le *dominium*, il garde le domaine entre les mains jusqu'au
moment où il en cède la possession par un nouvel acte. Il
est vrai que, lorsqu'il s'agit d'une vente proprement dite, le
vendeur qui, dans le premier acte, s'oblige formellement à

faire l'autre, ne tarde pas à réaliser cette obligation. Mais si les parties sont convenues que l'usufruit sera réservé, pour atteindre ce résultat il suffit de s'en tenir au premier des deux actes. Quand il s'agit d'une vente simulée, faite dans un but testamentaire si je puis m'exprimer ainsi, on s'en tient encore au premier acte et le prétendu vendeur garde la possession. Cette possession n'est point un simple fait, c'est un droit comme le *dominium,* droit qui permet de louer la chose et matériellement de s'en dessaisir, sans cesser pour cela d'en être possesseur au point de vue juridique.

Voilà donc déjà deux droits réels, deux droits à la chose qui subsistent parallèlement, d'une manière abstraite. Mais il peut se faire que la terre sur laquelle ces droits portent soit une terre sacrée dont le domaine éminent appartienne à un temple. Le temple a droit à une certaine part dans les revenus. C'est le propriétaire éminent, dont le droit est incontestable comme celui des autres. Après Sésostris, l'Égypte entière se trouvait partagée entre trois domaines éminents : celui du roi, celui des prêtres, celui des guerriers, Nous avons vu même qu'il existait parfois des personnages interposés entre le temple, par exemple, et le tenancier.

Le droit de propriété éminente, le droit de propriété individuelle et le droit de possession individuelle coexistaient, sans se gêner les uns les autres, sur des terres prises en fermage et que le fermier donnait en culture.

On jugea tout naturellement que la complication ne serait pas plus grande si on donnait au créancier un droit réel sans possession. Ce fut là l'hypothèque, essentiellement distincte, par son origine et par sa forme, de l'antichrèse chaldéenne, mais que les Chaldéens finirent par adopter, à côté de leur antichrèse, comme une très commode institution.

L'hypothèque laissait toute chose en l'état. Elle ne troublait pas la jouissance du débiteur. Mais, à cause de cela même, elle n'empêchait pas le créancier de réclamer les intérêts de l'argent prêté. Elle pouvait être et, en Égypte, elle était le plus souvent générale, portant à la fois sur tous les biens du débiteur. Dans ce cas, le créancier avait une garantie, qui n'empêchait pas complètement le débiteur de disposer de tel ou tel de ses biens, quand il gardait en mains de quoi suffire largement pour acquitter sa dette. En effet, le créancier avait un droit de suite sur les biens cédés. Mais ce droit de suite, il n'était admis à l'exercer que quand, après avoir saisi entre les mains du débiteur ce que celui-ci possédait encore et l'avoir fait vendre, il n'avait pas trouvé dans le prix de cette vente de quoi se rembourser.

Une grande publicité était exigée en Égypte pour les hypothèques sur les immeubles, comme pour les cessions d'immeubles. A l'époque ptolémaïque, il fallait qu'un agent public, le monographe notaire, rédigeât l'acte et que seize témoins y assistassent. Il était donc facile de savoir quel était le nombre des créanciers hypothécaires et le montant de leurs créances quand un débiteur voulait se défaire de quelque bien. Si la masse des biens était grande et la masse des dettes hypothécaires petite, les dangers qu'on pouvait courir en devenant acquéreur d'un bien ainsi grevé devenaient à peu près nuls.

Telle est, probablement, la cause qui fit préférer d'habitude par les débiteurs égyptiens l'hypothèque générale à toute autre hypothèque. L'hypothèque générale portait un peu sur tout; mais à peu près comme le droit du propriétaire éminent. Elle paraissait beaucoup moins un acheminement à l'aliénation, à l'appauvrissement définitif, que l'hypothèque particulière, — plus voisine de l'antichrèse en ce qu'elle supposait déjà une pesée de la valeur du bien, une mise à prix comme celle qui sert de base à la vente.

D'ailleurs, l'hypothèque générale, qui ne portait pas seulement sur les biens présents, mais aussi sur les biens à venir, les frappant au fur à mesure qu'ils étaient acquis, semblait diminuer de moins en moins les droits de maîtrise du débiteur à mesure qu'il devenait plus riche, et en cas pareil elle lui causait infiniment moins de dépit que ne lui eût fait une hypothèque spéciale lui enlevant la faculté de disposer d'un bien.

Quand l'Égyptien veut qu'un immeuble soit affecté particulièrement à une créance, d'ordinaire il va jusqu'au bout et, liquidant, pour ainsi dire, éventuellement la dette et l'hypothèque, il s'engage à vendre à un jour donné, pour le montant de cette dette s'il ne la paie pas en argent, le bien qu'il hypothèque ainsi. Il a donc pleinement pris son parti dès le premier jour : et déjà il considère ce bien comme devant cesser d'être à lui au moment prévu, si, alors, il ne parvient pas à s'acquitter d'une autre manière. Vous voyez que j'avais raison en vous disant que la mise à prix était devenue en Égypte la base de l'hypothèque spéciale, comme elle était en Chaldée la base de l'antichrèse, tandis qu'aucune estimation des choses ne se trouvait nécessitée par l'hypothèque générale, plus essentiellement égyptienne si je puis m'exprimer ainsi.

Il faut noter pourtant que les Égyptiens ont possédé une institution qui se rapprochait davantage encore par certains côtés de l'antichrèse, c'est-à-dire la cession immédiate de la chose au créancier, qui s'obligeait, par un acte à part, à la rendre à une époque déterminée si on lui versait telle somme. C'était, si vous le voulez, une vente à réméré, mais sous une forme tout à fait spéciale au droit égyptien, forme imitée plus tard par les Romains, sous le régime de la loi des XII Tables, dans leur mancipation avec contrat de fiducie.

Les Égyptiens appliquaient ici les principes généraux de leur code des contrats. Les actes étaient parallèles, simultanés; mais isolés, indépendants, unilatéraux. La cession de la propriété se faisait purement et simplement sans conditions comme à l'ordinaire. Le débiteur ne rappelait pas sa dette, en aucune façon. Il se bornait à dire qu'il avait reçu le prix de son bien, que cet argent lui avait été versé complètement sans aucun reliquat, que son cœur en était satisfait, que, pour sa part, il cédait ce bien à celui qui l'avait payé, etc. Toutes les formes de garanties contre l'éviction, la bebaïosis et la sturiosis, étaient assurées dans cette vente, comme dans une vente ordinaire. Dans un autre acte le créancier prenait l'engagement qui constituait la fiducie.

Chez les Romains la fiducie n'était peut-être pas prévue tout d'abord par les décemvirs. Mais elle devint d'un très grand usage, sinon dès la loi des Tables, du moins fort peu de temps après. Comme dans la mancipation, l'acquéreur portait la parole, ce qui était, nous vous l'avons dit, la principale différence entre cette mancipation et son prototype égyptien. L'engagement de fiducie, une fois admis en principe, put venir tout naturellement s'ajouter comme un accessoire à la déclaration verbale de cet acquéreur. Les jurisconsultes romains formulèrent à cette occasion la règle qui rattache comme accessoire à la mancipation ce qu'on déclare quand on la fait. Mais la fiducie pouvait également résulter d'une stipulation qui constituait un acte à part et dans ce cas la ressemblance était complète entre les deux droits.

Les Égyptiens connaissaient aussi le gage mobilier mis en possession du créancier. Mais on peut dire que ce genre de gages est absolument universel et rentre bien dans le droit des nations. Ce gage mobilier n'exigeait en Égypte aucun supplément de publicité et, à l'époque macédonienne, il pouvait se faire comme le prêt simple avec six témoins au lieu de seize et sans qu'un notaire intervienne. Il paraît en avoir été de même pour le droit pignoratif que le créancier pouvait exercer en faisant liciter ou en s'adjugeant certains meubles restés jusque-là en possession du débiteur.

Quant à l'hypothèque foncière elle-même, elle ne pénétra que beaucoup plus tard dans le droit romain, — sous un nom grec, parce que l'emprunt au droit égyptien en avait été fait, très indirectement, en dernier lieu, par l'intermédiaire des droits grecs. L'hypothèque — et surtout l'hypothèque générale — était très usitée du temps des Antonins, mais dépouillée de toutes les garanties d'authenticité, de publicité indispensable, qui complétaient en Égypte cette institution.

On admettait, à Rome, qu'elle pouvait résulter du simple consentement du débiteur, sans intervention de notaire, — comme dans le droit chaldéen; — et même sans témoins et sans acte écrit, — ce qui était aller beaucoup plus loin encore. Elle pouvait se détruire, non seulement par une renonciation expresse, mais même par une renonciation purement tacite, présumée, — suivant les principes du droit chaldéen, — d'après la présence du créancier hypothécaire à l'acte grevant de nouveau au profit d'un tiers le bien antérieurement grevé à son profit. Mais, en cas pareil, le premier créancier perdait à Rome ses droits réels, définitivement, en leur entier.

La théorie savante, empruntée par les Chaldéens aux Égyptiens, et au moyen de laquelle une femme, par exemple, en consentant à un emprunt hypothécaire fait par son mari, ne renonçait que par rapport à ce seul créancier à l'exercice des droits réels qu'elle avait reçus pour ses reprises et qu'elle conservait d'ailleurs par rapport à tout autre, cette théorie juridique, les jurisconsultes romains n'avaient jamais pu la bien comprendre. Nous l'avons admise dans notre Code pour l'hypothèque générale de la femme et nous l'appliquons, — comme les Égyptiens, — en cas de consentement formel donné, soit à une créance hypothécaire, soit à une vente. Mais il est difficile de voir par quelle voie elle est parvenue jusqu'à nous.

J'aurais encore beaucoup à dire pour terminer l'étude détaillée de la créance égyptienne et des diverses garanties réelles qui pouvaient y être attachées. Je me bornerai pour le moment à mentionner, à côté du gage mobilier, un genre tout spécial d'antichrèse, l'antichrèse momentanée constituée en paiement de la dette. Bien qu'inspirée évidemment par l'imitation du droit chaldéen, cette antichrèse *in solutum* avait dû être égyptianisée pour entrer dans le code de Bocchoris.

Ce à quoi je tenais surtout aujourd'hui, c'était à vous faire entrevoir l'originalité puissante de ce droit égyptien, toujours logique, toujours compact, qui, au lieu de se laisser entamer, s'est mûri et complété au milieu même des invasions éthiopienne, assyrienne, babylonienne, persane et macédonienne.

Cette solidité, il la devait à son contact avec la solide morale dont, depuis l'ancien Empire, je vous ai montré les règles et sur laquelle j'aurai encore bien souvent à revenir.

Il se maintint jusqu'au moment où tout se disloque et s'effondre sous la domination romaine.

SIXIÈME LEÇON

Messieurs,

L'idée de devoir, idée fondamentale avec celle de charité dans la vieille morale égyptienne, ne doit pas être perdue de vue quand on étudie le code des contrats de Bocchoris, si habilement dérivé de la législation antérieure, toute hiératique, de ses principes et de ses traditions.

Dans ce code, l'obligation est, en quelque sorte, un devoir accepté; — tandis que dans le droit chaldéen le même contrat aurait pour objet la constitution d'un capital, — d'une valeur transmissible, entre les mains du créancier.

Les conséquences de ces différences de points de vue sont considérables et multiples.

Nous vous en avons déjà indiqué quelques-unes dans notre leçon précédente. Vous avez vu de combien de précautions le législateur a entouré la création de l'obligation égyptienne, l'acceptation de ce devoir. Celui qui s'oblige doit parler lui-même. Il doit nettement indiquer dans quelles limites il s'engage ; jusqu'où s'étend le devoir qu'il se crée. Des témoins nombreux écoutent ses paroles, et elles sont écrites, sous sa dictée, par un représentant du corps sacerdotal. Alors qu'il n'intervient plus d'invocation des dieux; de serments, les solennités n'en sont pas moindres.

Au contraire, chez les Chaldéens aucune formalité spéciale ne préside à la formation du capital créance. L'écrit n'est qu'un moyen de preuve. Il en est de même des témoins. Le premier venu peut rédiger l'acte : souvent c'est un des contractants qui sert de scribe : tout ce que l'on veut, c'est d'établir l'intention commune des parties.

Ceci ne touche encore qu'à la forme. Mais voici qui touche beaucoup plus au fond même du droit.

En Égypte, l'homme qui ne remplit pas son obligation au jour dit est considéré comme ayant manqué à un devoir. On trouve donc tout naturel qu'une peine vienne l'atteindre. De là cette clause de l'hémiolion dont nous vous avons déjà parlé et qui intervient si souvent dans les obligations de tout genre. Celui qui s'oblige à payer, à un jour donné, une somme d'argent, ou à verser une quantité de blé déterminée, accepte d'avance d'être frappé, au profit de l'autre partie, s'il manque à son obligation, d'une amende consistant à faire grossir sa dette d'une moitié en plus.

Ceci cadre admirablement avec le caractère hiératique de ce code.

Mais, dans le droit tout commercial de la Chaldée, cela n'aurait pas eu de raison d'être : et, en effet, on ne trouve pas la clause de l'hémiolion en cas de non paiement dans la multitude des tablettes relatives aux obligations qui nous sont venues de la Chaldée.

Si la date du paiement se passait sans que ce paiement s'effectuât chez les Chaldéens, le créancier n'y perdait rien relativement au capital-créance constitué sur son débiteur et qui continuait à fructifier à son profit, comme auparavant. Il n'y gagnait rien non plus, sauf qu'il pouvait recourir aux voies d'exécution, puisqu'à partir de l'échéance le capital était exigible.

Chez les Athéniens, qui se sont inspirés si souvent du droit égyptien, c'était quand l'idée de devoir se dégageait le mieux par la nature même de la dette que cette dette subissait le gonflement le plus considérable lors du non-paiement à l'échéance. Aussi celui qui se trouvait débiteur à l'égard des dieux, et tout spécialement de la déesse Αθηνη, déesse éponyme et tutélaire de la ville d'Athènes, s'il ne payait pas au jour fixé, voyait sa dette s'accroître dans une proportion vraiment énorme, jusqu'à dix fois, jusqu'à quarante fois son montant, par la peine qui le frappait à cause de ce manquement à un devoir sacré.

Ici encore, nous pouvons constater une imitation égyptienne, car un acte daté du règne d'Artaxercès nous a conservé, si longtemps après la rédaction du code de Bocchoris, une trace encore évidente du vieux droit sacré. Il s'agit, dans ce papyrus, d'une obligation contractée pour une cause toute religieuse, relative à la livraison d'animaux pour des sacrifices : et la clause pénale stipulée n'est pas seulement alors d'une moitié en plus, mais bien du quadruple en cas de manquement au devoir accepté envers les dieux.

Dans cet acte d'Artaxercès, tout est d'ailleurs exceptionnel : non seulement l'amende, mais le taux de l'intérêt, mais la nature des gages etc.; et cela se conçoit très bien, puisque le code de Bocchoris ne s'appliquait pas à ce qui subsistait du droit sacré.

Pour en revenir à Athènes, les devoirs envers le peuple y étaient presque sur la même ligne que les devoirs envers les dieux. Et c'est pourquoi on faisait doubler à l'échéance, en cas de non-paiement, une dette contractée envers le peuple.

Nous verrons bientôt qu'en Égypte aussi, bien qu'il n'y fût pas question du peuple puisque l'Égypte n'était pas en démocratie, les devoirs sociaux occupaient une très large place auprès des devoirs envers les dieux.

Vous vous rappelez cette phrase du rituel de Pamont où les hommes et les dieux sont mis à peu près sur la même ligne : puisqu'on doit également faire ce qui est doux au cœur des hommes et ce qui est doux au cœur des dieux.

Un autre cas d'accroissement de la dette dans Athènes rentre dans la même série d'idées. C'est lorsqu'après contestation les juges ont donné l'ordre de payer cette dette. Si le débiteur n'obéit pas dans le délai fixé, on le traite rigoureusement; on lui fait payer le double et on lui prend de force ce qu'il faut de ses biens, soit meubles, soit immeubles, pour arriver à ce paiement.

Envers les débiteurs soit des dieux, soit du peuple, on va

bien plus loin; car on leur interdit, sous peine de mort, jusqu'à ce qu'ils se soient acquittés, l'exercice des droits politiques et d'une partie des droits civils.

Vous le voyez, Messieurs, si le créancier, en définitive, profite de la peine imposée au débiteur, soit par la loi même, soit par l'acceptation, faite d'avance par le débiteur, de cette peine, — en droit athénien comme en droit égyptien, — c'est une faute que l'on veut punir par cette sorte d'amende, comme on la punirait par une amende proprement dite.

Du reste, l'amende proprement dite s'introduisit, à une certaine époque, sous une forme particulière, dans le droit égyptien, où elle ne faisait pas tache. Je veux parler de cette amende à verser dans les caisses publiques pour les sacrifices du roi et de la reine qui intervenait souvent, comme nouvelle garantie, dans les actes ptolémaïques de la seconde époque. Je dis comme nouvelle garantie, car, le roi se trouvant ainsi constitué créancier, les procureurs du roi devenaient investis du pouvoir d'instruire sur toute l'affaire et de faire jeter en prison le débiteur récalcitrant. En effet, le décret de Rosette nous apprend qu'on tenait en prison les débiteurs du roi, tandis qu'une loi dite de Bocchoris avait supprimé la contrainte par corps pour les débiteurs des particuliers. L'amende destinée aux sacrifices du roi et de la reine était fort bien imaginée pour l'Égypte où elle semblait cadrer au mieux avec les traditions hiératiques du pays. On la rencontre même dans des contrats de prêts de blé, où elle apparaît réunie avec l'ancienne clause pénale, l'hémiolion, dont devra profiter le créancier. On la rencontre aussi, réunie à l'hémiolion, dans les locations. Le locataire s'engage à payer au propriétaire chaque terme au jour dit. En cas de retard, il s'engage à payer en plus, pour chaque terme échu, une somme représentant la moitié du montant de ce terme. Puis, à la fin de l'acte, souvent, on ajoute une phrase qui rappelle un peu, du moins pour la forme, la bilatéralité habituelle des actes chaldéens et qui est ainsi conçue : « Celui « de nous qui s'écartera pour ne point agir selon toutes les « paroles ci-dessus paiera tant pour les sacrifices du roi et de

« la reine. » Je vous disais que cette phrase rappelle les
actes chaldéens. En effet, dans les locations chaldéennes proprement dites, alors même que le locataire a pris seul des
engagements par rapport au propriétaire — qui n'en prend
aucun — on ajoute souvent une clause pénale dirigée dans
la forme contre celui des deux qui se serait écarté de ses
obligations. La ressemblance, d'ailleurs, ne va pas plus
loin ; car, dans les locations chaldéennes, ce n'est pas au profit
du roi ni au profit des dieux, mais au profit de l'autre partie,
que cette amende pécuniaire est stipulée. On pourrait donc
croire qu'en Chaldée c'est, pour ce cas particulier, une
imitation de l'hémiolion et des autres clauses pénales, toujours au profit d'une des parties, que l'on rencontre dans les
plus vieux actes de l'Égypte. Mais il est possible que l'amende
au roi, en cas de location, soit le résultat de ce qu'on pourrait
nommer un choc en retour. En effet, il serait difficile d'expliquer autrement pourquoi, dans une location rédigée
d'ailleurs complètement pour tout le reste à l'égyptienne,
cette cause seule fait exception par son apparence exotique.

Ajoutons que l'intervention des agents du roi était le
meilleur moyen d'échapper aux règles du code égyptien de
Bocchoris. Ces agents se nomment Chrématistes, c'est-à-dire
chargés des affaires du roi et du soin de ses revenus, dans
plusieurs papyrus grecs de Turin, particulièrement dans
celui que nous avons rétabli et traduit dans la *Revue Égyptologique* et qui renferme le compte rendu d'un procès
relatif à une famille égyptienne jugé par eux à cause des
intérêts du roi résultant d'une telle amende. Comme ils
prononçaient au nom du roi, avec délégation des pouvoirs
souverains, ils n'étaient nullement tenus au respect des
règles posées dans le code national — d'après lequel jugeaient
les juges du pays, les laocrites. C'est ce qui vous explique
comment l'amende au roi devint un moyen de valider des
sous-seings privés et des actes faits, suivant le droit des gens,
en dehors des formes prescrites.

Mais cette cause pénale, qui put devenir ainsi un instrument
contre le droit de Bocchoris, cadrait fort bien avec ce droit

dans son origine. C'était encore une punition acceptée d'avance par le coupable pour un manquement à un devoir également accepté par lui.

En dehors des clauses pénales, d'autres particularités accusent encore le caractère hiératique, pour ainsi dire, de l'obligation égyptienne.

L'échéance, le terme, y prend souvent une fixité presque fatale, si je puis m'exprimer ainsi. Le débiteur a le devoir de payer à ce moment-là. Nous avons vu qu'il ne pouvait le faire plus tard, sans avoir à payer en outre l'hémiolion. Il ne pourrait pas le faire plus tôt. Ce qu'il aurait donné d'avance ne diminuerait en rien sa dette au moment où ce terme viendrait. Telle est la théorie donnée par la rédaction même des actes.

En pratique, le débiteur s'acquittait quelquefois d'avance. Mais il lui fallait, en pareil cas, acheter la renonciation de son créancier.

D'après le principe général qu'on pouvait toujours renoncer à un droit acquis, le créancier, après s'être fait rembourser par le débiteur, renonçait, en se déclarant payé pour cela, à invoquer contre lui le droit créé à son profit par l'acte de créance. C'était, si vous le voulez, une vente de créance. Mais il ne faut pas oublier que tout autre genre de vente de créance était interdit en droit égyptien. Le débiteur s'était obligé envers une personne déterminée, et nul ne pouvait tenir la place de cette personne que son héritier ou le débiteur lui-même.

Avec cette façon de considérer l'obligation comme un devoir strict dont toutes les conditions étaient très nettement déterminées d'avance par celui qui se soumettait à ce devoir, l'intervention d'une personne imprévue, prenant pour de l'argent la place du créancier, aurait été considérée comme un changement trop radical pour que l'obligation elle-même subsistât.

Il en était ainsi d'ailleurs dans le droit romain des XII Tables, où l'on constate à chaque pas l'imitation du code de Bocchoris, et quand la vente des créances s'introduisit plus tard à Rome, ce ne fut que par un droit des gens d'une origine toute chaldéenne.

En effet, cette vente des créances se rattachait intimement aux théories du capital-créance et de l'échange des valeurs qui sont la base même de tout le droit chaldéen.

En Égypte où, même contractuelle, l'obligation se rattache à l'idée de devoir, les devoirs naturels et les devoirs sociaux deviennent facilement des obligations strictes.

Nous avons, par exemple, des contrats égyptiens relatifs à l'obligation que les enfants avaient de nourrir leurs parents. C'est ainsi qu'un cultivateur qui n'est pas riche, cela se voit bien, s'engage à verser à sa mère, à titre de pension alimentaire, sur sa récolte, quand l'année sera bonne, telle quantité de blé, telle quantité d'huile, etc. Dans les années de disette, quand l'inondation fécondante du Nil n'aura pas atteint les terres cultivées par cet homme, parce que le Nil n'aura pas monté à tel degré du Nilomètre, le blé manquant, l'huile manquant, pour verser le montant de cette pension annuelle, le fils prendra chez lui sa mère, et l'on s'arrangera comme on pourra, en vivant d'une vie commune.

Si les enfants avaient le devoir de nourrir leurs parents, ceux-ci avaient eu, de leur côté, le devoir absolu de nourrir et d'élever tous leurs enfants. C'est un point sur lequel Diodore insiste, d'autant plus qu'un grand nombre de peuples, surtout dans la race dorienne, permettaient, soit d'abandonner, soit même de tuer les enfants, quand ils venaient seulement de naître. A Lacédémone, des magistrats étaient chargés de désigner, suivant le nombre plus ou moins grand des naissances, suivant l'apparence plus ou moins robuste des enfants, ceux qu'on garderait et ceux qu'on noierait dans l'Eurotas. A Rome, on étendait par terre, devant le père, l'enfant qui venait de naître, et si le père ne se baissait pas pour le ramasser, on le portait dans la rue, sans plus s'en occuper désormais. En Égypte, au contraire, l'abandon d'un enfant, si petit, si laid ou si faible fût-il, était un crime pour les parents. La loi égyptienne, en tout ceci, s'était moulée sur ce code de morale qui, nous l'avons vu, protégeait l'homme, quel que fût son âge ou sa condition.

Non seulement le meurtre de l'enfant n'était pas permis, mais le meurtre de l'esclave était puni à l'égal du meurtre de l'homme libre. Diodore le dit aussi.

Chez les Chaldéens, il en était tout autrement, parce que la notion de valeur l'emportait aisément sur toute autre notion chez ce peuple fait pour le commerce. Généralement, le Babylonien était doux envers ses esclaves. Il les associait à ses entreprises. Il les employait dans son commerce. Il leur confiait des exploitations. Il leur constituait une quasi-famille. Il les traitait souvent sur un pied d'affectueuse familiarité, qui nous étonne presque quand nous lisons leur correspondance. Mais avec tout cela il n'oubliait jamais que chaque esclave était un capital-valeur, représentant dans sa fortune une somme déterminée et qui pouvait être changé, par équivalence, contre cette somme. Si donc cet esclave était tué par un étranger, la première pensée du capitaliste babylonien était de rentrer dans son capital. Il demandait au meurtrier de lui verser en moins la valeur de l'esclave, et ce n'était qu'en cas de refus du prix du sang qu'il en arrivait à poursuivre une autre vengeance.

Dans les lois d'Athènes, de cette ville qui se vantait d'avoir reçu d'Égypte une colonie conduite par Cécrops et dont une tribu portait le nom de Cécropide du temps de Démosthène, l'influence égyptienne était celle qui s'était fait sentir la première, sur ce point comme sur beaucoup d'autres.

Les lois de Dracon n'établissaient aucune distinction entre l'homme esclave et l'homme libre au point de vue des attentats ou même des injures qui pouvaient les atteindre. Quel que fût l'homme qu'il assassinait ou qu'il frappait ou qu'il insultait, le coupable était poursuivi de la même manière et exposé aux mêmes peines, peines qui n'étaient pas légères sous ce code célèbre par son extrême sévérité.

Plus tard, les idées chaldéennes prirent le dessus. L'esclave, quoique assez bien traité et généralement assez heureux dans Athènes, grâce à ce que les maîtres athéniens n'étaient pas cruels par nature, fut surtout regardé alors comme un objet de commerce, et il perdit beaucoup de cette dignité d'homme que les lois de Dracon lui assuraient autrefois.

Peut-être faut-il, en partie, chercher la cause de ce changement dans les lois de Solon qui, sans abolir expressément les lois précédentes de Dracon, étaient faites dans un autre esprit.

A ce que nous racontent les anciens, Solon s'était livré d'abord au grand commerce international avant de devenir législateur. Si le code de Bocchoris, qu'il avait vu fonctionner en Égypte pendant son séjour à Naucratis, l'avait séduit par certains côtés, les principes économiques de ses correspondants chaldéo-phéniciens avaient peut-être influé sur sa manière de voir relativement aux esclaves.

Quoi qu'il en soit, et c'est là certainement ce qui choque le plus dans la législation d'Athènes avec ce qui regarde les femmes, la torture des esclaves au courant de l'affaire fut considérée comme un moyen de preuve légitime et très efficace dans les simples procès d'argent. Chez les banquiers, on prenait un esclave pour premier commis, teneur de livres, afin que ceux qui contesteraient les indications de ces livres pussent, en offrant d'abord la valeur de l'esclave, se le faire livrer et le torturer — devant ces arbitres qui jouaient le rôle d'instructeurs — pour établir la vérité par les témoignages arrachés d'eux dans les souffrances. Devant ces arbitres, c'étaient les esclaves des parties qui dressaient le procès-verbal de l'enquête, des demandes et des réponses, afin qu'en cas de contestation sur la vérité de ce procès-verbal, en cas de mort ou de subornation de ceux qui avaient conduit l'enquête, on pût établir la vérité en torturant ces secrétaires esclaves. Souvent, entre particuliers, on prenait les mêmes précautions, alors qu'on rédigeait un acte. Et dans les discours de Démosthène contre son tuteur Aphobos, contre le beau-frère de son tuteur, Onétor, aussi bien que dans les discours qu'il a prononcés comme avocat et non plus comme partie, et ceux des autres orateurs de la même époque, on voit sans cesse demander comme moyen de preuve cette mise d'un ou de plusieurs esclaves à la torture. Ajoutons, à l'honneur des maîtres athéniens, qu'au risque de perdre leurs procès, même quand il s'agissait de sommes considérables, ils se refusaient le plus souvent à livrer ces esclaves contre le prix offert — prix qui, d'ailleurs, ne se rattachant pas à une vente proprement dite, ne les eût pas définitivement dépouillés de leur droit de maîtrise, mais était une garantie de dédommagement pour la moins-value que la torture eût pu causer.

On peut donc dire que les mœurs publiques tendaient à abolir cette torture de l'esclave comme elle tendait à faire disparaître graduellement tout ce que Solon avait édicté relativement à la condition de la femme. Mais, dans un pays où, légalement, on pouvait faire souffrir l'esclave d'autrui jusqu'à l'en faire mourir, pour un intérêt de peu d'importance, à la condition d'indemniser le propriétaire, il n'était plus possible d'envisager comme l'avait fait Dracon le meurtre de cet homme ou les violences exercées contre lui.

Aussi les orateurs de la dernière époque, en rappelant les lois de Dracon relativement à l'esclave, en paraissent-ils presque étonnés. Ils ont soin de dire que, de leur temps, ce que Dracon considérait comme des crimes irrémissibles, ne créait plus pour le coupable qu'une obligation pécuniaire, semblable à celle des quasi-contrats. Il était tenu de réparer la perte causée par son fait, comme si l'esclave eût été un sac d'argent au lieu d'être un homme.

Les théories économiques de la Chaldée sur l'équivalence des valeurs diverses, sur leur estimation à établir d'après le principe de l'offre et de la demande, avaient conduit à ce résultat, que nous sommes loin de considérer comme un progrès.

En Égypte, au contraire, et suivant les principes de la morale unilatérale de ce pays, on ne pouvait songer à demander au maître après le meurtre de son esclave si, ayant reçu de l'argent, il se déclarait satisfait.

L'esclave était, pour l'Égyptien, un homme placé sous

l'autorité, sous le gouvernement d'un autre homme. Ce qui pouvait être vendu par le maître, c'était ce droit de gouvernement, d'autorité, ce n'était pas l'être lui-même.

D'après le code de morale égyptienne, dont je vous ai si souvent parlé, les supérieurs avaient leurs devoirs envers leurs inférieurs ; et les maîtres avaient leurs devoirs envers leurs esclaves, comme les inférieurs avaient leurs devoirs envers leurs supérieurs, comme les esclaves avaient leurs devoirs envers leurs maîtres.

Les abus de l'autorité se trouvant ainsi interdits par la morale religieuse, l'homme avait toujours un recours, au moins auprès des dieux, s'il en était victime.

L'année dernière, en traitant de la condition des personnes, nous vous avons entretenu du droit d'asile ouvert en Égypte, dans certains temples, pour les esclaves. Hérodote en avait parlé en nous disant qu'on affranchissait de l'autorité de son maître, pour l'attribuer aux dieux, l'esclave qui avait démontré le bien fondé des plaintes graves portées par lui devant les dieux contre son maître. La vérité de ce témoignage nous est démontrée, car nous possédons dans un papyrus l'original même de la plainte qu'un esclave déposait ainsi contre sa maîtresse.

L'étude des devoirs d'état et des devoirs sociaux en Égypte nous demanderait, pour être complète, toute une série de leçons. Nous ne pouvons donc pas l'entreprendre aujourd'hui dans cette dernière leçon d'un semestre. Mais il est bon de rapprocher au moins par quelques exemples, ce genre d'obligations légales, qui avait tant d'importance dans la vallée du Nil, avec le genre d'obligations conventionnelles qui résultait des actes écrits.

L'Égypte est peut-être le seul pays du monde où la culture fut considérée non seulement comme une source de profits pour qui s'y livrait, mais comme un grand devoir social auquel tout le monde était astreint. Il y avait une corvée pour la culture des terres, quand cette culture ne pouvait pas être assurée partout autrement, comme il y a encore chez nous les dernières traces d'une corvée pour l'entretien de certaines routes.

L'ancienne division des terres d'Égypte, les terres du roi, terres des guerriers et terres des dieux, conduisait d'ailleurs à cette conception de l'agriculture. Des temples riches eussent facilement laissé tomber en friche les terres surabondantes. Les guerriers de profession, plus facilement encore, se fussent désintéressés de la culture d'une partie de leur sol. Mais la culture étant un devoir public, les agents du roi allaient en surveiller l'accomplissement, aussi bien sur le domaine des soldats et des temples que sur le domaine royal.

A l'époque ptolémaïque, on trouve encore des terres du roi, des terres de soldats et des terres de temples ou terres sacrées. Ces trois genres distincts de domaine sont mentionnés dans le décret de Rosette et dans une circulaire ministérielle relative à l'agriculture que nous possédons en grec, parmi les papyrus du Musée du Louvre. La culture de toutes ces terres est visée dans la circulaire en question, et il y est dit que personne, parmi les habitants de l'Égypte, qu'il soit de race égyptienne ou de race macédonienne, quelle que puisse être sa condition, quand même il serait magistrat, gouverneur de nome, etc., ne peut se dérober à la corvée, assurant la culture du sol. Il nous paraît infiniment probable qu'en cas pareil, le préfet de la ville ou les magistrats municipaux, surtout alors qu'il s'agissait de la race des conquérants, ne s'armaient pas chacun d'une pioche ou d'une charrue pour aller faire leur part de besogne dans les champs en friche ; mais ils devaient assurer tant de journées de travail en payant ceux qui les remplaçaient.

Il faut dire qu'au moment où cette circulaire ministérielle fut rédigée, l'Égypte n'était pas sortie encore de la série de guerres étrangères et de guerres civiles qui suivirent la mort d'Épiphane. Antiochus le Grand, roi de Syrie, l'avait ravagée, et deux rois maintenant se disputaient le trône.

Un des papyrus grecs du Musée du Louvre nous montre, parmi ceux qui s'étaient réfugiés dans l'enceinte sacrée du Sérapéum, un de ces cultivateurs royaux, un de ces γεωγοι βασιλικοι qui, prêtant chaque année le serment de culture, faisait fructifier le domaine du roi. Bien d'autres, sans doute, moins heureux, avaient été tués dans les troubles ou dans les invasions syriennes. Bien des terres devaient se trouver abandonnées, et le devoir de la corvée devenait ainsi plus effectif.

Nous venons de vous parler des serments de culture prêtés par les cultivateurs. Non seulement il en est question dans les papyrus grecs, mais nous avons, tant en démotique qu'en grec même, des originaux de plusieurs de ces serments. Nous y voyons que le cultivateur ne peut nullement être assimilé au fermier moderne qui tire parti du sol et n'est tenu qu'à payer le prix de son fermage.

Le cultivateur égyptien est, pour ainsi dire, chargé d'une mission, qu'il jure de remplir avec fidélité. Il s'interdit d'avance toute voie de recours qui pourrait le faire échapper à l'obligation qu'il contracte. En effet, il remplit si bien une mission publique, qu'on invoquerait, à son défaut, pour le même office, le devoir public de la corvée.

Il ne faut pas oublier, Messieurs, qu'en Égypte des travaux immenses de canalisation savante avaient été faits dans le but d'élargir, dans une proportion considérable, la zone des terres fécondables et productives.

Les auteurs anciens nous racontent que la population égyptienne était extrêmement serrée. Jusqu'à l'époque de Diodore de Sicile, c'est-à-dire jusqu'à la veille de la conquête romaine, le renouvellement de cette population était très rapide. Diodore nous raconte que les ménages égyptiens étaient très féconds et que les enfants foisonnaient dans ce pays prospère, où la vie ne coûtait presque rien. On conçoit donc que la question de l'alimentation publique était capitale pour sauvegarder la vie même de ce peuple dense : et les conquérants macédoniens, quand ils eurent saisi le pouvoir dans cette riche vallée du Nil, comprirent si bien cette nécessité qu'ils furent les premiers à s'y soumettre.

Parmi les devoirs publics la défense du pays venait à côté de la culture. Mais les Pharaons, pour assurer cette défense du pays, avaient organisé deux grands corps de soldats dont la guerre devenait le principal métier, qui devaient se tenir toujours prêts à répondre à l'appel du roi et qui, constituant une grande caste héréditaire, une sorte de caste noble, avait reçu de Sésostris, à titre de fief pour ainsi dire, une grande partie de l'Égypte en propriété. Hérodote nous dit quel était, de son temps, le nombre des guerriers que fournissait au roi chacune des deux tribus dont était composée cette caste noble. Ce nombre, vraiment considérable, paraissait au moins suffisant pour assurer la défense du pays. Les Ptolémées d'ailleurs y joignirent de grandes armées de mercenaires, soit de race grecque, soit d'autres races. Quand Évergète fit en Asie cette expédition triomphale dont il est question dans le décret de Canope, etc., il avait avec lui plusieurs milliers de Gaulois attirés en Égypte par son père Philadelphe et qu'il avait pris à sa solde. Dans de telles conditions le service militaire n'était plus demandé à ceux qui ne se rattachaient ni aux tribus guerrières ni aux armées des conquérants.

Mais pour ce qui touchait la marine, les Pharaons n'avaient établi aucune organisation permanente analogue. Aussi voyons-nous dans le décret de Rosette qu'on pourvoyait aux besoins de la marine par des levées d'hommes, par une sorte de conscription, et que ces levées atteignirent à certains moments jusqu'aux habitants mêmes des temples.

Ce ne sont là que des exemples des charges que les Égyptiens acceptaient comme devoirs sociaux.

Les greniers publics, où l'on prenait les distributions à faire aux veuves, aux orphelins, etc., cette intervention quasi paternelle des chefs de nomes et des autres représentants de l'autorité dont il est si souvent parlé dans les stèles pharaoniques, tout cela forme pour ainsi dire l'autre face d'une même question. Et, disons-le bien, dans la vieille Égypte, suivant les principes de morale de la confession négative, on faisait un devoir à ceux qui avaient en mains l'autorité de tenir la balance égale envers tous et de s'inquiéter du pauvre et de l'infirme autant que du robuste et du riche. Aux uns et aux autres ils devaient la justice. Ils devaient de plus aux malheureux l'assistance active.

Cette assistance était la grande raison d'être des terres royales et des revenus royaux [1].

Sous le règne des Ptolémées, en partant des mêmes principes, on développa ces mêmes revenus dans une proportion considérable. D'abord, les rois se chargèrent eux-mêmes de subvenir aux besoins du culte. Le premier d'entre eux, Ptolémée Soter, s'était montré d'une générosité extraodinaire à l'occasion d'une des cérémonies solennelles du culte égyptien, l'enterrement du bœuf Apis.

Sous sa dynastie, le corps sacerdotal fut appelé à se réunir dans de grands conciles dont les décisions prenaient en grec le titre de décrets, ψηφισμα, et étaient suivies par les rois eux-mêmes, qui recevaient de ces conciles des titres divins. C'étaient donc comme amis que les Ptolémées en vinrent à réduire les prêtres aux portions congrues, se chargeant d'ailleurs de compléter par une subvention, une συνταξις, en cas de besoin, ces portions congrues laissées aux temples sur les revenus de leurs domaines [2]. Dès ce moment, le domaine des temples fut pour ainsi dire rattaché au domaine royal. Les dîmes locatives y devinrent des contributions proprement dites, des impôts payés en nature. En cas de vente, pour les terres de *neter hotep* aussi bien que pour les autres terres, les rois perçurent un droit de mutation qui se rattachait comme origine au droit de propriété éminente, mais qui se transformait en impôt.

Au point de vue fiscal, les Ptolémées se montrèrent d'une ingéniosité telle que les Romains n'eurent plus tard qu'à les imiter pour organiser la fiscalité sans limite du Bas Empire. Il ne faut pas oublier qu'en Égypte tous ces abus s'étaient établis sur des nécessités d'assistance publique et de travaux publics pour l'utilité générale, qui théoriquement les excusait.

---

1. Voir à ce sujet la dernière partie du texte du rescrit d'Horemhebi dans mes *Notices*.

2. Voir dans ma *Revue égyptologique* mon article sur la συνταξις ou budget des cultes.

D'ailleurs, cette multiplicité des dîmes, des taxes, des impôts et des monopoles de tout genre, droits de constructions pour les maisons, droits de change pour l'argent versé dans les caisses publiques, taxes sur le vin, taxes sur la bière, monopole du sel, du nitre, etc., tout cela n'avait pas atteint la prospérité de l'Égypte sous le règne des Ptolémées. Ce qui a ruiné, détruit, perdu les grands peuples de l'ancien monde, ce n'est jamais la conquête grecque, c'est toujours la conquête romaine.

Les Grecs portaient partout cette rapidité d'intelligence qui leur permettait de comprendre, de pénétrer, de s'assimiler le droit national et les institutions nationales des pays où ils devenaient les maîtres. Ils l'ont bien montré en Égypte par l'assimilation savante du δανειον grec avec le *sanch* créance, par le rapprochement graduel du droit même des conquérants au droit du code de Bocchoris, par la lenteur, la modération des modifications apportées à ce droit dans les ordonnances royales.

L'Égypte vivait d'une vie propre sous les Ptolémées aussi bien que sous les Pharaons, et il en était de même des peuples de l'Asie qui formèrent des royaumes grecs après l'émiettement des conquêtes d'Alexandre.

Tout autres étaient les suites d'une conquête romaine dans les contrées qui auparavant jouissaient d'une puissante civilisation. Alors même que le Romain, par négligence, n'abolissait pas directement, au premier abord, les lois et l'organisation extérieure d'un tel pays, au fond il n'y comprenait rien. Il n'avait qu'une pensée : tirer le plus possible de bénéfices d'une conquête en épuisant, s'il le fallait, les sources vives de la prospérité du peuple ainsi sucé par eux.

Pour les questions de droit surtout, les Romains ne les saisissaient qu'avec une extrême lenteur.

Les deux écoles romaines, celles qui précédèrent l'arrivée des jurisconsultes phéniciens et des empereurs phéniciens de race, se distinguaient surtout, l'une aussi bien que l'autre, par une extrême subtilité dans la poursuite d'une casuistique

qui permettait souvent de s'écarter des lois quand leur texte
était le plus clair.

A ce point de vue elles ressemblaient d'une manière étonnante aux académies rabbiniques qui ont organisé le droit du Talmud.

Je dois vous dire ici quelques mots de ce droit du Talmud qui, bien que de date, somme toute, assez récente, doit être comparé aux droits anciens, parce qu'il conserve quelques épaves dénaturées de ces droits anciens.

Il faut d'abord se rappeler dans quelles circonstances il s'est produit [1].

Lorsque la Judée eut été conquise par les Romains, les Juifs possédaient trois grands centres où ils formaient des noyaux compacts de population.

En Égypte, où ils avaient élevé près d'Héliopolis un temple rival de celui de Jérusalem, où ils avaient afflué en masse du temps des conquêtes ninivites, du temps de Nabuchodonosor, du temps de Philadelphe, Évergète, etc., ils étaient presque aussi nombreux qu'en Judée même. On le vit bien quand il fallut faire une guerre judaïque après les victoires de Titus et la destruction de Jérusalem.

En Chaldée, ils étaient restés en très grand nombre quand, du temps d'Esdras, on permit, à ceux qui le voulaient de retourner en Palestine. Les plus riches se trouvaient bien à Babylone et dans les autres villes si commerçantes de la vallée de l'Euphrate. Ils refusèrent donc de partir : la Bible elle-même nous l'apprend, et ils gardèrent dans ce pays toute l'organisation que leur avait donnée, au moment de la transportation, le monarque babylonien. Le prince de la captivité, considéré comme se rattachant à la descendance de David, est encore très souvent nommé dans le Talmud de Babylone comme autorité officielle.

En Judée, il y eut d'abord une persécution très violente après la guerre judaïque. Mais bientôt les Juifs profitèrent

---

1. J'ai fait, à partir de ce point, un emprunt à cette leçon dans mon volume sur *la Propriété*, p. 227.

de la tolérance, puis de la faveur qui fut accordée aux chrétiens. Nous les trouvons donc, sous Constantin et ses successeurs très puissamment organisés, avec un centre à Jérusalem. Ils sont jugés d'après leur propre loi : le code théodosien nous l'apprend et revient sur ce point en maints passages. Leur chef officiel porte le titre de patriarche. Sous Théodose, c'est un personnage si puissant et si important, que, dans la noblesse romaine, il prend place à côté du préfet du prétoire. Il a ses apôtres, ses envoyés, qui parcourent le monde d'un bout à l'autre, recueillant partout les contributions des juifs de race, veillant à l'organisation de leurs écoles, de leurs tribunaux, portant ses ordres, ses instructions, ses circulaires, maintenant l'unité sociale et nationale du peuple juif.

Sous le patriarche Gamaliel, cette organisation formidable fut brisée par les empereurs, à cause d'abus épouvantables qui s'étaient produits. Ce n'était pas envers les Juifs que le patriarche abusait de son pouvoir ; et l'on pouvait craindre d'un moment à l'autre une nouvelle guerre judaïque, plus sanglante que la première. Mais ce qu'on n'enleva pas aux Juifs, ce fut le droit d'être jugés d'après leurs lois propres. On leur avait donné ce droit, absolument exceptionnel dans le bas empire, parce que leurs lois propres étaient rattachées théoriquement à leurs lois religieuses et parce qu'on n'était pas revenu, en ce qui les touchait, sur la proclamation de la tolérance absolue en matière de religion par laquelle Constantin avait commencé. Il s'agissait donc à la fois pour eux de fonder un droit qui leur servît et de donner toujours à ce droit un rattachement apparent aux vieilles traditions religieuses, au nom de Moïse. Quand ce travail fut effectué dans les sociétés rabbiniques, — les écoles ou académies qui joignirent successivement à la Michna, ou seconde loi, la Guémara ou commentaire du Talmud de Jérusalem, puis du Talmud de Babylone, — non seulement les droits égyptiens, chaldéen, romain, avaient déjà reçu le développement le plus complet, mais ils étaient en décadence.

Les Talmudistes avaient emprunté un peu partout. Au droit

égyptien ils prirent notamment le contrat de mariage, cet écrit, cette *ketouba*, où le mari prend la parole pour s'engager envers sa femme.

Les éléments fondamentaux de cette *ketouba* sont : un don nuptial d'au moins 200 *zouz* (200 drachmes) si la femme est vierge, d'au moins 100 drachmes si elle est veuve ; et une promesse formelle ou tacite de la nourrir. Comme en Égypte, le domicile des deux époux peut être distinct, et dans ce cas le mari doit verser à sa femme la pension annuelle nécessaire pour qu'elle se nourrisse. Le don nuptial de la *ketouba* peut être payé à la femme durant le mariage, comme après le divorce.

Tout ceci vous paraît ressembler étonnamment au droit égyptien. Mais la situation de la femme est absolument différente, malgré ces ressemblances de formes, chez les Égyptiens ou chez les Juifs.

Les Talmudistes, — qui ont emprunté à la langue grecque, ainsi que l'a remarqué M. Rabbinowich, une très grande partie de leurs expressions juridiques les plus importantes, — ont emprunté aussi aux peuples de race grecque l'idée que le mari est le chef et nous pourrions dire le κυριος de sa femme.

En qualité de κυριος, il jouit de tout ce qu'elle possède ; il hérite d'elle quand elle meurt : sans avoir à rendre les biens aux fils qu'il peut avoir eu d'elle, à moins qu'elle n'ait fait insérer dans la *ketouba* une clause spéciale. Comme dans le droit d'Athènes à l'époque classique, les fils mâles héritent seuls des biens et leurs sœurs n'ont droit qu'à la nourriture jusqu'au mariage et à une dot quand on les marie. Mais, par une distinction subtile qui, pour le coup, n'appartient plus à aucun droit raisonnable, la fille ne sera nourrie sur les biens du père et ne pourra recevoir une dot sur ces biens que si ce sont des immeubles.

Cette distinction entre les meubles et les immeubles est fondamentale en droit talmudique. Elle mérite qu'on s'y arrête, car ce fut le moyen puissant par lequel les Juifs ont pu absorber et conserver l'argent, cette valeur toute mobilière, de ceux qui se trouvaient en rapport avec eux.

Le point de départ à ce sujet se trouve encore dans les droits antiques.

L'hypothèque sur tous les biens avec droit de suite, organisée d'abord en Égypte, était devenue bientôt d'un usage fréquent dans la Chaldée, nous l'avons vu.

La créance constituait ainsi un lien portant sur une chose. Ce n'était plus, à proprement parler, seulement la dette d'un individu, mais la dette de cette chose. Or, les rabbins trouvèrent dans la Bible un texte formel qui leur permit de dégager absolument, dans certains cas, l'individu, en ne laissant plus subsister le lien de droit que sur la chose.

A une époque où le droit des gens de toutes les nations permettait à l'homme libre de vendre ses services, de se céder lui-même en paiement de ses dettes, — ce qui ne fut aboli en Égypte que tardivement, nous vous l'avons montré, — le législateur hébreu avait jugé avec raison que cette cession de soi-même par un homme libre à son compatriote ne pouvait pas être indéfinie. Nous avons vu qu'en Égypte aussi les formules mêmes des contrats de ventes relatives à des hommes libres qui s'étaient cédés à des créanciers établissent pour eux le droit de reprendre leur liberté à l'arrivée d'une certaine époque.

Le législateur hébreu, qui dans son organisation générale de la propriété entre les tribus, avait cherché, autant que possible, l'immutabilité, — ainsi que le firent plusieurs législateurs de citées chaldéennes ou grecques, — choisit l'époque où les esclaves devenaient libres pour faire rentrer dans les familles les biens immeubles qui s'en trouvaient sortis. Cette immobilisation des immeubles, bien entendu, ne fut pas conservée dans le droit des rabbins et ils ne s'inquiétèrent nullement de l'année jubilaire à ce point de vue.

Mais ils s'en inquiétèrent beaucoup en ce qui touchait un dernier article de la législation du Pentateuque sur cette année jubilaire. En effet, pour atteindre complètement le but qu'il visait, le législateur avait dû abolir les dettes quand il abolissait les effets de ces dettes. Celui qui s'était donné en paiement d'une obligation contractée par lui ou celui qui avait cédé pour la même raison un de ses immeubles put donc reprendre, franche et quitte de toute charge, soit sa personne, soit sa terre, quand arrivait l'année de joie, l'année jubilaire.

C'était bien commode pour les Juifs vivant au milieu d'autres peuples de pouvoir, au bout de sept ans, déclarer, d'après leur loi même, qu'ils ne devaient plus rien à ceux dont ils avaient reçu l'argent, en prêt ou en relation d'affaires. Il fut donc admis que l'année jubilaire éteindrait les dettes, quelle qu'en fût d'ailleurs l'origine, même contrat écrit (sauf la *ketouba* de la femme), quand il n'y aurait pas d'immeubles hypothéqués.

Cependant cette annulation septennale de tous les contrats aurait pu n'être pas toujours à l'avantage des Juifs. Ils imaginèrent donc — avec une habileté tout à fait comparable à celle des jurisconsultes romains — un moyen de tourner cette difficulté pour les rabbins habiles et pour leurs élèves du courant de leur jurisprudence spéciale.

Avant que le terme jubilaire ne survînt, le rabbin portait le contrat fait en sa faveur à une assemblée de magistrats juifs qu'on compare dans le Talmud à un sénat, à une βουλή grecque. Cette assemblée, après avoir pris connaissance de l'acte, en reproduisait les termes dans une sentence ordonnant de s'y conformer, sentence que l'on nommait *prosboul*, d'une expression tirée du grec, à cause de la présentation de l'acte : πρός, c'est-à-dire *à* la susdite βουλή.

Cette sentence était perpétuelle : car la loi de Moïse ne l'avait pas prévue en parlant de l'année jubilaire. Mais si cette précaution n'avait pas été prise, une fois l'année jubilaire passée, une créance hypothéquée sur tous les immeubles du débiteur avait encore pour objet ces immeubles, mais ne regardait plus le débiteur lui-même, qui pouvait posséder en mains, au vu de tous, des millions en argent, sans être tenu d'en payer le premier centime.

Une fois lancés dans cette voie, les rabbins la suivirent bientôt jusqu'au bout, avec la logique la plus implacable.

Du moment où une circonstance calendarique, la survenance d'une année jubilaire, rendait libre l'argent et tous les biens meubles entre les mains du débiteur et ne laissait plus porter la dette que sur les immeubles hypothéqués, on pensa que logiquement on pouvait attacher un effet analogue à une circonstance infiniment plus grave qu'une circonstance calendarique dans la vie d'une famille : c'est-à-dire à la mort de celui qui en avait été le chef.

Les fils donc, héritant des biens de leur père, ne sont plus tenus de ses dettes que sur les immeubles. S'ils n'ont pas d'immeubles, si ce sont, par exemple, de gros banquiers plusieurs fois millionnaires et ne faisant que commerce d'argent, ils prennent tout comme héritiers et ne doivent plus rien à personne.

Ils ne doivent pas même à leurs sœurs la nourriture ; car on assimile à une créance le droit des filles à la nourriture. Un rabbin qui avait, en qualité de juge, rendu, par pitié pour des filles, une décision qui leur donnait droit à ne pas aller mourir de faim, fut amèrement blâmé pour ce fait par des rabbins de la bonne école, qui lui reprochaient cet acte de piété violant la justice et établissant un précédent complètement illégal.

De doter les sœurs en pareil cas, bien entendu, il n'en est pas question. Les enfants mâles les mettent à la porte et gardent les millions pour eux.

Ils n'ont pas alors à payer non plus la nourriture même de leur mère, — nourriture à laquelle son contrat de mariage lui donnerait droit s'il y avait des immeubles ; car les rabbins se sont inspirés du vieux droit d'Athènes pour déclarer que les héritiers doivent nourrir la veuve, tant qu'ils ne lui ont pas versé la somme portée dans sa *ketouba*. Mais cette obligation des héritiers est une créance qui repose sur un contrat du défunt et par conséquent ne peut plus porter que sur ses immeubles. Les fils donc, en l'absence d'immeubles, gardent en mains toutes les sommes qui représenteraient les reprises de leur mère ou de leur belle-mère.

Vous voyez comme tout se lie bien dans ce droit qui pourrait d'abord paraître sauvage, si nous ne savions pas qu'il s'est développé après le plus complet épanouissement du droit, non seulement dans les pays d'Orient, mais à Rome même, sous les empereurs et les jurisconsultes de race phénicienne.

C'est par ces principes très habiles des deux Talmuds que les Juifs se sont enrichis chez tous les peuples qui leur donnaient le privilège d'être jugés d'après leur droit propre. Ce privilège, ils l'avaient déjà tant en Orient qu'en Occident lorsqu'ils rédigeaient les Talmuds. Ils le conservèrent durant le moyen âge chez tous les peuples de l'Europe. Ils l'avaient à Rome il y a vingt ans, et comme ce droit talmudique excluait, paraît-il, en ce qui touchait les Juifs, la peine de mort, on ne pouvait jamais les condamner à mort dans les États du pape, quels que fussent leurs crimes.

Faut-il s'étonner maintenant si la mise à part, si le *ghetto* n'empêcha nullement le développement des richesses entre les mains des Juifs?

Il serait, d'ailleurs, impossible de voir dans ce droit rabbinique le développement traditionnel et spontané du droit du Pentateuque. En effet, je vous l'ai dit déjà, le droit du Pentateuque avait en vue la perpétuité de la propriété des mêmes immeubles par les mêmes familles. Or les rabbins ont emprunté aux lois des XII Tables l'idée d'une prescription acquisitive, et s'ils ne lui ont pas donné tout à fait la même brièveté, c'est pour déguiser un peu cet emprunt. Au bout de trois ans de possession, on repousse toute réclamation du propriétaire dépouillé.

Pour les créances, ils avaient mieux qu'une prescription décennale ou même trentenaire : ils avaient l'année jubilaire. Mais ils ont trouvé le moyen d'introduire encore dans leur droit une prescription analogue aux prescriptions de longue durée du bas-empire. En effet, ils avaient admis que l'année jubilaire ne faisait pas disparaître les obligations résultant du contrat de mariage, de la *ketouba*. Restait donc ce cas pour appliquer une prescription libératoire, qu'ils ont fixée à 25 ans afin de ne pas paraître reproduire servilement le chiffre, soit de 20 ans, soit de 30 ans, qu'avaient choisi les empereurs grecs pour des prescriptions de très longue durée.

Ne croyez pas du reste, Messieurs, qu'ils ont épargné le droit chaldéen dans leurs emprunts. Pour vous démontrer le contraire, nous vous citerons seulement la règle suivant laquelle ceux qui, comme témoins, sont intervenus dans un acte, sont considérés par cela même comme ayant consenti pleinement à cet acte et renoncé à leurs droits antérieurs contraires à ses termes.

Je suis obligé d'abréger, cette leçon est déjà bien assez longue. Mais je vous en ai dit suffisamment, je pense, pour que vous voyiez bien que le droit talmudique est une sentine de tous les vieux droits.

Dans cet amalgame, brassé avec soin à la façon du droit romain, c'est en vain que vous chercheriez les grands principes dominateurs soit de la morale égyptienne, soit de cette science économique si bien comprise par les Chaldéens. Les rabbins n'ont pas même admis ce qui est admis universellement chez tous les peuples : que le fils, héritier du père, en prenant ses biens, prend ses dettes. C'est une règle sans laquelle le crédit commercial ne pouvait exister qu'à titre de piège ; dans les tablettes babyloniennes, nous la trouvons sans cesse appliquée. C'est une loi de justice que les Égyptiens rappellent, je vous l'ai déjà dit, dans leurs contrats de créance, en disant : « Cette obligation sera sur ma tête et sur celle de mes enfants. » On peut dire que c'est une loi de nature ; car le fils, à tous les points de vue, continue la personne du père, qui peut l'obliger en s'obligeant, et lui transmettre les dettes qu'il contracte, comme il lui transmet avec son sang jusqu'aux germes de ses maladies. Cette hérédité n'est pas pour le fils le résultat d'un libre choix ; c'est la suite même de sa naissance ; il ne doit pas la recevoir sans en accepter en même temps les charges.

Le droit des talmudistes est donc généralement, comme le droit des quirites, sur la plupart des points, en formelle contradiction avec le droit même de la nature et avec le droit des anciens peuples, ce *jus gentium* dont les deux sources furent l'Égypte et la Chaldée.

SEPTIÈME LEÇON

Messieurs,

Nous avons réservé pour ce second semestre l'étude des origines de notre droit commercial dans les droits des peuples anciens.

Un élément qui n'existe plus et qui jouait un rôle important dans l'antiquité, surtout à ce point de vue, c'est l'esclavage. En effet, l'esclave était un gérant, un commis, un teneur de livres, un homme de confiance que le maître pouvait avoir toujours sous la main.

Les commerçants se servaient donc beaucoup d'esclaves : et cela également chez les différents peuples. Mais le papyrus d'Hypéride, découvert cette année par nous, nous fait toucher, pour ainsi dire du doigt, les divergences considérables qui séparaient les unes des autres les législations de l'antiquité, en ce qui touchait la situation de l'esclave commerçant et la responsabilité de son maître.

En effet, une loi de Solon, — qui n'était pas connue jusqu'ici et que cite notre papyrus, — avait établi à Athènes la garantie complète, absolue, par rapport aux tiers, du maître, qui faisait exercer par son esclave, soit un commerce, soit une industrie, pour tout ce qui pouvait résulter de cette industrie ou de ce commerce.

Hypéride, qui était un savant jurisconsulte, ainsi que le prouve tout ce qu'on a retrouvé de lui, remarque que cette loi de Solon avait été très bien reçue à Athènes et que tout le monde l'y approuvait.

On trouvait juste, dit l'orateur, que celui auquel revenaient, en définitive, tous les profits, quand son esclave, mis par ses ordres dans les affaires, réussissait, subît, en revanche, toutes les pertes, si, par hasard, il s'en produisait.

La loi de Solon était donc considérée comme une réforme, comme une innovation heureuse par rapport à un droit qui l'avait précédée. Et l'insistance qu'Hypéride met ici à en faire l'éloge, montre bien que, de son temps encore, on pouvait faire la comparaison entre les règles posées par Solon et celles qui restaient en vigueur dans quelque droit autre.

En effet, Messieurs, il y avait, bien avant Solon, deux systèmes, très différents, en application pour réglementer le commerce fait par les esclaves.

Un de ces systèmes était le système égyptien — dont Solon s'inspira pour rédiger sa loi.

L'esclave y était un homme de la maison du maître, qui pouvait, pour cela, représenter le maître : par situation, comme le fils lui-même, en tant que membre, d'une classe inférieure, mais membre encore de la *familia*.

Je vous ai déjà dit souvent que, dans les ventes de services funéraires, après avoir nommé le chef de la famille, on comprenait les esclaves eux-mêmes sous cette appellation : « et ses gens », — appellation qu'on trouve remplacée dans d'autres actes par celle-ci : « ses *bok*, ses esclaves ».

Comme dans les vieilles lois de Dracon à Athènes, l'esclave, en Égypte, était protégé à l'égal d'un homme libre : et si quelqu'un le tuait ou lui faisait violence, le maître était chargé de poursuivre sa vengeance, comme il eut poursuivi celle de son propre fils. Mais cet homme *de sa maison* ne pouvait pas rester son esclave en s'isolant de lui au point de vue commercial : comme il le pouvait en Chaldée depuis une période très antique.

Les Chaldéens, Touraniens ou Sémites, furent ceux qui créèrent, paraît-il, les premiers, ce genre de pécule de l'esclave, dont les Romains abusèrent tant plus tard. Chez eux cette création se rattache à celle des sociétés à responsabilité et à capital limités. Elle fait partie de tout un ensemble d'institutions très remarquables au point de vue économique.

Dans les plus anciens contrats sur tablettes que nous possédions de Chaldée, par exemple, dans ceux qui remontent au XXIIIe siècle avant notre ère, nous voyons déjà que les associations étaient devenues, à cette époque, la principale base du commerce. Ainsi que je l'ai longuement montré dans l'appendice de mon cours de droit sur les obligations publié depuis trois ans, la plupart des tablettes archaïques provenant de la ville de Warka se rattachent à une association de ce genre.

Quatre individus, — dont aucun ne paraît au début avoir été très riche, — mirent une somme égale en commun, pour faire le commerce d'argent : ce que nous nommerions aujourd'hui la banque ; — mais avec cette différence que, dans les banques de cette époque, afin d'utiliser les gages, on faisait commerce de tout.

L'association fut des plus prospères ; et quand, après la mort de quelques-uns de ceux qui l'avaient fondée, elle se liquida, on partagea par parts égales, entre chacune des familles, les produits qu'elle avait donnés.

Les actes de partage relatifs aux immeubles sont parvenus jusqu'à nous et nous y voyons que les enfants d'un associé, quel que fût leur nombre, prenaient en bloc une seule part comme représentants de leur père, sauf à se diviser ensuite entre eux cette part qu'ils avaient reçue.

C'est ce qu'on nomme un partage par souche, quand il s'agit de frères et de neveux. Et, en effet, le mot « fraternité », *ahatu*, est un de ceux qu'employaient les Sémites de Warka pour désigner le lien de droit créé par une association de ce genre entre les personnes qui y prenaient part.

Cela tient sans doute à ce qu'à l'origine ces associations ont dû se produire principalement entre frères, quand, comme ils le firent si longtemps en Égypte, ils voulaient maintenir entre eux une communauté de tous biens.

Comme les fils partageaient dans la fortune du père par parts égales, les apports de chacun des frères, quand ils se mettaient en association au moment où ils héritaient, étaient naturellement égaux : dans les quasi-fraternités, dont le but était commercial, l'égalité des mises de fonds et celle des parts resta la règle générale.

Mais du moment où il ne s'agissait plus de vrais frères et où, par conséquent, le montant du patrimoine de chaque associé pouvait être très différent à l'origine, dans ces quasi fraternités, il ne pouvait plus réellement s'agir d'une société universelle de tous-biens, comme dans les fraternités vraies.

En dehors de ce qu'on avait mis en commun, chacun possédait certains biens propres ; de telle sorte qu'il y avait lieu de distinguer trois fortunes diverses, quand seulement deux commerçants se trouvaient en jeu : les fortunes propres, personnelles, indépendantes de l'un et de l'autre de ces deux commerçants, et la fortune de leur association ; — celle qui résultait des capitaux mis en commun ou de leurs produits et qu'ils devaient un jour se partager en frères. Ce dernier genre de patrimoine était le patrimoine commercial, déjà parfaitement distinct, plus de vingt-trois siècles avant notre ère, du patrimoine individuel, ainsi que nous l'ont prouvé les actes de Warka.

Dans un pays extrêmement fertile et en relations continuelles avec les diverses parties du monde, — puisque les routes qui conduisaient dans l'Inde et dans l'Extrême-Orient venaient se croiser dans la Chaldée, — les bénéfices procurés par l'utilisation commerciale des capitaux devaient être énormes. Nous en avons, d'ailleurs, une preuve directe dans l'histoire même de l'association dont je viens déjà de vous parler : puisque, ayant commencé avec fort peu de choses elle produisit en peu de temps une fortune considérable.

On comprend donc qu'après avoir mis une portion de ses capitaux dans une association fondée sur des apports égaux avec des gens moins riches, l'homme qui avait un gros patrimoine pouvait avoir la pensée de tirer également un parti commercial du reste, en contractant encore d'autres associations. Ceci a dû se faire également très tôt et c'était sans doute un ancien usage, dans le siècle de Nabuchodonosor le Grand, quand une multitude de tablettes babyloniennes nous montrent ainsi les mêmes individus contribuer, à la fois, par l'apport de leurs capitaux, à la constitution de plusieurs sociétés, aussi diverses que possible par leur importance et par leur objet.

C'est un grand banquier, par exemple, tel que Neboahiiddin ou son fils, qui s'associe par une mise de fonds au commerce de dattes fait par un pauvre hère.

C'est un autre prêteur d'argent, Iddina-Marduk, qui prend part à des entreprises de tout genre, même à des recouvrements d'impôts.

Je vous ai déjà longuement, cette année même, dans des leçons précédentes, développé la savante théorie du capital, de la tête d'argent, de l'individualité pécuniaire, si je puis m'exprimer ainsi, imaginée par les Chaldéens, pour ce qui touchait la créance. Ici, vous retrouvez encore une théorie tout à fait semblable : c'est un capital, c'est une tête d'argent, c'est une individualité pécuniaire, qui, s'isolant en principe de chaque associé, formera désormais la base de la société elle-même.

Eh bien! quoi de plus naturel que de considérer à un même point de vue le capital fourni, à titre de pécule, à un esclave que l'on charge de l'utiliser? Ce capital devient, pour ainsi dire, un capital isolé, séparé, une individualité d'argent qui vivra de son existence propre, jusqu'au moment où cette vie se terminera, — comme se fût terminée celle du capital d'une société, — par une liquidation, — mort de cette société ou de ce pécule.

Aujourd'hui encore, pour ceux qui profitent des opérations commerciales d'une société, la plus grosse question est celle de savoir quelle est la responsabilité de chacun par rapport aux tiers.

Dans ce que nous nommons les sociétés en nom collectif, cette responsabilité est complète, absolue, illimitée pour chacun de ceux qui y prennent part.

Dans ce que nous nommons les sociétés en commandite, on distingue deux genres d'associés : 1° ceux qui font ou ont droit de faire eux-mêmes les affaires au nom de la société : ceux-là ont encore une responsabilité illimitée s'étendant à l'ensemble de leurs biens personnels ; 2° ceux qui, ayant fourni des fonds à titre de commanditaires, n'ont pas le droit d'agir par eux-mêmes et n'ont dans le fait géré rien : ceux-là ne répondent que du versement de leur apport social. Ils ne sont exposés à perdre que cet apport, comme les actionnaires de cette troisième classe de sociétés, de cette société par actions, où personne n'est responsable sur ses biens propres, pas plus ceux qui gèrent que ceux qui se trouvent en dehors de la gestion, — sauf, bien entendu, en cas de délit, de quasi délit, etc.

Eh bien ! Messieurs, dans l'antiquité, par rapport au pécule servile, certains peuples, les Chaldéens en première ligne, permirent au maître de prendre une situation semblable à celle du commanditaire de nos sociétés en commandite.

Ils fournissaient des fonds ou plutôt des valeurs sous une forme quelconque, pour constituer le pécule, base des affaires futures, patrimoine du fonds de commerce, si je puis m'exprimer ainsi. Ceux qui traitaient avec le gérant, — c'est-à-dire avec l'esclave mis à la tête de ce fonds de commerce, investi de ce pécule, — savaient très bien que le maître ne répondrait de rien en dehors de sa mise de fonds. Cette mise de fonds était devenue, suivant la théorie chaldéenne, une valeur individualisée.

Quand l'esclave gérant contractait une dette, ce n'était pas au nom de son maître, simple commanditaire, c'était au nom de cet être de raison, de cette valeur individualisée que l'on peut comparer à une *raison sociale*.

Du reste, il faut le dire, le pécule de l'esclave entrait bien, en Chaldée, souvent dans une véritable *raison sociale*.

Par exemple, dans un acte daté de l'an 33 de Nabuchodonosor le Grand, le brasseur d'affaires Iddinamarduk consent à verser 10 sekels à l'esclave d'un ministre pour contracter avec cet esclave une société, dont il est dit que : « tout ce

« que produira cet argent, soit dans la ville, soit dans la
« campagne, formera leur fraternité. » Nous voyons ajouter
expressément dans ce même acte que l'argent de l'esclave
lui a été donné par une décision de la femme de son maître.
Il est bien clair qu'ici le pécule est constitué pour faire partie
d'un fonds social; mais on ne peut pas supposer qu'Iddinamarduk, alors déjà riche, ait voulu le moins du monde
engager tous ses biens pour les conséquences possibles de
cette fraternité interlope; et il est certain que la femme du
ministre, en organisant pour l'esclave de celui-ci cette
société commerciale, ne prétendait engager ni ses biens ni
ceux de son mari dans une affaire basée sur ces apports
minimes. Nous trouvons donc, dans cette société, à la fois,
comme commanditaires, un étranger et les maîtres de l'esclave gérant.

Vous voyez combien se touchent de près chez les Chaldéens la théorie de la société et celle du pécule.

Nous venons de vous dire que les dettes et les créances
étaient contractées en pareil cas au nom du fonds social ou
au nom du simple pécule remis à l'esclave.

Cette valeur individualisée devait servir de base au crédit.
Elle devait vivre de sa vie propre : et le maître — ou le commanditaire — n'avait pas le droit d'en retrancher quelque
chose au préjudice des créanciers.

Quant à l'esclave gérant, il faisait le commerce comme
aurait pu le faire un homme libre, avec cette seule différence
qu'on pouvait le vendre lui-même une fois l'affaire liquidée.

Comme un commerçant libre, il pouvait contracter société,
soit avec un homme libre, — nous venons déjà d'en voir un
exemple et nous en pourrions citer bien d'autres, — soit avec
l'esclave d'un autre maître, ainsi que nous le prouve un acte
daté de l'an 4 de Nabonid, dans lequel l'esclave d'un homme
et l'esclave d'une femme figurent à la fois à titre de co-débi-
teurs solidaires de blé et d'autres produits du sol. Ils étaient
certainement associés dans ce commerce des céréales et des
denrées alimentaires que nous voyons exercé si souvent par
des esclaves dans la Chaldée.

Nous vous avons déjà cité un acte par lequel l'esclave d'un gros banquier Neboiutirri, appartenant à Ittimardukbaladu, fils et successeur de Neboahiiddin, l'homme d'affaires habituel du roi Nériglissar, esclave qui, en rendant ses comptes à son maître, mentionne les sommes, relativement très importantes, qu'il avait rapportées du marché. Nous devons dire pourtant que le commerce des marchés était loin d'être réservé aux seuls esclaves, car un nombre notable des exemples de sociétés contractées entre gens très riches et petites gens de condition libre, ont ce commerce pour objet.

Les pièces relatives aux sociétés ou aux pécules serviles sont tellement nombreuses parmi les tablettes babyloniennes que nous sommes vraiment embarrassés pour faire un choix afin de vous analyser celles qui vous donneraient l'idée la plus nette de la situation des commerçants, libres ou esclaves.

Entre ces deux classes de commerçants, la différence ne semble vraiment pas considérable au point de vue des actes.

Si nous étudions, par exemple, la série de ceux qui se rapportent à celui-là même que nous venons de vous nommer, Neboiutirru, quand, étant entré dans les biens du grand banquier Ittimardukbaladu, il eut été investi par lui d'un pécule, nous le voyons agir par rapport à ses débiteurs, exactement comme eût pu le faire un commerçant fils de famille.

Il était encore mentionné comme étant l'objet d'une vente en l'an 11 du roi Nabonid : et déjà, dans cette même année, traitant avec le fils d'un de ses débiteurs, d'un homme libre, fils libre également, il reçoit un acompte de 22 drachmes d'argent, sur une créance totale de 80 drachmes, et il exige un esclave en gage pour le reste — 58 drachmes qui devront lui être payées à un jour fixé, à lui-même.

L'année suivante, ce n'est plus seulement un esclave qui lui sert de gage. Mais il se fait donner, par un débiteur libre, pour une créance de 150 drachmes, une hypothèque sur un bien fonds. Voici la traduction de cet acte, qui nous paraît digne d'être cité ; car il est on ne saurait plus caractéristique :

« Une mine 15 sekels d'argent sont la créance de Neboiu-

« tirru —, esclave d'Ittimardukbaladu, fils de Neboahiid-
« din, de la tribu d'Egibi —, sur Neboeres, fils de Tabniea, de
« la tribu d'Ahibani. Les terrains de celui-ci qui se trouvent
« en face du portique de Bel, ayant pour voisin Sumai, fils
« de Sinnazir, étaient son gage antérieur du mois de Sivan :
« et ils sont le gage de Neboiutirru, jusqu'à ce qu'il ait reçu
« en entier son argent. La créance antérieure d'une mine
« d'argent est effacée. »

Ici, nous voyons une novation de créance hypothécaire.
Celui qui, dans le mois de Sivan, avait hypothéqué sa terre
au profit de l'esclave Neboiutirru pour une dette d'une mine,
c'est-à-dire 120 drachmes, l'hypothèque de nouveau, le mois
suivant, pour 150 drachmes, en convenant que la première
dette se trouve éteinte par cette novation.

Qu'on le remarque bien, c'est Neboiutirru qui doit recevoir en personne les 150 drachmes dont il s'agit. Il contracte
en son propre nom, à titre d'esclave à pécule, et non point
au nom de son maître.

Il en est exactement de même, quelques mois plus tard, à
propos d'une créance simple de 2 sekels, c'est-à-dire
4 drachmes.

Et non seulement Neboiutirru reçoit en gage des terres
ou des esclaves ; mais il revendique la possession d'autres
esclaves pour les faire entrer dans son pécule.

C'est ainsi que, dans une autre tablette de cette même
année, 12 de Nabonid, un nommé Rimut, homme libre, lui
apporte son témoignage pour prouver qu'il a bien acquis,
par une somme d'argent, la possession d'une servante et de
son fils.

Nous n'avons aucune tablette de l'an 13 relative à lui.
Mais en l'an 14 nous le voyons devenir créancier d'un sekel
(2 drachmes) par rapport à un autre esclave du même
maître [1]. Voici cet acte :

1. Ceci prouve bien que les pécules étaient distingués en principe des biens
proprement dits du maître. Autrement, le maître étant constitué par le contrat
d'une part, créancier, et d'une autre part débiteur, il y aurait eu confusion
dans sa personne et l'acte aurait été sans effet juridique.

« Un sekel d'argent est la créance de Neboiutirru, esclave
« d'Ittimardukbaladu, de la tribu d'Egibi, sur Silimbau,
« esclave d'Ittimardukbaladu, de la tribu d'Egibi. Silimbau
« lui donnera l'argent à la fin du mois d'Abi », c'est-à-dire
cinq semaines plus tard, puisque l'acte est daté du 24 Sivan.

Pour son commerce, au nom de son pécule, Neboiutirru
avait loué une propriété. Il en paie le prix de location dans
le premier mois de l'an 15.

Le mois suivant, il règle ses comptes avec son maître, par
un acte que je vous ai cité. D'après cet acte, Neboiutirru, se
trouvant avoir à verser entre les mains de son maître [1], la
somme relativement considérable de 660 drachmes d'argent,
— en dehors des créances qu'il avait recouvrées pour le
maître à titre d'*actor* [2] — lui verse effectivement ce jour-là,
118 drachmes et se reconnaît débiteur du reste. Il se reconnaît également débiteur pour le semestre échu de ce que
son maître lui faisait payer sur son pécule à titre de capitation, comme louage [3] de ses œuvres et de celles de sa femme,
c'est-à-dire comme représentant la valeur du travail qu'ils
auraient pu donner à leur maître, s'ils eussent travaillé directement pour lui, au lieu de travailler au profit du pécule.

Peu de temps après, Neboiutirru loue une nouvelle propriété. Puis, étant pressé de payer la capitation de sa
femme, de peur qu'elle ne lui soit retirée par son maître, il
emprunte la somme nécessaire, 24 drachmes, à un cama-
rade, esclave à pécule d'un autre maître.

Deux autres tablettes de la même année 15 sont relatives
à des créances de dattes, c'est-à-dire à des achats de dattes
payées comptant avant livraison.

---

1. Même observation que dans la note précédente.

2. C'est à titre d'*actor* que, l'année précédente, dans un jugement de partage, il est mentionné comme ayant reçu ou devant recevoir (la lacune de la
tablette rend ce point douteux) une demi-mine d'argent au nom de son
maître et sur la part de celui-ci.

3. Il se louait lui-même au bénéfice du pécule, comme il avait loué une
maison pour le même pécule (voir plus haut) et devait bientôt en louer une
autre. C'est toujours le pécule individualisé, vivant de sa vie propre, dont il
est seulement le porte-voix.

La série des pièces relatives à cet esclave se trouve malheureusement interrompue ici. Mais, sans sortir de cette même famille de banquiers, nous voyons, quelques années plus tard, — sous le règne de ce prétendu Nabuchodonosor, fils de Nabonid, qui souleva Babylone contre Darius, — le fils d'Ittimardukbaladu, Marduknaziraplu, constitué créancier d'un de ses esclaves pour une somme vraiment énorme, 14 mines et demie, plus 9 sekels, c'est-à-dire (à 2 drachmes près) 1,700 drachmes ; — comme son père avait été constitué créancier d'environ le tiers de cette somme sur son esclave Neboiutirru, par la tablette que nous venons de vous rappeler.

Dans tous ces contrats interviennent, en qualité de témoins, des hommes libres en nombre égal à ceux qu'on ferait intervenir s'il s'agissait exclusivement de contractants libres.

Il en est ainsi, alors même que les deux parties sont des esclaves : dans le prêt fait par Neboiutirru à un autre esclave du même maître, dans celui qu'il reçoit d'un esclave appartenant à un autre maître, etc.

Il en est de même aussi quand l'esclave se reconnaît débiteur de son maître pour une somme déterminée.

Et cependant le maître peut, quand il le voudra, vendre l'esclave qui possède ce pécule et reprendre ce qu'il lui a laissé par pure tolérance.

Pourquoi donc ces réglements de compte, ces actes successifs faits, avec tant de soin, devant des témoins qui en assurent la publicité, pour établir la situation d'affaires de l'esclave par rapport au maître, — comme s'il s'agissait d'établir la situation d'affaires d'un gérant libre, par rapport au commenditaire qui lui aurait fourni des fonds?

Ce n'est certainement pas dans l'intérêt du maître lui-même qu'on rédige toutes ces tablettes, puisqu'il lui suffirait de vouloir pour ôter à l'esclave tout ce qu'il a entre mains.

Ce n'est pas non plus dans l'intérêt de cet esclave, puisqu'il ne pourrait invoquer aucun droit par rapport au maître.

C'est exclusivement dans l'intérêt des tiers qui contractent avec cet esclave en considération du montant du pécule, qui ont besoin de savoir ce que devient ce pécule, sur lequel repose le crédit du fonds de commerce, et qui, si les affaires vont mal, ou si le maître, par un caprice, veut mettre fin à ce pécule et le liquider, exigeront des comptes.

Ne vous paraît-il pas que c'est là une application remarquable de la savante théorie chaldéenne, de cette théorie que nous avons exposée : — la valeur individualisée, vivant de sa vie propre, restant toujours une seule et même personne, si je puis m'exprimer ainsi, malgré toutes ses transformations, comme le corps de l'homme reste toujours une seule et même personne, au milieu de toutes les phases de son développement, bien que chacune de ses molécules en fasse, tour à tour, place à d'autres.

C'est justement à propos du pécule que les jurisconsultes romains nous ont transmis une formule de cette théorie, quand ils nous ont dit : « Le pécule peut se comparer à un « homme. Il naît, il vit, il grandit, il meurt. »

D'après ce système, le pécule, ayant son actif et son passif, ses dettes propres et personnelles, si je puis m'exprimer ainsi, ne donnait naturellement au créancier, en cas d'insuffisance, aucun recours sur les biens du maître de l'esclave qui l'avait géré.

Vous savez que, quand le droit des gens eut pleinement pénétré dans Rome, ce fut toujours là le principe fondamental du vrai pécule. Je dis du vrai pécule, car à Rome, comme en Chaldée, il fallait que le maître eût formellement donné à l'esclave la disposition libre de ce qu'il lui avait laissé entre les mains pour qu'un vrai pécule fût constitué par rapport aux tiers.

En Chaldée aussi, d'ailleurs, comme à Rome, le maître pouvait rester en nom dans les affaires qu'il faisait gérer par son esclave.

Deux maîtres pouvaient, par exemple, contracter une société dans laquelle ils prendraient pour gérants leurs esclaves, mais en gardant pour eux-mêmes le nom social.

Voici un acte de ce genre :

« 5 mines d'argent et 130 grandes amphores constituent

« l'apport d'Ittimardukbaladu, fils de Neboahiiddin, de la
« tribu d'Egibi, et de Marduk tapikziru, fils de Nebosumaid-
« din, de la tribu de Nadim seim : pour..... Nebozabat, es-
« clave de Neboahiiddin, et pour Nebo dainuepus, esclave
« de Marduk tapikziru — en société. — Tout ce que feront
« produire à cela, soit en la ville, soit en la campagne,
« Ittimardukbaladu et Marduk tapikziru deviendra leur fra-
« ternité. Nebo zabit et Nebo dainuepus recevront le mandat
« de cette fraternité. — Ils prendront leur nourriture là-
« dessus et ils compléteront le matériel d'exploitation en
« dehors de ce qui leur a été confié pour garnir la bou-
« tique. »

Cet acte est daté de l'an 11 du roi Nabonid. Or, il faut
remarquer qu'en l'an 10 on voit déjà ces deux mêmes esclaves, appartenant aux mêmes personnages, agir comme
associés et figurer comme tels à titre de créanciers solidaires
à propos d'une acquisition d'une certaine quantité de blé.
Ils faisaient donc alors le commerce de céréales et, comme
leurs maîtres ne paraissent pas en tant que parties ou créanciers dans ce premier acte de l'an 10, il est probable qu'on
les laissait, pour s'essayer dans les affaires, tirer parti d'un
petit pécule en s'associant en leur propre nom.

Plus tard les maîtres leur confièrent un important commerce de vins; mais cette fois à titre de gérants et en restant
en nom eux-mêmes. Ils avaient pris confiance dans leur
habileté.

Un des deux esclaves gérants était peut-être mort, l'année
suivante, quand les deux maîtres renouvelèrent entre eux
une société du même genre, mais à capital plus restreint.
Ils s'étaient sans doute partagé l'ancien capital et les bénéfices.

« Une mine d'argent est l'apport d'Ittimardukbaladu, fils
« de Neboahiiddin, de la tribu d'Égiei, et de Tapikziru [1],

---

1. C'est le même personnage qui est nommé ici Tapikziru et qui était
nommé dans l'acte précédent Nebotapikziru. Il est très fréquent en Chaldée
de voir apocoper ainsi les noms théophores.

« fils de Nebosuma iddin, de la tribu de Nadinseim, pour
« Nebodainuepus, esclave de Tapikziru — en société. — Tout
« ce que là-dessus Itttimardukbaladu et Tapikziru pro-
« duiront soit en ville, soit à la campagne, formera leur
« fraternité. Ittimardukbaladu donnera un esclave à Nebo-
« dainuepus et ils auront le mandat de leur société. »

Ainsi, Nebodainuepus, le seul survivant ou le seul conservé des deux gérants de l'année précédente, se trouve, à
titre de gérant, chef de maison. Son travail fait partie du
fonds social. Mais c'est à lui qu'on remettra l'esclave du
co-associé de son maître dont le travail fera également
partie du fonds social et qui, lui servant de commis, aura
avec lui la signature.

Ajoutons que, ce même jour, Ittimardukbaladu et Tapikziru confiaient, en qualité de co-associés, une somme un peu
moins forte, $^2/_3$ de mine, à une jeune fille de condition libre
pour exercer aussi le commerce en leur nom.

C'était un principe en droit romain de la grande époque,
— c'est-à-dire de l'époque qui n'eut plus rien de romain —
qu'on pouvait prendre également pour gérant un homme
libre, une femme, un enfant, un esclave, et que le maître de
la maison au nom duquel se faisait le commerce, se trouvait
également obligé par les actes de son gérant, quel qu'en fût
l'âge ou le sexe, ou la condition.

C'était également un autre principe, en droit romain de
la dernière époque, que des esclaves pouvaient s'associer
avec des gens libres. D'ailleurs, dans les corporations de ce
qu'on nommait les *tenuiores*, les esclaves, en tant que commerçants, étaient mis sur le même pied, non seulement que
les affranchis, mais que les ingénus.

Ici encore, nous ne voyons que l'écho de vieilles règles
chaldéennes. En tant que commerçants, tous les hommes
se valaient dans la vallée de l'Euphrate, quand il s'agissait
de faire des affaires avec eux et quand leur crédit, quand
leur capital s'égalait. La personnalité de l'homme s'effaçait
devant celle de la tête d'argent, de la valeur individualisée.
C'était cette valeur qui produisait. Ce n'était pas l'homme;

Nous vous avons déjà dit souvent que l'économie politique fut la grande science de la Chaldée : et quel est celui des économistes qui répudierait ces principes?

C'est donc sans étonnement aucun que nous lisons ce commencement d'acte, parfaitement clair par lui-même, quoique le reste soit brisé :

« 2 mines d'argent sont l'apport de Sulai, fils de Neboki-
« nabal, et une mine d'argent est l'apport de Su...bel,
« esclave de Neboapal iddin. Ils les ont mis ensemble en
« société.... »

Il serait bien curieux de savoir si l'inégalité des apports s'expliquait dans ce cas par l'industrie que l'esclave-gérant aurait apportée en accroissement du fonds social. Malheureusement, je le répète, la tablette est brisée ici : et nous ne connaissons pas toutes les conditions de cette curieuse fraternité commerciale, entre un homme libre et un simple esclave appartenant à autrui.

Pour en revenir aux *tenuiores*, une multitude de tablettes relatives aux comptes des temples nous montrent les esclaves des divers artisans attachés à ces temples jouer un rôle tout à fait semblable à celui du maître. Ils sont très souvent nommés « apprentis » *lamutanu*, dans certains actes, tandis que, dans d'autres de la même époque, ils sont désignés simplement comme esclaves de tel ou tel tisserand ou autre ouvrier. On paie la façon indifféremment soit à l'esclave, soit au maître. C'est tout à fait le système romain du temps de l'empire.

La location des œuvres des esclaves, dont il est sans cesse question dans le Digeste et dans les codes, occupe également une place importante dans nos documents chaldéens.

Avec le système du pécule ce peut être un esclave qui prend en location les œuvres d'un autre.

Nous citerons, par exemple, un acte, de l'an 8 du roi Nabonid, dans lequel le banquier Ittimardukbaladu loue les œuvres d'un de ses esclaves, pour un temps indéterminé, à un nommé Inaismibel, esclave d'Ina Kibibel. Il est dit que le prix de location sera de 9 sekels (18 drachmes) par an;

que la moitié de cet argent devra être payée au milieu de l'année et le reste à la fin de l'année.

Ce sont des conditions semblables à celles des locations d'immeubles, particulièrement de maisons.

Dans un grand nombre de contrats, le paiement des œuvres de l'esclave se fait en nature et à la journée. Nous citerons particulièrement un acte de l'an 11 de Nabonid où nous voyons un esclave chargé de tenir, à partir d'un certain jour, une boutique d'artisan : à la condition de recevoir, pour la location de soi-même, comme prix, deux mesures, nommées *ka*, de nourriture.

Dans les contrats d'apprentissage il est très souvent stipulé que, si le patron ne donne pas l'enseignement comme il l'a promis, il devra payer au maître de l'esclave, pour le temps où il aura eu cet esclave dans sa main, une certaine quantité de céréales par jour, à titre de prix de location de cet esclave.

Quand la possession d'un esclave est donnée en gage, on stipule aussi quelquefois que si cet homme change de résidence, au lieu de rester au service du créancier, son maître versera à celui-ci une certaine quantité de céréales pour équivaloir au prix du travail de cet esclave, par chaque jour d'absence.

Nous venons de nous laisser entraîner peut-être un peu loin de l'objet principal de cette leçon, dans le désir de vous donner quelque idée d'ensemble sur la situation de l'esclave commerçant ou artisan dans la Chaldée.

Le passage du discours d'Hypéride contre Athénogène qui nous a servi de point de départ, était seulement relatif à la responsabilité du maître utilisant, dans le commerce ou dans l'industrie, son esclave.

Nous aurions voulu pouvoir nous restreindre à cette seule question de responsabilité. Mais où commence-t-elle? Où finit-elle, dans un pays où, comme en Chaldée, le capital valeur joue le rôle de personne?

Nous croyons pouvoir affirmer que le maître ne répond de rien quand il prend tant de soin pour faire dresser par un scribe, et devant témoins, des actes écrits établissant sa balance de comptes avec un esclave à pécule.

Mais, dans les sociétés où il figure en nom, répond-il pleinement sur ses biens personnels, ou ne faut-il pas plutôt croire que les Chaldéens appliquaient en pareil cas les mêmes principes qui ont été formulés chez nous pour les sociétés anonymes?

Nous disons que le capital de ces sociétés répond seul, une fois qu'il se trouve constitué.

Si l'on se place au seul point de vue du capital, si, comme chez les Chaldéens, c'est l'idée de valeur qui l'emporte sur tout, quelle est la grande différence entre le capital constitué par des gens qui se nomment et le capital constitué par des gens qui ne se nomment pas?

Toute la question est de savoir sur quoi repose le crédit. Est-ce sur une valeur déterminée? Est-ce sur toute la fortune d'un homme, fortune susceptible de s'accroître par des héritages, etc.?

Dans ce dernier cas, les tiers qui ont traité avec l'homme, à cause de l'homme, ont le droit de lui faire subir toutes les conséquences de ses actes. Nous vous avons déjà dit, Messieurs, en vous citant l'exemple du père d'Iddinamarduk, que la liquidation d'un homme se faisait en Babylonie dans des conditions analogues à celles de notre faillite.

Mais pour les sociétés, comme pour le pécule, je crois qu'on se bornait, le plus souvent, à la liquidation d'un simple capital et d'un capital limité.

Le nom même de ce capital chez les Chaldéens, le mot *kakkadu* « tête » dont ils se servent pour le désigner aussi bien que pour désigner la tête d'un homme et souvent l'homme lui-même (mot que les Latins, sans en comprendre toute la portée, ont servilement traduit par *caput*) y représentait bien une idée semblable à celle que nous traduisons par les expressions *personne civile* et, par conséquent, peut rendre compte d'un déplacement de responsabilité. L'homme, devenant ainsi l'accessoire de l'argent, s'effaçait devant la valeur élevée au rang de personne.

Mais, en général, l'argent, la valeur ne peut agir sans qu'intervienne un homme ; et le vieux proverbe français : « tant vaut l'homme, tant vaut la chose » trouve sans cesse son application. Aussi quand Solon, suivant en cela l'exemple de l'Égypte, ainsi que vous le verrez dans la leçon prochaine, interdit formellement aux hommes qui voulaient s'enrichir au moyen du commerce, de se dérober devant les conséquences des affaires qu'ils entreprenaient, derrière le pécule de leurs esclaves transformé en personne civile, il avait, somme toute, raison. L'exemple de Rome est venu, d'ailleurs, bientôt après en fournir la preuve.

HUITIÈME LEÇON

Messieurs,

Dans la dernière leçon, nous vous avons montré que l'idée fondamentale à laquelle se rattachait, chez les Chaldéens, l'institution d'un pécule servile, qui, en ce qui regardait ses créanciers, était indépendant de la fortune du maître et n'engageait en rien la responsabilité de celui-ci, que cette idée, dis-je, — celle de la valeur-capital personnifiée, individualisée, — était la même d'où découlait également l'institution des sociétés sans responsabilité personnelle pour les simples bailleurs de fonds, telles que celles que nous nommons les sociétés en commandite.

Dans les sociétés en commandite, nous voyons en fait des applications de la distinction théorique que les économistes ont établie entre le capital et le travail.

Le travail ne s'isole pas de celui qui le fournit. Le gérant donc est responsable dans sa personne, s'il s'agit d'actes entraînant la contrainte par corps, comme dans tout ce qui lui appartient, dans tout ce qu'il possède de biens actuels ou de droits qu'une liquidation pourra transformer en valeurs.

Au contraire, le capital s'est détaché pour le moment du capitaliste. Celui-ci, lui, ne doit jamais intervenir actuellement en rien dans les affaires de la société; car, s'il fait acte de gérance, s'il travaille d'une façon quelconque au nom de la société, il se trouve perdre par cela même son immunité :

il est responsable de par son travail, responsable sur tous ses biens et, s'il y a lieu, sur sa personne.

Telles étaient exactement, chez les Chaldéens, les situations de l'esclave et du maître, quand le maître avait constitué à l'esclave un pécule servile avec libre administration.

Après avoir confié ce capital-valeur à l'esclave chargé de le faire produire par son travail, le maître, qui devait un jour mettre la main sur les bénéfices, n'était aucunement responsable des pertes, à moins qu'il ne fût intervenu personnellement dans la gestion.

Quant au gérant, c'est-à-dire à l'esclave, dont le travail était la raison d'être de ce pécule, il y était rivé, il en faisait partie et, conséquemment, il entrait personnellement et par lui-même dans le gage des créanciers.

Entre le maître et son propre esclave c'est une société léonine. Le partage des bénéfices entre le travail et le capital ne peut trouver ici d'application pratique, puisque le travail de son esclave appartient au maître, aussi bien que le capital fourni par lui. Mais nous avons vu qu'en Chaldée un homme libre s'associait souvent par une mise de fonds à l'esclave d'autrui et plaçait de la sorte en une même gérance un nouveau capital-valeur à côté de la mise de fonds du capital-valeur fourni par le maître créant le pécule. Dans ce cas, le maître et l'étranger pouvaient jouer également le rôle de commanditaires et, ne se mêlant ni l'un ni l'autre en rien de la gestion des capitaux confiés à l'esclave, n'intervenir que pour partager les bénéfices, s'il y avait lieu.

D'autres fois, vous vous le rappelez, c'étaient deux hommes libres qui s'entendaient pour constituer ensemble, et chacun par le versement d'une somme déterminée, un fonds de commerce confié à la gestion commune d'un esclave de l'un et d'un esclave de l'autre.

Ceci est encore un des cas théoriquement les plus simples, car de chaque côté nous avons un bailleur de fonds, un pécule et un esclave pour le gérer. Les conditions sont donc les mêmes que dans le pécule ordinaire au moment où les deux pécules sont unis entre eux et où les deux gestions deviennent solidaires, comme les responsabilités portant sur les deux mises de fonds. Tout étant égal de part et d'autre, le partage des bénéfices se fait entre les maîtres par parts égales, d'après le versement de leurs capitaux, et comme si ces capitaux étaient seuls en jeu.

On ne peut pas dire pour cela que les économistes chaldéens n'aient pas su tenir compte de l'élément travail et de la valeur représentée par ce travail. Loin de là! Ils ont si bien senti que le travail humain était une valeur que, dans les réglements de compte relatifs au pécule, et alors qu'il s'agit d'établir l'actif de ce pécule, gage des créanciers, le maître déduit de cet actif, comme une avance nouvelle qu'on lui doit rembourser, le prix de location du travail de l'esclave gérant.

Mais, il faut bien le reconnaître, ce qui règne, c'est le capital.

L'homme qui fait produire ce capital ne joue plus qu'un rôle effacé.

C'est un agent, c'est un instrument, c'est un *mandataire,* suivant l'expression même des actes relatifs aux associations de ce genre que je vous ai cités dans ma dernière leçon.

De qui donc ces esclaves gérants sont-ils mandataires?

Est-ce de leur maître? Non, sans doute; car, dans ce cas, les maîtres seraient les vrais gérants, responsables de tout.

Or, leur responsabilité, relativement aux résultats des opérations commerciales qu'effectuent leurs esclaves, est généralement nulle. Quand un d'entre eux garantit quelque chose, en dehors de sa mise de fonds, il le fait d'une façon expresse, à titre de caution, comme le ferait un tiers. Voici la traduction d'un acte qui le montre bien :

« Deux mines 4 sekels d'argent créance de Nebozirikisa et « d'Ittimardukbaladu sur Nebo Mudamik. — Cet argent, prix « de 70 amphores de vin, Nebozirikisa, Ittimardukbaladu et « Nebo Mudamik le mettent ensemble en société. Dihummu, « esclave de Nebozirikisa, recevra le mandat de Nebo Mu- « damik et, relativement au capital de l'argent, Nebo Muda- « mik se porte garant. »

Nous avons déjà vu Ittimardukbaladu entrer, comme bailleur de fonds, dans plusieurs sociétés ayant pour objet le commerce de vins et qui étaient confiées à la gestion d'esclaves. Dans l'acte que nous analysons, nous le voyons vendre, avec Nebozirikisa, un associé antérieur sans doute, 70 amphores de vin à un nommé Nebo Mudamik qui désire entrer en association avec eux.

Dans cette société, Nebo Mudamik apporte le vin qu'il achète. Les deux autres associés apportent, d'une part, leur créance pour le prix de ce vin, et, d'une autre part, la clientèle. L'un d'eux fournit aussi le gérant, qui est au courant des affaires. Mais l'acheteur Nebo Mudamik sera seul en nom et il s'engage à restituer intégralement le capital qu'on lui confie en cas de mauvaises affaires absorbant le fonds social par le paiement d'autres créances. Ainsi le propriétaire de l'esclave gérant, non seulement ne prend aucune part de responsabilité envers les tiers, mais fait cautionner son capital par celui des trois associés qui prendra à son nom la maison de commerce et qui se reconnaît responsable de tout. Mais, remarquez-le bien, Messieurs, ici il s'agit d'une société toute particulière, qui se rapproche davantage de ce que nous nommerions aujourd'hui société en participation. En effet, l'acheteur devient le commerçant, chef de maison, par rapport aux tiers, et les deux vendeurs participent aux bénéfices à titre de simples bailleurs de fonds.

Dans ce cas donc l'esclave gérant représente, par rapport aux tiers, le seul commerçant qui soit en nom, et non pas une société. C'est de lui qu'il est le mandataire : ce n'est pas de son maître, ni de l'autre associé, tandis que dans les sociétés en commandite dont nous vous avons parlé tout à l'heure, parmi les bailleurs de fonds, personne ne joue le rôle de chef de maison. Ils se bornent tous au versement d'un capital qu'ils mettent en commun pour constituer le fonds social ; et le rôle de gérant est joué collectivement par les esclaves que chacun fournit à cet effet. En cas pareil, je le répète, les esclaves gérants ne sont pas considérés comme les mandataires des maîtres eux-mêmes. De qui donc le sont-ils? Nos tablettes nous le disent encore, le mandat que les esclaves reçoivent, c'est le mandat de cette société établie entre des capitaux semblables ; c'est donc le mandat de ces capitaux, seuls responsables.

L'expression *naspartum* « mandat », construite sur un verbe signifiant « envoyer, mander » et appliqué dans cette circonstance à la gérance des esclaves, — comme dans mille autres circonstances à un mandat proprement dit donné par une personne vivante, — est bien la marque d'un droit savant, développé graduellement par une jurisprudence habile.

Peu importe que les capitaux mis en société ne soient pas capables de donner des ordres, qu'ils n'aient pas de volonté propre, du moment où leurs envoyés, leurs mandataires, agiront pour eux en leur nom. Est-ce qu'il n'arrive pas souvent que celui qui donne un mandat pour une affaire déterminée, se fiant absolument au zèle de celui qui reçoit ce mandat, le charge d'agir pour le mieux, suivant les circonstances, sans lui tracer d'avance le plan qu'il devait suivre?

La situation du mandataire est donc, en cas pareil, exactement la même que la situation des esclaves gérants représentant la société des capitaux fournis par leurs maîtres.

Ils agissent au mieux de l'affaire, d'après leurs inspirations propres. Mais ils agissent pour autrui, au nom d'autrui, dans l'intérêt d'autrui. C'est là ce que ne permettait pas le droit égyptien, qui voulait que chacun agît pour soi-même.

Sans l'idée du mandat, de représentation avec pleins pouvoirs, celle du capital élevé à la dignité de personne civile et seule responsable était impossible.

Et, disons-le bien : l'idée de caution est voisine de celle de mandat. C'est quand il est entré dans les mœurs publiques d'agir très souvent pour autrui, dans l'intérêt d'autrui, c'est alors que l'on songe à se porter fort pour autrui.

Tout cela est indispensable pour le développement du grand commerce avec maisons multiples, comptoirs à l'étranger, etc. Aussi peut-on dire que les Chaldéens, chez lesquels les sociétés, l'individualisation du capital, les commandites, les gérances, les mandats, les cautions diverses, avaient pris un développement extraordinaire et avaient reçu des applications continuelles, sont les créateurs du droit commercial. Tout le reste déroule naturellement des principes fondamentaux que nous vous avons exposés et que ces quelques mots suffisent pour rappeler à votre esprit.

Avec le principe de l'individualisation du capital, soit à titre de capital social, soit à titre de capital créance, avec le principe de la représentation possible de ce capital par un mandataire, on devait en venir tout naturellement à ce que nous nommons la cession de créance. Cette cession de créance se rencontre à chaque pas dans nos tablettes babyloniennes.

Pour vous en donner une idée, nous allons vous traduire d'abord un acte daté de l'an 28 de Nabuchodonosor le Grand et dans lequel, comme dans tous ceux que nous citerons désormais, nous supprimons, pour plus de simplicité, les noms patronymiques des diverses parties.

« Créance de deux mines d'argent (c'est-à-dire 240 dra-
« chmes) et d'un talent de laine (c'est-à-dire de 60 livres)
« pesant sur Néboédir et que Neboahiiddin avait cédée à
« Rimut.

« Quel que soit l'argent que Rimut tirera de Neboedir, il
« le portera d'abord en reçu sur la créance de blé qu'il a
« sur Neboahiiddin : et le reste il le restituera et le versera à
« Neboahiiddin. S'il n'en tire pas d'argent, Naboahiiddin
« paiera à Rimut suivant le montant de sa créance. »

Cet acte est parfaitement limpide. Le banquier Neboahiiddin, dont nous avons eu si souvent à vous parler, se trouvait à la fois créancier d'un nommé Neboédir et débiteur d'un nommé Rimut. La créance sur Néboedir n'avait pas seulement pour objet une somme d'argent, mais autre chose qui, suivant le principe général de l'équivalence des valeurs, était regardé comme liquidable en une somme d'argent.

Quant à la dette de Neboahiiddin, elle avait pour objet du blé ; mais c'était chose indifférente, car le blé et l'argent pouvaient s'équivaloir d'après le même principe.

Les termes mêmes de l'acte nous indiquent nettement que le montant de la créance du banquier dépassait de beaucoup le montant de sa dette. Mais le recouvrement intégral était bien loin d'en être certain ; car on paraissait douter fort de la solvabilité de Neboedir.

Il fut donc convenu que Rimut, créancier de Neboahiiddin, se chargerait, en qualité de mandataire de celui-ci, de tirer tout ce qu'il pourrait de cette créance. Il commencerait par se payer lui-même sur ce qu'il recevrait et, en cela, il agirait comme un cessionnaire de créance proprement dit. Mais, ne voulant pas prendre pour lui les risques, il ne devrait pas garder l'excédent, s'il arrivait à toucher plus qu'il ne lui était dû à lui-même. Une fois désintéressé, il devrait donc agir comme s'il avait reçu un mandat pur et simple de Neboahiiddin dans l'intérêt de celui-ci. En revanche, celui-ci resterait son débiteur pour le tout, dans le cas où la créance à lui cédée serait devenue vaine par suite de l'insolvabilité totale de Neboedir.

Voici maintenant un autre acte très court du même règne, qui vous fera voir, sans les complications d'insolvabilité possible, une cession de créance et son recouvrement au nom d'un mandat du cédant :

« Une mine d'argent — créance de Sillai qu'il avait cédée « sur Neboapaliddin et Lisiru. — Nirgal-Usezib, d'après le « mandat (*ina naspartum*) de Sillai, l'a reçu des mains de « Neboapaliddin et Lisiru ».

Dans ces quelques mots vous trouvez, mise en pratique, toute la théorie de la cession de créance, telle que plus tard l'ont exposée les jurisconsultes romains, lorsque le droit des gens eut pénétré dans Rome.

La créance d'argent a été cédée. C'est affaire entre le cédant et les cessionnaires. Ceux-ci sont désormais les seuls intéressés dans son recouvrement. Mais ils ne peuvent opérer ce recouvrement qu'à titre de représentants, de mandataires du créancier dont le nom figurait dans l'acte. Ils ne seraient pas autrement admis à invoquer contre le débiteur cet acte ne portant pas leur nom et qui leur paraîtrait complètement étranger. C'est donc encore ici un mandat; mais un mandat d'une nature toute particulière. En effet, ceux qui l'ont reçu l'exercent dans leur intérêt propre. Ils sont mandataires *in re sua*, suivant l'expression des jurisconsultes romains. Ils n'ont à recevoir d'instructions de personne, pas plus que les esclaves gérants d'un capital, mandataires d'une personne morale. Mais leur mandat est perpétuel, irrévocable, définitif. Il ne peut leur être enlevé, malgré eux, par aucune volonté étrangère, par aucune éventualité accidentelle, tandis que le mandat des esclaves gérants cesse nécessairement par la liquidation de la société qu'ils représentent. D'ailleurs, le mandat des esclaves gérants diffère encore de celui qui constitue une cession de créance en ce que c'est un mandat général pour toutes les affaires concernant leur commerce, et non seulement un mandat spécial pour une affaire et pour une valeur déterminée.

La délégation d'un débiteur qui s'effectue par le mandat de payer donné à ce débiteur, peut se placer à côté de la cession de créance qui s'effectue par le mandat de recevoir donné à un créancier. Dans un cas comme dans l'autre, l'opération consiste en une substitution de personnes opérée sous forme de mandat et ayant également pour but la libération de celui qui donne le mandat. Nous avons un grand nombre d'actes dans lesquels il est dit qu'une tierce personne paie au créancier, par suite du mandat (*ina naspartum*) du débiteur, le montant, porté dans l'acte, du capital créance.

Souvent, sans doute, c'est un débiteur à soi personnel qu'on charge ainsi de payer pour soi ce qu'on doit soi-même. Mais souvent aussi, très souvent, c'est un banquier, dans les actes de Babylone comme dans les affaires d'Athènes qui nous sont connues par les plaidoyers.

Nous avons déjà cité, dans l'appendice de notre cours sur les obligations, plusieurs tablettes dans lesquelles on voit le banquier Neboahiiddin, ou celui de ses fils qui lui succéda dans sa banque, Ittimardukbaladu, payer ainsi, sur mandat de leurs clients, les sommes dues par eux à titres divers.

Depuis lors, dans un long article qui a paru il y a quelques
années dans les actes de la société archéologique fondée par
Birch, à propos des diverses sortes de confiements usités en
droit chaldéen, nous avons montré comment les banquiers
pouvaient devenir, dans certains cas, les intermédiaires obli-
gés entre un débiteur et ceux qui viendraient se faire payer
par lui au nom de son créancier.

Avec le système des hypothèques à publicité imparfaite,
ceux qui devenaient les acquéreurs d'une propriété immobilière, quand on n'avait pas eu recours à la vente publique
devant le tribunal, n'étaient pas en sécurité s'ils versaient la
totalité du prix d'achat directement entre les mains de leurs
vendeurs.

L'habitude était, en pareil cas, de déposer soit tout le prix
d'acquisition, soit au moins une partie de ce prix entre les
mains du banquier, qui payait, — non point sur le mandat
du vendeur créancier, mais sur le mandat du débiteur,
c'est-à-dire de l'acheteur lui-même, — ceux qui faisaient,
en effet, reconnaître leurs droits réels sur le bien vendu.

En effet, celle des deux parties qui était le plus intéressée
à contester, s'il y avait lieu, ces droits réels, c'était l'acheteur, qui maintenant possédait le bien hypothéqué et contre
lequel les créanciers hypothécaires pouvaient exercer le
droit de suite, s'ils n'étaient pas payés intégralement par lui.
C'est ainsi que, sous le règne d'Evilmerodach, toute une série
d'acquisitions de biens immeubles faites par le gendre de
Nabuchodonosor, Neriglissar, qui devait bientôt devenir roi
lui-même, furent payées sur mandat de lui par le banquier
Neboahiiddin entre les mains des créanciers hypothécaires
de ses vendeurs.

Bien entendu, pour que les choses pussent se passer tran-
quillement ainsi sans intervention du tribunal, il fallait que
les droits invoqués par les créanciers hypothécaires ne
fussent contestés par personne. Autrement, il était nécessaire de s'adresser aux juges et c'étaient ceux-ci qui, opérant
le transfert de créances, permettaient à l'acheteur de s'acquitter entre les mains du créancier de son vendeur, absolu-

ment comme si ce dernier avait donné à ce créancier mandat de recevoir pour lui.

C'est ce qui se passa, par exemple, à propos d'une acquisition faite par le banquier Neboahiiddin. Trois femmes, Nadai, Ina Essaggilramat et Tillilitum, lui avaient vendu des terrains grevés d'hypothèques. Nous possédons à l'occasion de cette affaire deux tablettes, dont l'une, rappelant un jugement de transfert antérieur, est ainsi conçue :

« 4 mines d'argent, créance de la femme Nadai, de la
« femme Ina Essaggilramat et de la femme Tillilitum — prix
« de leur champ, que Neboahiiddin, a acheté pour argent.
« — Et cette créance, en présence des juges, a été transférée
« sur Nebokinabal. — L'argent, à savoir 4 mines, Neboa-
« hiiddin l'a fait recevoir à Nebokinabal pour (le compte de)
« la femme Nadai, de la femme Ina Essaggilramat et de la
« femme Tillilitum. »

L'autre tablette, relative à cette même acquisition, est encore plus curieuse en ce qu'elle nous donne le compte rendu même d'un jugement de tranfert et nous montre comment on opérait en pareil cas :

« 5/6 de mine 5 sekels d'argent (c'est-à-dire 55 sekels ou
« 110 drachmes d'argent) sont la créance de la femme
« Hibutzu et de Musezib Marduk, son fils, sur Neboahiiddin.
« — Cet argent (est à prendre) sur le prix du champ de la
« femme Nadai, de la femme Ina Essaggilramat et de la
« femme Tillilitum. Il rend complet (le paiement de) la
« créance hypothécaire de la femme Hibutzu et de Musezib
« Marduk sur elles. Neboahiiddin le versera le 25 du mois
« d'Ulul.
« — La femme Hibutzu et Musezib Marduk, son fils, ont
« remis la tablette de cette affaire à Neboahiiddin en pré-
« sence des juges.
« Créance transférée en présence de Nirgalkanu, etc.;
« juges. »

Ainsi Hibutzu et Musezib, son fils, présentèrent aux juges une tablette qui constituait leur titre de créance hypothé-caire et demandèrent à être payés sur le prix du champ que venaient de vendre leurs débitrices. Ils acceptaient comme débiteur Neboahiidin, parfaitement solvable, et n'exigeaient pas d'être payés au jour même, mais cinq jours plus tard. Notre tablette, en effet, est datée du 20 Ulul et elle fixe au 25 Ulul le jour de paiement.

Dans ces conditions, les juges ordonnaient aux créanciers réclamants de remettre en leur présence, entre les mains de l'acheteur, leur ancien titre remplacé pour eux par le jugement même qui leur créait un nouveau titre. De cette façon, la propriété achetée par Neboahiiddin devenait libre, en ce qui les touchait, par une novation judiciaire. Quant aux vendeuses, elles n'avaient rien à réclamer sur cette portion du prix de vente ; car il est certain qu'elles avaient dû, lors du jugement, être mises à même de contester, s'il y avait lieu, la demande de leurs créanciers. C'était donc désormais chose jugée, par rapport à elles, comme par rapport aux autres parties.

La procédure qui fut suivie en cette occasion se rapproche beaucoup de celle que nous nommerions aujourd'hui une *saisie-arrêt,* avec toutes ses conséquences, bien qu'il s'agisse d'une créance hypothécaire et non simplement chirographaire.

Mais, remarquez-le bien, ce n'est pas au nom de cette ancienne créance hypothécaire que la femme Hibutzu et son fils se feront payer sur le prix : c'est en vertu de l'ordre des juges qui, supprimant leur hypothèque, leur a donné le droit de se faire payer pour les vendeuses.

Ces expressions « recevoir pour » (*ana eli*), que nous avons rencontrées dans la tablette précédente à propos d'un autre jugement intervenu dans la même affaire et donnant le même droit à d'autres créanciers, doivent fixer toute notre attention. Elles indiquent nettement que, par rapport aux vendeuses, les créanciers sont censés jouer le rôle de quasi mandataires et dans cette circonstance de quasi-mandataires *in re sua.* Le quasi-mandat, la gestion d'affaires, diffère du mandat proprement dit en ce que celui qui se charge d'agir au nom d'un autre le fait sans que cet autre le lui ait demandé.

Dans le droit romain des jurisconsultes de la grande époque, quand on ignore les origines chaldéennes on peut s'étonner de voir souvent accorder l'action de mandat à celui qui agit pour quelqu'un à son insu. Il nous semblerait qu'on ne devrait alors donner qu'une action *de rebus gestis*. Mais, à Babylone, et généralement dans toute la vallée de l'Euphrate le quasi-mandat n'était pas distingué fondamentalement du vrai mandat, puisqu'on admettait que le représentant d'un capital avait son mandat, *naspartum*. Il était certain que ce capital n'avait pas donné, par lui-même, ses instructions à son mandataire.

Il est très commode pour le commerce que l'on puisse agir pour autrui. C'est là ce qu'avaient considéré les Chaldéens. Et ce principe, une fois admis, en habiles jurisconsultes, ils s'étaient dit que, par rapport aux tiers, le mandat et le quasi-mandat revenaient absolument au même. Le tiers, en effet, ne traitait qu'avec celui qui agissait pour autrui. Il ne pouvait pas généralement s'assurer de l'existence actuelle d'un mandat que l'on invoquait. Alors même qu'on lui présentait une tablette écrite, le mandat pouvait avoir été révoqué depuis lors et rien ne prouvait, souvent à très grande distance, en l'absence des témoins, de toute enquête possible, que la tablette fût authentique. S'il avait fallu exiger un jugement d'authentification ou quelque autre preuve aussi puissante avant de donner suite à un mandat, la représentation, à distance, des intérêts d'une maison commerciale serait devenue impossible. Or, cette représentation était l'objet principal que les jurisconsultes chaldéens avaient eu en vue en organisant leur système de mandats et de quasi-mandats.

D'ailleurs, le système des cautions se rattachait à ce premier système comme un complément indispensable. Celui qui agissait pour un autre se trouvait déjà, par le fait, cautionner cet autre; car si celui-ci ne confirmait pas après coup ses actes, c'était contre lui que le tiers intéressé avait son recours. En outre, ce tiers intéressé, si le mandataire ne lui offrait pas une garantie suffisante, avait pu exiger de lui d'autres conditions surajoutées, d'autres gens qui se portaient fort, tant pour la ratification que pour les dommages et intérêts, au cas où elle n'aurait pas lieu.

De cette façon, à titre de mandat ou de quasi-mandat, on pouvait vendre le bien d'autrui. Nous en avons déjà cité un remarquable exemple dans l'appendice de notre cours sur les obligations. Nous vous le rappellerons ici en quelques mots : c'est celui d'un frère, qui, en l'absence de son frère, était allé vendre une de ses esclaves et avait fait inscrire la créance au nom de ce frère absent : — c'est dit expressément dans la tablette. Or, il se trouvait que le frère tenait beaucoup à cette servante et n'était nullement disposé à ratifier la vente faite sans son avis. La chose put s'arranger; on fit un nouvel acte qui remettait les choses en l'état.

Relativement à cette affaire, nous n'avons que l'acte final, rappelant l'autre pour l'annuler dans son ensemble. Mais voici une autre tablette qui montre, mieux encore peut-être, comment ces ventes pour autrui s'effectuaient :

« Au terme de la fin du mois de Duzu (c'est-à-dire du mois
« courant, car l'acte est daté du 7 Duzu), Musczibbel, fils de
« Belahierib, amènera Nebokissunu, esclave de Belsunu,
« fils de Belahierib, qu'il a vendu à Iddina Marduk pour une
« mine et demie d'argent — à savoir pour trois mines et
« demie d'argent avec Nebokilaanni et la femme Belkitki-
« durrua — et il le livrera à Iddina Marduk.

Il est bon de remarquer que dans ces deux espèces c'est un frère qui vend pour son frère. On peut donc encore se demander si les jurisconsultes chaldéens sont jamais allés aussi loin que les jurisconsultes romains, et s'ils ont jamais admis, comme eux, la vente du bien d'autrui par un étranger n'invoquant ni mandat, ni quasi-mandat, ni même l'intention de faire acte de gestion d'affaires dans l'intérêt propre du vendeur. Ce système du droit romain nous a paru toujours excessif et je crois que, dans ce droit usé, il résulte surtout de l'interprétation fausse d'actes semblables à celui-ci et d'autres actes dans lesquels on se trouvait vendre quelque bien dont on n'était pas propriétaire : soit en vertu

d'un mandat formel; soit en vertu d'un quasi-mandat; soit
en vertu de la possession qu'on en avait reçue à titre de
gagiste et qui comportait par elle-même, en droit chaldéen,
ce quasi-mandat, sauf les réserves qui pouvaient être contenues dans l'acte de gage.

En qualité de mandataire, on pouvait également acheter
pour autrui : et cela aussi bien alors qu'il s'agissait de propriétés immobilières qu'alors qu'il s'agissait d'esclaves.

Le célèbre procès de la femme Bunanitum, dont M. Pinches
a le premier publié les pièces, au sujet duquel M. Lapouge,
un de nos élèves, a fait paraître dans la *Revue du droit
étranger*, un article fort intéressant, et dont nous avions
parlé nous-même à plusieurs reprises dans nos cours, a pour
objet principal une maison qui avait été achetée pour cette
femme et pour son mari par un mandataire, Dainu suma iddina. Nous possédons le contrat par lequel ce mandataire
déclare : que le bien, — acheté par lui en son nom propre,
— l'avait été par le mandat *(ina naspartum)* des deux époux
en question ; qu'il avait été payé avec leur argent et que, par
conséquent, il leur appartenait, ainsi que les copies de l'acte
de cession et tous les autres actes relatifs à ce bien qui pourraient jamais être présentés.

Une autre tablette du même genre a cela de curieux que
le transfert entre le mandataire et les mandants ne s'effectue
que plus de deux ans après l'acquisition faite par celui-ci [1].
Comme dans les contrats invoqués par Bunanitum, le mandataire, qui s'était d'abord porté acquéreur en son propre
nom, déclare l'avoir fait par le mandat *(ina naspartum)* des
acheteurs réels. Il déclare aussi que le prix a été payé par
ceux-ci et il leur passe le marché avec tous les actes et leurs
copies.

Relativement à des acquisitions d'esclaves, nous voyons
par diverses tablettes que l'on procédait à peu près de même.

---

1. L'acquisition avait eu lieu le 24 Duzu, quatrième mois de l'an 1 de
Nabonid et l'acte de transfert est daté du mois supplémentaire, dernier mois
de l'an 3.

Celui qui, par mandat ou quasi-mandat, voulait faire l'affaire d'un autre, commençait par acheter l'esclave en son propre nom ; puis, en déclarant que l'argent de cet autre avait servi à payer le prix et que lui-même s'était borné à jouer le rôle d'intermédiaire, il lui en transférait la propriété.

C'est tout à fait ce que nous nommons en droit moderne une déclaration de *command*, quand un avoué, s'étant porté d'abord directement adjudicataire dans une vente publique, déclare après coup le nom de celui qu'il représentait comme mandataire et le met pleinement à son lieu et place, se dépouillant à son profit de tous droits.

Je dois cependant appeler votre attention sur certains points spéciaux.

D'après les documents qui nous sont parvenus, il paraît qu'en Chaldée on attendait pour faire une déclaration de ce genre que le vendeur, entièrement payé, n'eût plus rien à voir dans la question.

Les choses se passaient ainsi plus simplement entre celui qui avait donné et celui qui avait reçu la commission de faire la chose, — sans interventions étrangères possibles et sans intérêts extérieurs à ménager.

Et encore fallait-il que le mandataire lui-même fût désintéressé.

Jusque-là, soit qu'il ait payé la totalité du prix convenu en se servant de son propre argent, soit qu'il fût entré en possession après avoir versé un acompte (ce qui se faisait très souvent dans les ventes babyloniennes) et qu'il restât ainsi par rapport au vendeur débiteur du reste, il se trouvait par rapport à l'acheteur exactement dans la même situation qu'un créancier hypothécaire investi de la possession.

En droit chaldéen, ce créancier hypothécaire investi de la possession ne pouvait être dépouillé de la chose par les véritables propriétaires que quand ceux-ci s'étaient pleinement acquittés envers lui. Jusque-là il en était maître. Nous avons même vu que cette maîtrise était à peu près sans limite dans l'antichrèse chaldéenne, la plus ancienne, la plus particulière de toutes les formes de droits réels admis en ce pays pour les créanciers.

Si les acheteurs véritables avaient déjà versé des acomptes, ils n'avaient rien à réclamer tant qu'ils devaient encore quelque chose, — absolument comme les propriétaires d'un bien hypothéqué entré dans la possession d'un créancier, devaient l'en laisser jouir en paix et n'avaient rien à réclamer tant qu'ils ne lui avaient encore versé que des acomptes.

Ainsi, après avoir acquis pour ses commettants soit un immeuble, soit un esclave, le mandataire jouait, par rapport à eux, le rôle de créancier hypothécaire, de *rasuu*, de *rasutanu*, alors même qu'il avait reçu d'eux tout ce qu'il avait payé déjà, parce que, jouant encore par rapport au vendeur le rôle de débiteur pour le reliquat, il ne pouvait se trouver couvert que par la possession de la chose.

D'ailleurs, n'oubliez pas que, d'une façon générale, on avait en Chaldée une créance sur l'homme au profit duquel on se trouvait avoir dépensé quelque chose en vertu d'un mandat, ou d'un quasi mandat, c'est-à-dire d'une gestion d'affaires vraiment utile.

Il en était ainsi quand on se portait fort pour un absent, comme quand on payait directement pour lui une dette déterminée. C'est ce que nous avons montré déjà, il y a trois ans, dans notre cours sur les obligations.

A ce point de vue encore les principes du droit chaldéen, qu'adoptèrent plus tard les jurisconsultes romains de la grande époque, sont absolument en contradiction avec la règle du droit égyptien d'après laquelle il fallait un acte de consentement personnel pour devenir débiteur de quelqu'un.

La créance résultant d'une gestion d'affaires n'était pas possible sous le régime du code de Bocchoris, d'après lequel celui qui s'oblige doit toujours prendre la parole pour indiquer nettement, par lui-même, jusqu'où s'étendra son obligation. Mais elle cadrait admirablement avec le système, savant du reste, que les Chaldéens avaient créé dans un intérêt tout commercial.

D'après leurs principes de droit, les Babyloniens trouvaient aisément des représentants et des répondants même dans des villes où ils ne faisaient que des séjours momentanés, et ils pouvaient, grâce à des hommes connus de ceux qui traitaient avec eux, conclure des marchés à terme et jusqu'à des emprunts d'argent. Ce qu'on demandait surtout alors à leurs répondants de garantir, c'était la présence de cet étranger jusqu'à l'échéance, — ou du moins lors de l'échéance, — et par conséquent, pour le créancier, la faculté de le poursuivre en cas de non-paiement.

Voici la traduction de l'une des plus courtes des tablettes de ce genre :

« Relativement à Nebouzur, Neboittia se porte garant « envers Neriglissar. Si Nebouzur va dans un autre lieu, « Neboittia donnera 6 mines. »

Dans cet acte, fait à Warka en l'an 9 de Nabuchodonosor le Grand, Nériglissar, celui qui devait être plus tard son favori, son gendre et enfin le successeur de son fils, avant de prêter 6 mines (c'est-à-dire 720 drachmes d'argent) à un nommé Nebouzur, qu'il craint de voir quitter la ville, exige l'intervention d'un homme qui certainement ne la quittera pas, qui cautionne cet emprunteur et, en cas d'absence, paiera pour lui ce qu'il devra, c'est-à-dire les 6 mines.

Voici maintenant une autre tablette dans laquelle le montant de la dette n'est pas indiqué; mais on se réfère simplement au contrat intervenu entre le créancier et son débiteur :

« Relativement à Nebonazir, Samailu se porte garant « entre les mains de Sulai. Le 15 du mois d'Arahsamna, il « amènera Nebonazir et le livrera à Sulai. S'il ne le fait « pas comparaître, Samailu donnera à Sulai tout ce qui « rentre dans la créance de celui-ci sur Nebonazir. »

Dans un article intitulé « Deux contrats grecs du Louvre provenant du Faium », en comparant à ce point de vue le droit grec au droit chaldéen, j'ai donné, parmi les pièces babyloniennes que je citais, une tablette qui est pour ainsi dire la suite de celle-ci. En effet, il paraît que le créancier lui-même, Sulai, avait oublié de se présenter au jour fixé.

En conséquence, le 28 du mois d'Arahsamna, on rédigea un nouvel acte dans lequel le même garant Samailu s'obligeait à amener encore le débiteur, Nebonazir, dans le mois de Tébit (c'est-à-dire deux mois plus tard), de manière à le livrer alors soit à Sulai, s'il était présent, soit, en cas d'absence de Sulai, à Kinzir, son représentant et son mandataire.

Comme dans la tablette citée plus haut, l'acte se termine par la phrase : « S'il ne le fait pas comparaître, Samailu « donnera tout ce qui rentre dans la créance de Sulai sur « Nebonazir. »

Je ne vous rappellerai pas tous les autres exemples que j'ai cités dans mon article de la *Revue des Études grecques*. J'y ai montré que, dans le droit grec, puis dans le droit romain, on avait copié, non seulement les règles du droit babylonien, mais jusqu'aux tournures de phrase de ces actes ; que les expressions grecques αναδεδεχθαι et παραδουναι, les expressions latines *exhibere et praestare*, répondaient en effet, d'une manière exacte, aux expressions babyloniennes *ibbakanma inamdin*.

Les actes grecs du Musée du Louvre [1] traduits par moi dans cet article sont rédigés absolument comme on les aurait rédigés à Babylone.

Il ne faut pas croire cependant que les jurisconsultes romains aient aussi largement et nettement compris toute la théorie du mandat, du quasi mandat, de la question d'affaires, que les jurisconsultes chaldéens. S'ils les ont imités en ce qu'ils ont accordé l'action de mandat aux cautions, à tous ceux qui se portaient forts, ils s'en sont séparés par une subtilité bien digne de l'esprit romain, en se refusant à reconnaître un mandataire dans celui qui avait été payé pour faire les affaires d'autrui.

Les Chaldéens, en pareil cas, admettaient bien, comme eux, une location d'œuvres ; mais ils n'en déclaraient pas moins qu'il y avait mandat.

---

1. J'ai donné depuis un autre fort curieux exemple grec (cette fois ptolémaïque) dans mes *Mélanges*, p. 366 (note).

Voici une tablette relative à un contrat de cette nature, à un mandat-gérance, pour lequel on emploie le nom ordinaire du mandat *naspartum* (comme nous l'avons vu précédemment pour des mandats-gérances conférés, dans des sociétés, à des esclaves), bien que le gérant, homme libre, stipule un prix de location pour soi-même, c'est-à-dire pour ses services, ou comme l'auraient dit les jurisconsultes romains pour ses œuvres, *operae* :

« A partir du 20 du mois de Nisam jusqu'au 10 du mois « d'Abi, Zamalmal-sumaiddin, fils de Samasbalit, de la tribu « des forgerons, prendra le mandat de Nebokanu. Celui-ci « lui donnera 10 sekels (20 drachmes) pour sa location « (d'œuvres). La moitié de cet argent lui sera versé au mois « de Nisam et le reste à la fin du mois de Duzu. »

Le mois de Nisam est le premier mois de l'année. Le mois de Duzu en est le quatrième, et le mois d'Abi le cinquième. C'était donc fort peu de jours avant la fin de sa gérance que ce forgeron, qui se chargeait probablement de tenir la boutique d'un confrère, devait recevoir la dernière moitié du prix convenu.

Nous pourrions citer d'autres exemples de ces gérances payées, entre autres celui — que nous avons mentionné dans la dernière leçon — d'un esclave qui, tenant, en qualité de gérant, la boutique d'un homme qui n'est point son maître, reçoit pour cela, chaque jour, un paiement en nature d'objets alimentaires.

Comme l'indiquent fort bien les expressions des tablettes babyloniennes, il y avait alors, en réalité, deux contrats distincts : la location d'œuvres, en vertu de laquelle le gérant exigeait son prix ; et le mandat, en vertu duquel il agissait par rapport aux tiers.

Les tiers s'inquiétaient fort peu de savoir si l'homme qui traitait avec eux comme représentant d'une personne déterminée, était ou non payé, pour cela, par cette personne. Et ce paiement ne changeait en rien les droits et les devoirs du mandataire par rapport à son commettant.

Si l'on se place au point de vue commercial, ainsi que le

faisaient les Chaldéens, il est absurde de supposer un désintéressement complet chez tous les commerçants qui, sans louer leurs services, agissent dans l'intérêt d'un autre, se portent forts pour lui, vont même jusqu'à payer en son absence ce qu'il peut devoir. Tout cela fait partie de cette réciprocité, de cette solidarité commerciale, bases de ce qu'on nomme le crédit, indispensables pour que les affaires puissent prendre une grande extension.

Je vous ai déjà dit bien souvent que les Chaldéens s'étaient toujours mis à ce point de vue des affaires et que leur grande science à eux était cette science que l'on croit toute moderne : l'économie politique. Leur droit découle tout entier des principes, fort bien compris, de l'économie politique, appliqués et développés avec un sens juridique admirable. C'est un droit utilitariste qui, comme tel, dépasse peut-être tous les droits connus jusqu'ici.

Le droit égyptien, au contraire, nous vous l'avons longuement montré dans toute la série de nos leçons de cette année, a puisé ses origines dans le code de morale que résume si bien le rituel de Pamont et dont on trouve les principes, dès les plus anciennes époques, sur les stèles du Haut-Empire ou dans les premiers exemplaires de la confession négative. Ce code de morale se résume dans les idées de charité, de vérité et de devoir. C'est une morale personnelle, unilatérale, sans réciprocité prévue. Et c'est pourquoi les actes égyptiens sont toujours personnels, unilatéraux, sans réciprocité apparente. Chacun est responsable de ce qu'il fait lui-même et non pas de ce que fait autrui.

Dans l'interrogatoire suprême, quand on viendra dans l'autre monde comparaître devant Osiris et ses quarante-deux assesseurs, on n'aura pas à dire ce qu'a fait le voisin. Quelle qu'ait été la conduite des autres envers soi-même, il aura fallu qu'on remplisse toujours ses devoirs envers les autres.

L'idée du juste responsable isolément, si je puis m'exprimer ainsi, et qui doit rester impeccable sans trouver jamais une excuse dans les fautes de ceux qui l'entourent, a conduit naturellement à l'idée du contractant isolément responsable, agissant toujours en son propre nom — ou du moins au nom de la famille, de la maison qui est la sienne.

Il n'y a donc pas, en droit égyptien pur, ainsi que je vous l'ai déjà précédemment et longuement expliqué, d'autre mandat que le mandat familial donné par la loi elle-même à l'aîné κύριος, etc., — lorsqu'il s'agit du moins de la création d'un droit par un acte emportant créance, par un acte d'aliénation tel que vente, échange, etc., par une location, par un fermage et généralement par une quelconque des opérations juridiques qui peuvent donner lieu à une action.

Il n'est question d'agents, de *ret,* qu'à propos des voies d'exécution que peut motiver un contrat existant d'avance.

Ce *ret* est-il un homme de loi, comme je l'ai pensé d'abord, une espèce d'huissier ou d'avoué choisi à cause de ses connaissances mêmes en procédure ou de sa situation ? Est-ce un des gens du créancier qu'il désigne pour recevoir ? Rien ne nous permet jusqu'ici de décider cette question d'une façon définitive. Mais ce que nous savons, c'est que ce représentant n'est jamais désigné par un nom dans les actes où son intervention est prévue. Il est dit : « Ton agent (ton *ret*) « prend puissance pour toutes les paroles qu'il dira avec « moi au nom de l'acte ci-dessus. »

C'est l'acceptation, faite d'avance par le débiteur, d'un fondé de pouvoirs du créancier qui pourra, s'il le faut, employer contre lui les moyens de rigueur.

Nous vous avons montré combien large est la place que la charité occupe dans les règles de la morale égyptienne. D'après cela, il était difficile que, par charité, on n'intervînt pas dans les affaires de quelqu'un.

La tutelle officieuse était d'un très grand usage dans l'ancienne Égypte. Nous vous rappellerons l'exemple de Ptolémée, fils de Glaucias, le reclus du Sérapeum, tuteur officieux des jumelles; de l'Égyptien Armais, également religieux dans le Sérapeum, et qui s'était constitué tuteur de leur plus jeune sœur, de l'Égyptien Chonouphis, qui dota une jeune Égyptienne dans le contrat motivant le procès dont nous possédons le compte rendu dans le papyrus grec XIII de Turin, etc.

Mais ce procès que nous venons de vous citer en dernier lieu, montre bien comment procédaient les tuteurs officieux quand ils voulaient agir dans l'intérêt de leurs pupilles. En versant la dot, base de la pension alimentaire que le mari devrait donner à son époux, Chonouphis, tuteur officieux de celle-ci, fait obliger le mari envers lui-même, et la pension n'étant pas payée, il poursuit lui-même, en son propre nom, la liquidation des biens du mari. Tout ceci a pour but de sauvegarder les intérêts de la femme. Et cependant la femme elle-même, loin de figurer comme créancière du mari, figure comme en étant la caution solidaire.

En effet, de même que les Égyptiens n'admettaient pas, pour contracter, d'autre mandat que le mandat familial, ils n'admettaient pas d'autres cautions pour les débiteurs que les cautions familiales.

Nous ne parlons ici que du droit égyptien proprement dit, s'appliquant entre particuliers de race égyptienne, et non du droit gréco-macédonien et du droit public des *prostagma*, relatif aux fermes des impôts, etc.

Parmi les cautions familiales, nous noterons, comme assez fréquentes, celles de la femme par rapport aux dettes ou obligations du mari, ou du mari par rapport aux dettes ou obligations de sa femme; celle du père par rapport aux dettes ou obligations des enfants et celles des enfants par rapport aux dettes ou obligations de leur père. Tout cela ne faisait pas sortir de la même maison, — bien que la fortune de la femme, dont elle jouissait comme elle l'entendait, fût en principe tout à fait distincte de celle du mari et qu'il en fût de même de celle des enfants par rapport à celle de leur père.

Dans une société de ce genre, où l'on faisait une large part à la solidarité familiale, aux devoirs réciproques des parents et des conjoints, mais où, en dehors de la maison, chacun agissait en son nom et répondait seul de ses actes, l'idée de pouvoir se dérober à cette responsabilité en se cachant derrière un masque de théâtre, une personne civile,

figurée par un capital et représentée par un homme de paille,
c'est-à-dire par un esclave sans rien qui lui appartînt en
propre, cette idée, dis-je, aurait paru contraire aux principes de la morale et à la grande règle de vérité.

En cas de pécule, c'était le maître qui choisissait l'esclave
investi du pécule parmi les esclaves lui appartenant, qui faisait une part dans ses biens pour en faire la base d'un commerce dont il devait seul profiter, qui pouvait, quand il le
voulait, faire cesser ce commerce et mourir le pécule. L'esclave rentrait alors dans la masse de ses biens avec tout le
reste et l'on peut dire que, depuis le commencement jusqu'à
la fin, le pécule n'existait, ne vivait, n'agissait que par la
volonté du maître.

Voilà ce que pouvaient objecter à la théorie chaldéenne
les jurisconsultes égyptiens. Voilà les raisons qui décidèrent
l'Athénien Solon, malgré son amour pour le commerce et
pour l'industrie, à s'écarter sur ce point des principes des
plus grands commerçants du monde et à ne reconnaître
dans l'esclave qu'un fondé de pouvoirs du maître, engageant
pleinement par ses actes, tant que le maître le laissait agir,
la responsabilité du maître, comme si celui-ci eut agi par
lui-même.

En Égypte, l'esclave était toujours ainsi l'homme de la
maison du maître. Il ne pouvait avoir ou acquérir de biens
que quand ce n'était pas un véritable esclave : par exemple,
aux anciennes époques, quand ce pouvait être un débiteur
ayant engagé sa personne en garantie de ce qu'il devait et
subissant, à titre de gage, la servitude aux mains de son
créancier; aux mêmes époques, quand ce pouvait être une
femme libre qui s'était donnée, à titre d'esclave, à son mari
avec tout ce qu'elle possédait et ce qu'elle posséderait un
jour, ou un fils adoptif qui se donnait dans les mêmes conditions à l'homme qu'il désirait avoir pour père. Mais ces
formes de la mancipation, ou de la *manus*, ou du *nexus*, pour
nous servir des termes romains, avaient à la fois été sup-
primées du droit civil entre le règne de Darius et celui
d'Artaxercès, et il ne resta plus dès lors, de tous les faux

esclavages d'autrefois, que celui qui se rattachait au droit religieux, c'est-à-dire celui qu'un homme libre acceptait pour lui-même et ses fils au profit d'un dieu ou plutôt d'un temple, dont il devenait ainsi le colon, le tributaire, l'équivalent des serfs du moyen âge, et non pas le véritable esclave.

Vous le voyez, Messieurs, quelle que soit la question que nous abordions, que nous traitions du droit civil et du droit public comme dans nos premières leçons de cette année, ou du droit commercial comme dans ces deux dernières, nous en venons toujours à la même conclusion.

Il y eut deux sources de droit pour le monde antique : celle qui, découlant de l'Égypte, apportait les dérivations du plus splendide code de morale qui ait été formulé par l'homme, et celle qui, découlant de la Mésopotamie, apportait les dérivations d'une admirable science économique.

De part et d'autre, l'œuvre juridique était très complète, très conséquente avec elle-même, très savamment déduite, au point de vue juridique, de quelques principes fondamentaux.

Les Grecs d'Athènes, plus rapprochés des origines, comprenaient mieux ces droits. Les jurisconsultes romains s'inspirèrent en fait de l'un, puis de l'autre, mais les comprenaient beaucoup plus mal. Ils les compliquèrent de subtilités bien dignes des rabbins qui, plus tard, reprirent, à leur tour, la même œuvre.

NOTA

———

Dans ce travail déjà ancien, nous avions écarté avec soin
toutes les questions relatives aux juridictions commerciales
qui rentreront mieux dans nos volumes sur les actions. Aussi
n'avions-nous pas même fait remarquer que le plaidoyer
d'Hypéride contre Athénogène, découvert par nous, avait été
prononcé (comme tous les plaidoyers analogues) devant le
tribunal ordinaire : le grand jury des héliastes, — bien que
concernant une affaire commerciale au premier chef. Si nous
croyons bon de rappeler ce fait, c'est que dans l'introduction
d'une excellente thèse sur les juridictions commerciales au
moyen âge, M. Morel, traitant récemment des mêmes juridictions dans l'antiquité, a cru les retrouver en Grèce — à la
différence de Rome, prétend-il.

Cette distinction, qu'on pourrait peut-être retourner, n'est
pas aussi vraie qu'il le suppose.

Au fond, les édiles, s'occupant seulement à Rome, il le dit
aussi, de la surveillance du marché aux bestiaux et aux
esclaves, ne sont, sous ce rapport, que les imitations des *agoranomes* d'Athènes [1] dont il ne parle en aucune façon.

Quant au prétendu tribunal de commerce athénien qu'il a

———

1. Ces *agoranomes*, successeurs des *atuu* babyloniens, ont été transportés
par les Macédoniens en Égypte où leur juridiction a été encore étendue. On
les voit alors jouer le rôle de juge de paix et donner l'authenticité en insérant
in actis, sous forme de transactions judiciaires, des contrats dont l'origine
ne se rapportait pas seulement au marché, mais à des biens-fonds, etc. Les
édiles, du reste, dans leur édit, s'occupaient de bien autre chose que du
marché.

cru découvrir dans certains textes où il était question, directement ou indirectement, des *nautodices* [1], il n'a jamais existé en réalité. Les *nautodices* n'étaient, en effet, du temps de Xénophon et de Lysias, qu'un tribunal de marins, comme le nom l'indiquait, tribunal organisé pour faire pendant à celui des *agoranomes*.

De même que les *agoranomes* avaient à décider les affaires relatives aux fraudes commises sur le marché et aux contestations qui s'élevaient relativement à ce marché, les *nautodices* étaient primitivement chargés d'examiner les affaires urgentes qui s'élevaient sur le port *(au Pirée)*, relativement aux navires en partance, aux prêts à la grosse aventure, à la saisie des vaisseaux pour dettes, etc. Cette juridiction spéciale, ouverte même aux marins étrangers, selon Pollux et Harpocration, paraît, du reste, avoir été plus tard retirée aux *nautodices,* quand, du temps de Démosthène, d'après le discours contre Apaturus, la loi ordonnait de déférer ces affaires, à raison d'expéditions faites d'Athènes ou pour Athènes, aux *thesmothètes* [2] — magistrats qui n'étaient nullement par

---

1. Voir là-dessus, Hesychius, Suidas, Harpocration, cités par le Thesaurus.

2. Le préfet de l'annone — mentionné en passant par M. Morel — remplaça sous ce rapport, à Rome, les thesmothètes, pour les querelles entre armateurs, capitaines et prêteurs à la grosse aventure, bien qu'en différant essentiellement par le principe qui l'avait fait créer. Le préfet de l'annone devait, en effet, veiller à cet approvisionnement de Rome, à cette annone qui était l'impôt direct en nature et qui servait aussi à payer le traitement en nature des fonctionnaires aussi bien que les distributions au peuple. C'était donc dans cet intérêt public — et non comme les thesmothètes dans un intérêt privé — qu'il jugeait les contestations des marins et des armateurs. Il en était autrement pour les *cognitores* des Codes (titre V, liv. XI) empruntés au *jus gentium*. Nous devons ajouter que, de son côté — ce qu'a oublié M. Morel — le préfet de la ville, qui avait déjà toute la juridiction criminelle, avait aussi, comme tel, à Rome, une juridiction commerciale analogue à celle des anciens édiles et qui dépendait de son *imperium* spécialisé. Il était pour la ville, à l'époque impériale, le souverain juge des banquiers ou des changeurs (D. 1. I, XII, 1. 2), des bouchers (D. 1. I, t. XII, 1. I, §§ II), des gens de métiers et *de tout le commerce* (passim). En cela, il était comparable au préfet de la ville égyptien du temps de Rekhmara qui, du reste, joignait à ses fonctions de préfet de la ville, celles que nous avons ci-dessus décrites pour le préfet de l'annone et ailleurs pour le préfet du prétoire, ce chef suprême de la justice civile, quand l'empereur ne s'en réservait pas lui-même la direction. Notons qu'à Rome les

nature, ni des procureurs, ni de simples juges commerciaux
et qui n'étaient pas mentionnés à côté des *nautodices* par
Lysias, comme M. Morel l'a prétendu.

procureurs de César, succédant aux chrématistes des Ptolémées, pouvaient,
comme représentants de César, s'occuper judicieusement des choses commerciales, telles que celle de la perte d'un navire de fruits (XIX, II, 15, §§ 6), etc.
Mais toute cette couche de droit est égyptienne. En Égypte également, les
chrématistes, jugeant surtout des affaires concernant le roi (Βασιλικα), faisaient
déférer à leur tribunal les affaires privées (ιδιωτικα) commerciales ou non,
dans lesquelles le roi était intéressé par suite d'une amende contractuelle à
son bénéfice, etc. Ils recevaient, d'ailleurs aussi, dans leur boîte aux lettres,
bien d'autres requêtes judiciaires. Je n'en finirais pas, du reste, si je voulais
énumérer ici, même en droit romain pur jusqu'à l'époque des Codes, toutes
les juridictions plus ou moins commerciales, tant à Rome que dans les grandes
villes, les divers municipes, les ports et les provinces — sans compter l'intervention directe et continuelle de l'empereur fixant les tarifs *rerum vendibilium*,
etc. Depuis longtemps déjà ce droit de tarif pour la boucherie (D. l. I, t. XII, l. I,
§ II), etc., entrait dans les attributions du préfet de la ville, de même qu'il appartenait au *praeses* local de fixer l'époque des moissons et des vendanges (Paul II,
XII, 4). C'est toujours l'*imperium* à Rome qui a raison de tout. Il faut même
un sénatus-consulte ou l'autorité de César, à l'époque des jurisconsultes, pour
autoriser un de ces *collèges* (corporations d'artisans), dans lesquels l'entrée
des esclaves même était admise, mais que dirigeait toujours un *magister
societatis* — de même que tout le soin d'un navire était confié au *magister
navis*. (Voir pour tout ceci, l. II, t. XIV, 14, Ulpien; Paul LXVI, 57; XIV, 1, §§ 1;
Callistrate XXVII, I, 17; Paul XXVI, I, 42 et 46; Scevola XXXII, 93; Mar-
cien XLVII, xxii; Gaius XLVII, xxii, 4; XLVIII, xviii, I, etc.) Avons-nous
besoin d'ajouter ici que ces corporations, qui devinrent, à l'imitation de
l'Égypte, héréditaires sous le bas empire, étaient analogues — sauf la question
de l'imperium — à celle que nous voyons fonctionner dans cette vieille Égypte
où elles se rattachaient aux castes, corporations pour l'une desquelles un
curieux règlement nous a été conservé (voir mon article sur « une confrérie
égyptienne ») et que nous voyons déjà pleinement développées avec leur vie
propre et leur caisse commune, lors de nos papyrus démotiques archaïques —
en face d'autres associations commerciales, cette fois temporaires et pleinement libres, imitées des sociétés commerciales babyloniennes et organisées
avec des noms sémitiques (*Khabar = sodalis* etc.), dans un but d'exploitation
quelconque, comme par exemple pour la culture des terres, etc.? Notons,
du reste, qu'à Babylone même, à côté des noms de tribus se rapportant à un
ancêtre légendaire ou de ceux qui se réfèrent à une origine ethnique (les fils
d'Égyptiens, etc.), il y avait d'autres noms de tribus (fils de tisserands, etc.)
qui semblent nous révéler d'anciens groupements professionnels héréditaires,
semblables à ceux de l'Égypte ou du bas empire. Mais je m'aperçois que je
me laisse entraîner par le sujet et je m'arrête en m'excusant. Peut-être,
d'ailleurs, traiterai-je méthodiquement et en détail tout ceci dans une seconde
édition du livre actuel.

En réalité, en Grèce aussi bien qu'à Rome, — aussi bien que dans tous les pays d'où tout le droit grec et romain est sorti — il n'y eut que de quasi-juridictions commerciales créées toujours dans un but spécial bien déterminé, et les vrais juges commerciaux étaient, soit, comme à Athènes, les juges civils ordinaires, soit, comme dans la Rome impériale, les fonctionnaires qui, sur ce terrain tout particulier, semblaient administrativement les plus compétents.

Nous reviendrons, du reste, sur toutes ces questions, à propos des droits les plus antiques dans nos volumes déjà annoncés plus haut.

DEUXIÈME PARTIE

PREMIÈRE LEÇON [1]

MESSIEURS,

Chaque fois que nous reprenons la série de ces cours, nous en élargissons le plan.

Nous vous faisons toujours parcourir en trois ans l'ensemble du droit égyptien. Mais ce droit, nous l'avons d'abord étudié seulement tel qu'il était pour les Égyptiens de race à l'époque ptolémaïque, lorsque furent rédigés en langue démotique les contrats, si nombreux, qui sont une des richesses de notre collection du Louvre. Puis, ayant eu le bonheur de faire grossir cette collection par l'acquisition de papyrus d'une date plus ancienne qui nous permirent de remonter sans interruption, et sans sortir de nos documents démotiques, dans l'histoire du droit égyptien, jusqu'au règne de Tahraka, de Šabaka et même de Bocchoris, l'auteur du code des contrats, j'ai élargi mon cadre d'autant.

Je suis sorti bientôt d'ailleurs de la période commençant à Bocchoris, par des incursions de plus en plus longues dans les documents hiéroglyphiques et hiératiques qui la précédaient.

Aujourd'hui, de nouvelles découvertes de papyrus, écrits cette fois pour la plupart en langue grecque, — quelques-uns pourtant en démotique, parmi lesquels je citerai ceux que

---

1. Cette leçon a déjà été publiée en entier, dans ma *Revue Égyptologique* et j'en ai fait des extraits dans d'autres ouvrages.

j'ai fait entrer au Louvre dans le cours des années dernières, — nous apportent des renseignements très circonstanciés et très précis sur ce que devint le droit égyptien lors de la domination romaine. Et, en même temps, d'autres papyrus de l'époque ptolémaïque complètent sur bien des points ce qu'on savait déjà relativement au droit macédonien, c'est-à-dire grec, appliqué en Égypte parallèlement au droit égyptien sous les Ptolémées, et régissant alors tous ceux qui n'étaient pas de race égyptienne.

Nous avons donc maintenant un terrain très solide pour parcourir avec vous l'histoire des institutions égyptiennes depuis les périodes les plus antiques jusqu'à la période terminale de l'invasion par le Musulmanisme, et nous pouvons vous montrer comment ces institutions se maintinrent avec une grande ténacité ; comment le droit égyptien, attaché à ses traditions, habile à dégager les règles et les principes fondamentaux, à relier solidement le présent au passé en une chaîne ininterrompue, se poursuit ainsi, malgré les modifications que lui fait subir l'influence des institutions étrangères implantées à plusieurs reprises parallèlement sur le sol de l'Égypte.

L'Égypte, en effet, souvent conquérante au point de dominer sur tout le monde connu, subit souvent aussi l'invasion étrangère. Elle appartint à des Asiatiques, — très différents de race et de mœurs, — du temps des Hyksos, puis, longtemps après, du temps des grands rois de Ninive, puis, plus tard encore et par deux fois, du temps des rois Perses.

Après cela, conquise par Alexandre, elle devint la possession d'un de ses lieutenants qui y fonda la dynastie ptolémaïque.

Enfin, l'Égypte fut prise par Auguste qui l'asservit pour en tirer du blé, en en faisant son domaine personnel. Elle ne sortit plus du joug romain que pour subir avec tout l'Orient le joug des disciples de Mahomet.

Eh bien ! chose étonnante, on trouve des traces évidentes du plus ancien droit égyptien jusque dans les contrats rédigés par des Coptes dans le ixe siècle de notre ère, après deux siècles de domination musulmane.

Les vieilles traditions étaient donc bien vivaces sur le sol d'Égypte.

Pourtant, il faut le reconnaître, sous la domination romaine, le droit égyptien avait perdu cette unité, ce bel ensemble qu'admirait tant Diodore de Sicile dans les années qui précédèrent la conquête d'Auguste.

Sous les Romains, — qui comprenaient mal les droits étrangers et les remplaçaient dans l'application par les caprices du magistrat dont les édits faisaient la loi pour la province, — il se fit un mélange baroque du droit égyptien proprement dit, du droit grec appliqué dans la vallée du Nil sous les Ptolémées à tous ceux qui n'étaient pas de race égyptienne, de lois générales introduites par ces Ptolémées sous forme d'édits, et enfin de règles du droit romain. Dans ce fatras informe nous aurons à nous reconnaître en remontant aux origines, et nous rechercherons dans ces débris les parcelles du droit égyptien, comme on recherche l'or dans les débris des roches qui en continrent des filons.

Les Égyptiens, d'ailleurs, avaient en grande masse changé de culte quand ils perdirent leur droit.

En effet, le droit traditionnel avait été, dès l'origine, rattaché au culte. Et cela n'a rien d'étonnant dans une religion dont la morale était si merveilleuse et qui traçait les devoirs de charité des hommes les uns envers les autres d'une si admirable façon.

Je ne rappellerai pas aujourd'hui, vous les ayant bien souvent citées, dans le Rituel funéraire, ce livre d'une origine si antique, les règles de conduite dont un Égyptien n'avait jamais dû s'écarter durant sa vie pour pouvoir être justifié dans l'autre monde. Ces règles se résument en ceci : non seulement ne nuire à personne, ne faire tort à personne, ne faire pleurer personne, mais aider autant que possible tous les malheureux.

C'est à l'ombre de cette morale, dans les sanctuaires, que le droit égyptien naquit, et tant que le droit égyptien garda sa personnalité, si je puis m'exprimer ainsi, les sanctuaires de cette religion en furent pour ainsi dire le siège.

Les livres des lois figuraient au nombre des livres sacrés parmi ceux qui étaient portés, à la suite des naos des dieux, dans les processions solennelles, — même après la conquête romaine. Un père de l'Église, Clément d'Alexandrie, en témoigne encore pour son temps. Les lois nationales étaient donc considérées comme dictées par les dieux au même titre que les livres saints de prescriptions relatives au culte — absolument comme chez les Hébreux les lois successives de l'Exode, du Deutéronome et du Lévitique.

C'étaient des prêtres qui gardaient les lois. C'étaient des prêtres qui les appliquaient. Les juges du peuple en matière civile, ces laocrites dont il est question dans le papyrus grec Ier de Turin, étaient exclusivement des membres de la caste sacerdotale, et la cour suprême était constituée par les élus des trois plus grands sanctuaires.

Non seulement les lois, mais les contrats étaient placés sous l'égide des dieux.

A ce point de vue, il faut distinguer deux périodes : celle qui précéda le code de Bocchoris et celle qu'inaugura ce code.

Avant Bocchoris, — sauf s'il s'agissait des personnes considérables, dont les contrats étaient comparables à des traités diplomatiques, — on se contentait d'actes verbaux, comme on s'en contenta toujours pour le droit romain des XII Tables, dans ce qu'on nomme le droit quiritaire. Comme dans ce droit des XII Tables, — imité d'ailleurs du droit égyptien remanié du temps d'Amasis, — on se servait de certaines formules. Mais en Égypte ces formules, avant le code de Bocchoris, pour constituer un lien de droit, devaient se prononcer dans le temple. L'invocation des dieux, le serment avait été par excellence la manière de s'obliger ou de renoncer à un droit. Les autres formules en dérivaient; et le serment proprement dit resta toujours de grand usage en droit égyptien.

Depuis le code de Bocchoris tous les contrats furent écrits. Mais la forme unilatérale qui fut imposée à ces contrats tient au serment de cet ancien droit, comme, dans le droit des XII Tables, cette forme unilatérale de contrats purement verbaux rappelle encore la même origine.

Sous le régime des contrats écrits, le souvenir de l'intervention sacerdotale dans tous les actes se manifesta de manières diverses. Bocchoris en tint peu de compte. Mais la dynastie éthiopienne — se rattachant aux anciens grands-prêtres d'Amon de Thèbes, — qui le battit, le mit à mort et lui succéda, réagit contre ces tendances en instituant un prêtre spécial qui, en qualité de représentant de ce grand dieu Amon et du roi son vicaire, pouvait seul donner force exécutoire à tous les actes importants.

Quand Amasis, — un parvenu de basse extraction, — eut renversé du trône d'Égypte le dernier membre d'une branche cadette de cette famille, il supprima l'intervention de ce prêtre dans les conventions faites entre particuliers, puis son titre même ; et les contrats, conclus librement, devinrent des sous-seings privés. Ils conservèrent ce caractère, sous la première domination persane. Mais quand l'Égypte, s'étant révoltée avec succès, rétablit des rois nationaux, on revisa les codes ; et, tout en en revenant sur bien des points à l'œuvre de Bocchoris, on prit dans les lois de ses successeurs l'idée de faire intervenir un représentant du sanctuaire pour la confection des contrats. Le *monographe*, qui, sous les Ptolémées, écrit seul les actes au nom de tous les prêtres d'un sanctuaire et leur donne l'authenticité de par les dieux et de par les rois, ne vous rappelle-t-il pas un peu le prêtre d'Amon et du roi qui les approuvait sous Šabaka, sous Tahraka, puis sous Psammétique et ses successeurs ?

Au point de vue du droit civil, des obligations et des actions qui seront le sujet de notre cours de cette année, les sanctuaires égyptiens gardèrent donc jusqu'au bout, jusqu'à la conquête par les Romains, du moins une partie de leurs anciennes prérogatives.

Au point de vue du droit pénal, les principaux de ces sanctuaires, le Serapeum de Memphis par exemple, étaient encore sous les Ptolémées un lieu d'asile pour les coupables.

Quelques-uns, y compris ce même Serapeum, étaient également un lieu d'asile pour les esclaves qui avaient à se plaindre des violences de leurs maîtres et qui voulaient rendre les dieux juges de leurs griefs. Pour l'époque persane, Hérodote nous dit cela au sujet du temple de Canope. Pour l'époque ptolémaïque, nous avons mieux encore qu'un simple témoignage : un papyrus démotique nous fournit le texte même de la requête faite par un esclave que sa maîtresse avait maltraité, qui s'était réfugié dans le temple de Memphis et qui réclamait un jugement, rendu, après enquête, au nom des dieux. Hérodote nous dit lui-même que si, en cas pareil, l'esclave pouvait prouver le bien fondé de sa plainte, le maître perdait ses droits sur lui et il n'appartenait plus qu'aux dieux, c'est-à-dire devenait libre en fait.

Une action de ce genre, suivie ainsi d'une sanction pénale atteignant le maître, d'une perte de propriété, pour sévices envers un esclave, doit étonner ceux qui ne connaissent des droits antiques que le droit romain, basé sur la force brutale, le droit de cette Rome où l'esclave était traité comme une chose et non comme un homme. Mais le droit égyptien était basé sur une morale religieuse, d'après laquelle c'était un crime que maltraiter à tort un esclave, d'après laquelle l'esclave était toujours un homme, digne de la protection des hommes et des dieux.

La protection des dieux s'étendait sur tous en Égypte et, dans chaque nome, au temple principal, ainsi que l'a dit Hérodote avec raison, on dressait la liste de tous les habitants de ce nome. On y tenait aussi le registre de leurs possessions territoriales. C'est pourquoi nous voyons encore dans le procès-verbal officiel du papyrus grec Ier de Turin, après plus de deux siècles de domination grecque, alors que Thèbes était soumise à un régime d'état de siège par suite d'une insurrection qui l'avait rendue libre pendant plusieurs années, les prêtres d'Amon, pour une question touchant la famille et les biens d'un Grec originaire de Thèbes, envoyer par lettre leur témoignage devant le stratège grec qui jugeait.

Tout ceci se rattachait à l'organisation primitive de l'Égypte, divisée par nomes, dont chacun avait pour centre un sanctuaire, dans lequel on rendait un culte spécial à des dieux locaux.

Pour étudier méthodiquement à fond cette organisation et les conséquences considérables qu'elle eut à tous les points de vue, il faudrait plus de temps que je n'en puis disposer dans cette leçon d'ouverture.

D'ailleurs la leçon d'aujourd'hui ne devant être qu'une introduction à nos leçons de cette année, pourra se passer de méthode et je me bornerai à prendre, en quelque sorte, sur le fait, des Égyptiens nous exposant leurs sentiments les plus intimes et nous permettant d'entrevoir ainsi les liens étroits qui rattachaient jadis les hommes de leur race à leurs sanctuaires dans tous les actes de leur vie et le rôle considérable que joua la religion en Égypte.

Nous nous trouvons dans un des cas où ce qui n'est qu'épisode peut éclairer à peu près autant qu'un récit suivi.

Parmi les papyrus démotiques, en effet, nous avons des écrits vécus, si je puis m'exprimer ainsi. Ce sont des écrits de circonstance, traduisant avec énergie les passions du moment à des époques diverses, vers le milieu de la domination ptolémaïque et après la conquête romaine.

Le patriotisme égyptien déborde dans l'un et dans l'autre. Mais dans le premier, l'espoir de la délivrance subsiste. On compte sur le secours des dieux.

Dans le second, l'espoir est perdu. La patrie est morte, et le patriote, dans l'amertume de son cœur, se moque des dieux, n'y croyant plus.

La religion avait tenu dans les temps prospères la première place dans l'âme du pieux Égyptien. C'était elle qui lui avait donné la haine de l'étranger, l'unité nationale et le patriotisme superbe qui, — par des révoltes soudaines, générales, irrésistibles, — après des siècles de sujétion, l'avait délivré des Hyksos, puis des Assyriens.

Hérodote, qui vint en Égypte sous la domination persane, nous montre ces vaincus, ces conquis, témoignant de leur

aversion, de leur dégoût pour leurs conquérants par le refus
d'avoir rien de commun avec ces impurs, de prendre place à
table à côté d'eux, de partager leurs mets, etc.

Ils se préparaient ainsi, du reste, à la nouvelle rébellion
qui, survenue après plusieurs autres, réussit enfin et les
délivra, pour une soixantaine d'années, du joug des Perses.

L'Égypte eut alors, pour la dernière fois, des rois nationaux, égyptiens de race, — Nepheritès et ses successeurs jusqu'à Nechtaneb, — rois qu'annonçaient, racontait-on, des
prophéties dictées par le dieu Thot lui-même.

J'ai, dans ma *Revue égyptologique,* longuement traité de
ces prophéties dont le texte et le commentaire forment le
fond d'un papyrus démotique de la Bibliothèque nationale
de Paris. C'est une sorte de chronique sacrée où les événements et les hommes sont prévus d'avance par les dieux. La
religion était alors si bien le lien commun qui, unissant les
Égyptiens les uns aux autres, leur donnait la force de lutter
contre leurs maîtres du moment, que les Éthiopiens, ayant
adopté le même culte, étaient pour eux des frères et non
des ennemis. Parmi les plaquettes prophétiques que l'on
suspendait dans les temples et qui soutenaient le patriotisme, il en était qui venaient d'Éthiopie. Celle, par exemple,
qui donnait l'énumération des rois nationaux qui se succédèrent après la révolte, avait été, nous dit le texte, dictée
par le dieu Thot lui-même, le dieu de la science, écrite par
la main de son prêtre, et cela en langue éthiopienne.

Au moment où ces prophéties d'une autre époque furent
réunies dans le papyrus que nous vous rappelons ici,
l'Égypte qui, depuis plus d'un siècle, appartenait aux Macédoniens, était agitée de nouveau par les mêmes sentiments
qui déjà tant de fois l'avaient rendue libre.

A la mort de Philopator, un soulèvement général contre
l'étranger avait réussi presque partout, réduisant pendant
quelque temps les possessions de Ptolémée Épiphane à une
bande assez étroite de littoral méditerranéen. Pour recon-
quérir son royaume, il fallut que ce prince, ou plutôt ses
tuteurs, fissent venir des troupes de la Grèce. Et encore ne

fut-ce que tard que la Thébaïde fut soumise, après avoir, pendant une vingtaine d'années, — comme je l'ai montré, — reconnu pour rois les Harmachis et les Anchmachis, éthiopiens de race et probablement en même temps rois d'Éthiopie.

C'est pourquoi, dans le papyrus démotique de la Bibliothèque nationale, écrit à Memphis, alors que cette ville était redevenue une des deux capitales du roi macédonien, c'est de l'Éthiopie qu'on attend le libérateur. Ce libérateur, ce devait être un troisième roi éthiopien, venant après cet Harmachis et cet Anchmachis qui, les premiers, avaient, au midi, rompu le sceau mis par l'étranger sur l'Égypte.

« Salut pour nous ! Il renverse la fermeture », disait la tablette huitième, — c'est-à-dire que le chef qui sera en Égypte rompra la fermeture de la captivité pour l'ouvrir. (Ceci est le commentaire du texte, car dans le papyrus un commentaire vient toujours expliquer le sens de chaque phrase de la prophétie.) « Deux fois salut ! Il a ouvert. » — c'est-à-dire que le second chef, qui sera, l'ouvrira.

« Deux fois salut ! Il a ouvert devant la couronne uraeus » — c'est-à-dire que le troisième chef qui sera, on se réjouira de son avènement. — Les trois chefs qui seront parmi les nations, il y aura réjouissance de la part des dieux de leur avènement.

« La libératrice vient ! Elle amène l'Éthiopien à sa destinée ! » — la libératrice, qui est la couronne uraeus, vient. Elle amène l'Éthiopien. Elle rend paisible la destinée qu'elle réserve à la maison royale. C'est Haršefi (le dieu de la guerre) qui créera le chef qui sera. Il est dit que c'est un homme d'Éthiopie qui sera chef après les nations, les Grecs !

« Recevez-le ! Que la joie soit au prophète d'Haršefi ! » — c'est-à-dire que le prophète d'Haršefi se réjouit à l'encontre des Grecs, quand arrive le chef venant d'Éthiopie, celui-là.

« Qu'il ouvre les portes ! Je lui ai donné les clefs ! » — c'est-à-dire que le chef qui sera, ouvrira les portes des temples. Il leur fera rendre les *neterhotep* (les revenus sacrés des dieux).

On le voit, le prêtre égyptien faisait alors ce que faisait en France, il y a une vingtaine d'années, un pieux commentateur de Nostradamus.

Après avoir expliqué d'abord des prophéties dont il montrait l'accomplissement dans le passé, il en abordait d'autres qu'il disait applicables à l'époque présente et dont la réalisation paraissait être commencée. Convaincu lui-même, de très bonne foi, à ce qu'il semble, il en vint ensuite à une prophétie plus précise encore, car elle déterminait les dates.

Tablette neuvième.

« En athyr, elle lutte », — c'est-à-dire que le chef qui sera en Éthiopie entreprendra la guerre en athyr.

« Choiak à phaménoth » —, c'est-à-dire qu'il rassemblera ses troupes en choiak.

« En tybi *sanch* (*sacramentum*, serment militaire) » — c'est-à-dire qu'il préparera les préparatifs devant les hommes de l'étranger en tybi.

« Crie, contre moi ! Je crie en méchir », — c'est-à-dire que les hommes de l'étranger combattront avec ses compagnons en méchir.

« Acte d'investiture pour moi en phaménoth », — c'est-à-dire qu'il se manifestera, en faisant resplendir la basilique d'or, en phaménoth — sa reconnaissance comme chef sera en phaménoth.

La suite indiquait que ce roi serait le fondateur d'une dynastie qui se perpétuerait en Égypte.

Les faits ne s'arrangèrent pas ainsi. Au contraire, le second des deux rois éthiopiens de Thébaïde n'eut pas de successeur éthiopien en Égypte. Les Macédoniens occupèrent définitivement le pays entier, et quand les Romains les remplacèrent, les Égyptiens perdirent tout espoir de recouvrer leur indépendance par une révolte contre ceux qui avaient soumis à leur joug tous les plus grands peuples.

Le ton des écrits patriotiques ne pouvait plus être alors qu'un ton de profonde désespérance. Je vais avoir à vous

citer un extrait d'un écrit de ce genre, extrait que j'ai traduit pour la première fois à l'occasion de cette leçon.

Mais pour bien en saisir l'esprit, il faut d'abord fixer son
attention sur certaines particularités de l'organisation égyptienne. Ces particularités, d'ailleurs, occupant une large
place parmi les caractéristiques du droit égyptien de toutes
les époques, doivent être bien connues par ceux qui étudient
l'histoire de ce droit.

Dès l'antiquité la plus reculée, à côté de l'idée de pays
nous trouvons aussi l'idée de nome. Le nome n'est pas seulement, comme nos départements, une division administrative, c'est une division religieuse, si je puis m'exprimer
ainsi. Chaque nome a son culte spécial, son plérome particulier de divinités dominé par une triade de dieux, triade
composée d'un père, d'une mère et d'un fils. Cette triade et
les autres dieux du plérome divin du nome sont naturellement les protecteurs et, pour ainsi dire, les patrons de tous
les habitants de ce nome.

Nous vous l'avons indiqué déjà, Hérodote nous dit — et
les textes égyptiens confirment son dire — que la liste de ces
habitants était dressée au temple principal et placée ainsi
sous la garde des dieux du lieu, des dieux de la patrie
locale.

Chacun des cultes rentrait, d'ailleurs, dans la religion de
l'Égypte. Les prêtres de chacun de ces temples venaient
également prendre place dans les conciles généraux. L'Égypte
avait son unité — comme la France avait la sienne, alors
qu'elle était divisée en provinces qui formaient de petites
patries dans la grande patrie commune. Ce ne fut que dans
des temps troublés que les inconvénients de cette double
patrie purent se faire sentir en Égypte, comme chez nous
en France.

Ces inconvénients eurent, d'ailleurs, les mêmes conséquences en Égypte, à une époque un peu tardive, qu'ils
eurent en France en 1789. Au point de vue administratif,
on partagea les nomes en τοποι, comme on partagea nos
provinces en départements. C'est ce que nous voyons sous

les Ptolémées, quand il y avait un grand intérêt à morceler les résistances possibles.

Mais une cause faisait qu'en Égypte tous les morcellements rêvés n'allaient pas jusqu'à supprimer l'idée de l'*originariat*, pour nous servir d'un terme romain. Le roi ou le César, l'État, y resta toujours possesseur d'une très grande partie du sol; et il recourut souvent aux corvées pour cultiver cette terre dont les produits étaient une partie importante de son revenu, de son budget.

De cette situation devait résulter une tendance à rattacher très étroitement les corvéables à leur lieu d'origine, tendance qui s'accentua sous les Romains au point de motiver parfois un ordre général à tout Égyptien de rentrer à son lieu de naissance. Un des papyrus grecs de Berlin, récemment publiés par M. Krebs (*Aegyptische Urkunden,* n° 159), contient la pétition d'un homme qui avait quitté son village pour échapper à des charges publiques, par trop lourdes, et qui, atteint par un ordre de ce genre, — comme tous les Égyptiens d'alors — y était rentré. Il suppliait très humblement qu'on le déchargeât, au moins en partie, de la pénalité dont on l'avait frappé et qui consistait à tripler les charges qu'il avait négligé de remplir.

L'Égyptien était donc alors attaché à son lieu de naissance plus qu'il ne l'avait été jamais. Une lettre de l'empereur Trajan, adressée à son ami Pline, nous apprend que l'empereur lui-même s'était interdit d'accorder la cité romaine à un Égyptien s'il n'avait pas reçu d'abord le droit de cité à Alexandrie, ce qui le détachait de son nome.

En apparence, ce n'était là que marcher dans une voie tracée par les traditions égyptiennes, puisque, à toute époque, l'idée du nome, du lieu de naissance, de la petite patrie d'origine s'était dressée pour les Égyptiens à côté de celle de la grande patrie, de l'Égypte en ses deux royaumes.

Mais quand cette seconde idée manquait, quand l'Égypte n'était plus libre, quand le sentiment national ne pouvait plus se faire sentir qu'en mordant au cœur, quand le lien qui vous rattachait au lieu d'origine était un lien de nécessité imposée par le conquérant au lieu d'être un lien d'affection, ce lien devait sembler bien dur.

Les idées religieuses elles-mêmes étaient bouleversées. Ces dieux de l'Égypte, qui avaient bien permis quelquefois l'invasion étrangère comme punition du peuple, mais qui avaient toujours fini par l'emporter, qui, sous les Grecs encore, avaient su se faire reconnaître, grâce à certaines assimilations, par ces Grecs conquérants et conserver la domination théorique de tout le pays, ces dieux désormais que pourraient-ils? Absolument rien. Ils étaient vaincus, vaincus à jamais et sans force! Eux aussi, ils étaient des captifs dans leurs nomes, dans leurs lieux de naissance. Un destin aveugle avait cruellement arrangé les choses. C'était la force, la violence qui régnait sur le monde entier. Les dieux du vieux culte égyptien... c'était une moquerie que d'y croire!

Telles sont les idées qu'expose amèrement un patriote du commencement de la domination romaine, dans un apologe dont je vous ai déjà souvent parlé : Conférences philosophiques entre une chatte éthiopienne et un petit chacal koufi.

La chatte éthiopienne n'est pas une chatte proprement dite, même de la race des chats sauvages. C'est un gros félin, tel que le lion, le tigre ou la panthère.

De son côté, le petit chacal koufi, le petit chacal singe, n'est pas un chacal proprement dit. C'est probablement un de ces petits singes à nez pointu, à mine de chacal, qui ne sont pas rares en Égypte et dont Mariette nous a montré des échantillons.

Cette conférence philosophique ressemble donc par la mise en scène à celle de la fable de Florian intitulée *le Léopard et l'Écureuil.*

La chatte éthiopienne est d'un pays qui jouit encore de l'indépendance et où l'on honore en liberté les dieux de l'Égypte. Elle reste imbue de toutes les vieilles traditions religieuses, pleine de foi dans la toute-puissance du grand dieu Ra et d'attachement pour les pieux préceptes.

Le petit chacal koufi représente, au contraire, un Égyptien

désabusé. Il ne croit plus à rien qu'à la fatalité, à la lutte pour l'existence. C'est un révolté d'âme bien qu'un soumis en fait. Il a pour les Romains les mêmes sentiments que Macchiavel pour les Médicis. Mais il a non moins de prudence dans le pamphlet qu'il écrit sous eux.

Il n'aime pas à nommer les choses par leur nom quand ces choses sont compromettantes. Il faut le comprendre entre lignes quand il a en vue l'idée de patrie, d'indépendance, de liberté, de ce qui fait la joie et la grandeur d'un peuple s'il la possède, de ce qui le torture par le souvenir et par le contraste si elle est à jamais perdue.

A ce sujet, voici comment il s'exprime dans un morceau que je vais traduire en public pour la première fois.

« Il dit :

« Madame, la chose susdite dont je te parle, son possesseur, celui qui l'a en héritage est joyeux, rempli d'allégresse continuellement, car elle est belle à contempler, plus que toute chose en dehors d'elle au monde. Le dieu grand, le soleil, a fait son heure pour elle. C'était joie que l'entendre. Il n'est plus personne qui se rassasie encore de cette joie.

« Il n'y a point au monde de chose à savourer au-dessus d'elle. Les chapelles des dieux acclament sa nature. »

Ce n'étaient point là, jusqu'ici, des indications très précises, et l'interlocutrice du petit chacal koufi devait avoir peine à comprendre. C'est ce dont témoigne l'auteur :

« La chatte éthiopienne écoutait, sur ces questions, de tout son cœur. Son cœur méditait les paroles qu'avait dites le chacal koufi relativement à la chose susdite : « Il arrive que celui qui la possède se réjouit, sa face fait plaisir à voir. Le dieu soleil a fait être son heure par rapport à elle. Elle ne réjouit plus, etc. »

Elle cherchait donc le mot sans le trouver encore. Elle finit par s'impatienter :

« Elle dit : « Tu fatigues quelqu'un de puissant. Ma bonté est grande de rester tranquille à ma place ! Tu te comportes mal envers moi ! Je vais me comporter mal, moi aussi, envers toi. »

« Le petit chacal koufi reconnut que ce qui arrivait (cette colère) arrivait pour la chose qui intriguait la chatte.

« Il prit la parole. Il lui dit : « Par la vie du roi ! il faut dire ces choses. C'est celle-là dont les dieux et les hommes se réjouissent d'entendre la voix, quand ils la possèdent, de telle sorte que les temples dilatent leur face à cause d'elle, de telle sorte qu'ils acclament la chose en entendant son nom. Les hommes ne la voient pas sans que leurs chairs se réjouissent, sans que leurs membres prennent de la vigueur, sans que les petits fassent des adolescents, sans que les adolescents fassent leur efflorescence. Il n'est point de chose au monde en dehors d'elle encore. »

Après cette phrase, où il était dit qu'en la perdant on perdait tout, le sens caché pouvait s'entrevoir à la rigueur, et l'auteur suppose que la chatte éthiopienne le pénétra soudain. On était, en effet, dans l'Égypte esclave, et il était aisé de voir ce qui manquait dans ce pays, non seulement aux hommes, mais aux dieux.

« Elle prit la parole et dit : « Est-elle encore ici cette chose-là ? — Non, on l'a enlevée, celle-là ? Les membres ne prennent plus leur vigueur par elle ? Celle-là, il n'est plus, qui la possède, de dieu dans la contrée, — elle encore ? »

L'auteur prudent pense qu'il faut ici mettre une sourdine pour dépister la police du peuple romain. Aussi traite-t-il dans leur ensemble de lieux communs de rhétorique les paroles qu'il met dans la bouche du chacal koufi, ce patriote aux yeux duquel il n'y a plus rien quand il n'y a plus de patrie libre.

« Il développe ses petits *loci,* le petit chacal koufi, en lui disant : « Tu as dit vrai. Le dieu Ra ne la fait plus florir. »

Voilà la réponse proprement dite. Voici maintenant les petits *loci,* ces lieux de rhétorique qui ne sont pas inutiles pour éclairer les inattentifs, ceux qui n'auraient pas encore compris ce dont il s'agissait :

« Par la vie du roi ! j'ai fait parvenir les paroles susdites devant toi pour faire connaître qu'il n'est personne au monde que ne dilate l'idée du pays de naissance, car le lieu où on l'a enfanté c'est plus grand (pour lui) que tout autre encore.

« On leur a établi leur lieu au moment de leur naissance en leur ville, encore, quand ils furent.

« Les dieux d'Éthiopie qui sont en Égypte désirent pour eux leur pays. Leur force est en Éthiopie. Est établi le cœur des dieux et des hommes en leur place pour séjourner là où ils ont été enfantés, en sorte qu'ils se plaisent là. Tout leur plaisir est là seulement, — tant pour les dieux que pour les hommes. Est-ce qu'il n'a pas fait être cela (le destin) à quiconque est sur le monde, puisque est doux pour eux leur pays, car le pays où on les a enfantés leur plaît plus que toute la superficie circulaire, qui est en dehors. »

Jusqu'à ce point les verbes étaient mis — comme en effet dans les lieux communs de rhétorique — au temps présent. Mais il n'en est pas de même de la conclusion de ce morceau. Les verbes y sont mis à l'imparfait, au temps en *oun,* qui ne s'emploie jamais pour un fait subsistant encore.

« L'Égypte délectait ses fils plus que toute la superficie qui est en dehors de l'Égypte, leur pays, dans lequel ils furent. »

L'apostrophe qui suit, formant un paragraphe séparé avec une rubrique, a paru encore à l'auteur trop accentuée pour qu'il ne l'atténuât pas au moyen de la même épithète en apparence dédaigneuse que dans le titre du morceau précédent : « les *petites* réflexions qu'il fit, reprenant la parole ». En effet, il s'agissait de peindre l'état actuel de l'Égyptien, mis en opposition avec le temps passé quand l'Égypte était encore libre. Il fallait montrer l'attachement au nome devenu la plus dure des servitudes, pour cet être avili, cloué là par les ordres d'un maître étranger, assimilé presque à un esclave qui travaille dans son taudis sans profiter de son travail.

« Tu apparaîtras en la bauge que l'on a dit à toi, ô fils du fumier. Il a dit cela à l'homme, à savoir : « tu feras tes *cheperu* (tes changements d'état, tes transformations) dans ton bourg », et on a dit à toi, ô fils du fumier : « en lui (en ce fumier) tu resteras modestement tranquille pendant toute vie que tu pourras faire en lui. »

Cette expression « fils du fumier », par laquelle l'auteur dépeint d'une façon si énergique l'abjection actuelle de l'Égyptien devenu la proie d'un César, il la fait ressortir encore par une comparaison mystique. Le scarabée, symbole du soleil, pond ses œufs au milieu d'une boule d'excréments qu'il a arrondie avec soin. C'est là son lieu de naissance ; et c'est au scarabée que l'Égyptien ressemble aujourd'hui. Cette comparaison plaît d'autant plus à notre auteur qu'elle rentre dans la masse des railleries, des sarcasmes dont son livre est rempli contre les traditions religieuses de l'Égypte.

« Il dit (aussi) : « tu vas apparaître », — celui qui fait mystère quelconque de dieu quelconque qui sort de sa main. Lui aussi, celui-là, est celui qui dit à savoir : « Apparais » au scarabée, pour qu'il sorte de son trou.

« Est-ce qu'il a puissance pour le scarabée, — lui qui est le symbole du soleil, le dieu grand, celui-là, — de ne pas se tenir modestement tranquille là dedans, parce que là dedans, il lui a dit d'être? — Et il n'est point à mépriser celui qui dépense toutes ses forces à son pays! »

Pour bien saisir dans son âpreté cette dernière phrase, lancée à titre de consolation sarcastique, il faut savoir que le scarabée roule, pendant des journées entières, la boule d'excréments dans laquelle il a mis ses œufs et semble dépenser à ce travail toutes ses forces. Il les use pour son pays, de la même façon que l'Égyptien d'alors.

Tout ce livre est d'un nihilisme vraiment effrayant !

DEUXIÈME LEÇON

MESSIEURS,

Dans ma leçon d'ouverture je me suis appliqué à vous montrer quels liens étroits rattachaient le droit à la religion en Égypte : Il était né dans les sanctuaires ; les livres des lois qui le réglaient étaient conservés dans les temples à titre de livres sacrés ; et c'étaient des prêtres qui appliquaient ces lois en qualité de juges : — sans compter le rôle important qui souvent leur fut attribué dans la confection des divers actes. Il ne faut donc pas s'étonner si, parmi les obligations, celles qui se rattachaient aux devoirs religieux, ou à des devoirs de conscience que la religion consacrait, occupaient dans les premiers temps une place prépondérante.

Nous vous avons dit que la charité, — une charité très active, — formait le fond même de la morale développée dans le livre des morts, ce rituel sacré qui déterminait ce qu'un Égyptien avait dû faire et ce qu'il avait dû ne pas faire durant sa vie.

Les devoirs de la charité formulés là étaient très vastes. Ils s'étendaient : non seulement aux proches, mais au premier venu ; non seulement aux hommes libres, mais aux esclaves ; non seulement aux esclaves qu'on avait sous sa main, mais aux esclaves du premier venu.

Avec une conception pareille de la charité, il n'aurait pas été possible qu'on négligeât celle que tous les hommes recon-

naissaient comme une loi de nature : celle qui attache le
père et la mère aux enfants qu'ils ont procréés et les enfants
à leurs parents.

A Rome même, où la charité était chose si peu connue,
les jurisconsultes proclamèrent qu'il découlait de ces liens
du sang des obligations naturelles. Mais le principe qu'ils
posèrent ainsi — sous l'influence du droit des gens — devait
toujours rester à Rome sans applications bien étendues, car
l'égoïsme le plus brutal était la caractéristique des vieux
Romains, auteurs du code quiritaire.

En Égypte, au contraire, sous la chaude influence d'une
morale religieuse toute de charité, les applications de ce
principe des obligations naturelles entre ascendants et descendants devinrent si fréquentes et si nombreuses qu'il y a
presque lieu d'en être surpris.

C'est là ce que nous montrent surtout, relativement aux
obligations, les monuments de l'ancienne époque. Les parents
cèdent à leurs enfants, de leur vivant, l'administration de ce
qu'ils possèdent. Les enfants qu'enrichit la libéralité du souverain ou toute autre cause remplissent leurs devoirs naturels
envers leurs parents en leur donnant part dans cette fortune.

Le tombeau d'Amten, dont la date est de beaucoup antérieure à l'époque des Hyksos, puisqu'elle remonte à l'une des
premières dynasties, nous montre ce personnage, qui avait
occupé de hautes situations sous le roi d'alors, disposer,
de son vivant, d'une partie des biens qu'il avait acquis en
faveur de sa mère et d'une autre partie en faveur de ses fils.
« Il avait reçu en équivalence, dit ce texte, 200 aroures de
terre à blé. Il en donna 50 à sa mère Nebsent. Il y bâtit une
maison pour ses enfants. Il leur donna, par permission royale,
toutes les places dépendant du château royal de Honsuten
(dont il avait été investi en qualité de préfet de nome), et
il donna à ses enfants 12 aroures de terre arable avec des
esclaves et des bestiaux. »

Voilà comment un haut dignitaire remplissait ses obligations naturelles envers sa mère et ses enfants à l'époque la
plus antique. Il leur faisait part dans ses biens : et cela

non seulement dans ceux qu'il possédait à titre vraiment personnel, mais dans ceux dont il jouissait à titre de fonctionnaire comme d'un accessoire de sa dignité. En langue de notre moyen âge on aurait dit au sujet de ces derniers qu'il avait disposé d'une partie de son fief pour ses enfants, avec l'agrément du suzerain.

Si nous passons à une époque beaucoup plus récente, à cette XII⁰ dynastie qui précéda de bien peu la conquête de l'Égypte par les Hyksos, nous voyons dans l'histoire d'un soldat de fortune comment, ayant acquis une haute situation et des biens très considérables à l'étranger, il en fit le partage entre ses enfants, avant de rentrer en Égypte.

Plus récemment encore, sous le règne des Ramessides, les pièces d'un procès, — que nous a conservées un papyrus hiératique publié en premier lieu par mon ami Erman et étudié de nouveau par moi, — nous montrent que les devoirs de famille, les obligations naturelles qui résultaient du lien du sang n'étaient pas seulement remplis chez ceux qui constituaient la haute classe d'alors, mais chez les pauvres paysans qui possédaient la terre, — à peu près à la façon des serfs de notre moyen âge, — pour la cultiver, principalement au profit d'autrui. Dans cette possession, dont ils tiraient un maigre profit pour eux-mêmes, ils mettaient souvent leurs enfants à leur place, de leur vivant, faisant notamment, par une attribution quasi-dotale, la part de leur fille quand ils la mariaient. C'est ainsi, par exemple, qu'il est dit, à propos d'un des domaines de *neter hotep* dont les redevances sont en question dans ce procès, que la fermière Mautbenra en a cédé à sa fille Tamaut 14 aroures $^1/_8$ $^4/_{100}$ $^1/_2$ — c'est-à-dire un cinquième du tout — et que ses fils en possèdent le reste : 56 aroures $^1/_2$ $^1/_8$ et quelques centièmes, — c'est-à-dire les quatre cinquièmes. Après quoi, on ajoute que ces deux quantités forment le total de ces 70 aroures $^1/_2$ plus une autre fraction qui constituent l'ensemble de la ferme de cette Mautbenra toujours vivante. Nous vous rappelons cet exemple entre plusieurs tirés des mêmes pièces de ce procès et que nous avons déjà cités l'année dernière.

Les obligations naturelles qui résultaient des liens du sang étaient si puissantes en Égypte qu'elles firent admettre en principe une co-propriété de droit entre les membres d'une famille sur tous les biens de cette famille. Elles furent aussi l'origine des droits et des devoirs de cet aîné κυριος qui, après la mort du père de famille, était l'administrateur né de tous les biens laissés par lui. Mais je ne rappelle tout ceci que pour mémoire; car ce sont des questions qui rentrent dans l'étude du droit des personnes plutôt que dans celle des obligations, sujet du cours de cette année.

A côté des obligations naturelles proprement dites, — qui ne cessent pas d'être naturelles pour être consacrées par le droit religieux, — nous devons en mentionner d'autres qui découlent directement de la religion égyptienne, et, disons-le, d'un de ses dogmes très particuliers.

Ce qui touche au mythe osiriaque — et par suite au culte des morts — est bien, en effet, le côté de la religion égyptienne qui a le plus frappé de tout temps. Quand, après la conquête romaine, l'asservissement de l'Égypte faisait perdre le souvenir du reste de ses traditions, le mythe osiriaque survivait encore et, — avec une vigueur nouvelle, — il envahissait les autres provinces du peuple romain. L'église Saint-Germain-des-Prés a été édifiée sur un temple d'Isis; et, jusque dans le siècle dernier, une statue d'Isis, souvenir de cet ancien temple, se trouvait placée sous son portail. Un abbé la fit enlever parce que d'ignorantes dévotes brûlaient des cierges en son honneur.

Eh bien! de ce mythe osiriaque, — de cette idée d'une vie nouvelle après la mort, — avait découlé tout naturellement toute une série d'obligations pour les descendants du défunt.

C'étaient eux qui étaient chargés d'assurer le culte du mort. Ils devaient d'abord faire procéder aux funérailles religieuses qui accompagnaient l'entrée du mort dans cette autre vie. Primitivement ils devaient ensuite présider eux-mêmes à perpétuité aux cérémonies religieuses, aux libations et aux offrandes qu'on devait lui faire chaque année. Ils ne pouvaient être suppléés dans cet office que par un prêtre spécial, par ce qu'on nommait le prêtre de *Ka,* prêtre attaché au culte de la personne du mort, comme les prêtres de chaque dieu étaient attachés à son culte.

Plus tard, beaucoup plus tard, on remplaça les prêtres, pour ce qui touchait le culte des morts, par des fonctionnaires inférieurs de temple, — comparables à ce qu'on désignait dans le moyen âge sous l'appellation de *familiers.* Ceux qui répandaient les libations aux jours fixés et qui furent nommés à cause de cela *uah moou, hi-moou, choachytes,* « verseurs de libations », compris dans la classe de ces familiers ou *pastophores,* étaient, par exemple, sous les Ptolémées, chargés à Thèbes de porter, une fois par an, la barque sacrée du dieu Amon dans une procession solennelle et de jeter du sable sur son passage.

Mais si ces humbles personnages avaient, à cette basse époque, remplacé les fils pour la garde de la momie et les cérémonies du culte familial, il n'en résultait nullement que la famille fût dispensée de toute obligation religieuse, — quasi-naturelle, — envers le défunt. Elle devait toujours assurer, par ses offrandes, la perpétuité du culte funéraire, dont les cérémonies étaient maintenant accomplies par ces choachytes.

J'appelle quasi-naturelle cette obligation, car elle faisait suite aux obligations naturelles des enfants envers leurs parents durant leur vie et, en fait, elle se rattachait au même ensemble de croyances, tant religieuses que morales.

Mais à côté de ce premier groupe il était d'autres obligations, celles-ci, au contraire, conventionnelles, qui avaient également pour cause le culte des morts. C'étaient toutes celles qui se rattachaient à des fondations perpétuelles faites, de son vivant, par celui qui, — parfois à défaut d'enfants, parfois dans un but de vanité, — avait voulu régler à jamais la manière dont on l'honorerait quand il serait mort.

Nous vous avons parlé déjà, à bien des reprises, des inscriptions du tombeau d'un préfet de Siut, — ou, pour mieux dire, d'un prince de Siut, — du temps de la XIIe dynastie.

Une partie de ces inscriptions a pour but de rappeler à son prêtre de Ka, — chargé de son culte comme d'un office transmissible de père en fils à perpétuité, — les conventions que le prince a faites, de son vivant, avec le corps sacerdotal du sanctuaire principal de Siut, pour rendre ce culte solennel, tant par des illuminations et des processions que par des offrandes, dont profitera en définitive ce prêtre de Ka. Des conventions dont il s'agit, résultent, de diverses parts, plusieurs obligations directes.

Si nous nous servons du langage des jurisconsultes romains, nous dirons que ces conventions rentraient toutes : soit dans la classe de celles qu'ils rangeaient sous la formule *do ut des,* « je donne pour que tu donnes »; soit de celles qu'ils rangeaient sous la formule *do ut facias,* « je donne pour que tu fasses ».

En effet, le prince Hapidjefa donnait toujours de quoi payer très largement chaque acte et chaque prestation que le corps des prêtres s'obligeait à faire annuellement en son honneur aux jours fixés. Les obligations, contractées par les prêtres et leurs subalternes, les employés de la nécropole, à son égard, n'étaient donc nullement gratuites : elles formaient la contre-partie de donations qu'ils avaient reçues. C'étaient bien des obligations semblables à celles qui résultent des contrats, tels qu'on les comprend à notre époque : c'est-à-dire des obligations ayant pour cause un avantage qui peut en être regardé comme l'équivalent.

Mais il ne paraît pas probable qu'elles soient entrées dans des contrats d'une forme bilatérale; car Hapidjefa, chaque fois, cite comme des actes distincts : d'une part, celui qui établit telle ou telle obligation que les prêtres devront remplir à tel ou tel jour déterminé, chaque année; et, d'une autre part, l'acte par lequel il leur paie, sous telle ou telle forme, cette obligation en question qu'ils ont contractée envers lui.

Il nous paraît donc à peu près certain qu'avant l'invasion des Hyksos les contrats avaient revêtu cette forme unilatérale qui est toujours de règle à l'époque classique.

Je vous ai dit déjà que les inscriptions d'Hapidjefa nous fournissaient des exemples d'obligations en divers sens. En effet, si, dans certains actes, Hapidjefa paie les obligations qu'il obtient des prêtres par des donations immédiates de terrains lui appartenant, d'autres fois, il les paie par des obligations qui sont contractées à leur profit.

C'est ainsi que ses héritiers devront, chaque année, à perpétuité, donner aux prêtres pour tels et tels offices, les vivres représentant tant de 360ᵉˢ de ce que ceux-ci reçoivent par année, sur les revenus du temple, c'est-à-dire tant de jours complets de leur nourriture.

Pour obliger ses héritiers, Hapidjefa n'a pas besoin de les désigner d'une façon quelconque ; il s'oblige lui-même, et l'obligation qu'il a contractée en son propre nom, ce seront eux qui devront la remplir. Vous voyez qu'avant les Hyksos, on avait déjà fort bien compris le principe fondamental sur lequel repose l'hérédité : la transmission des obligations en même temps que des biens ; de toutes les charges en même que de tous les avantages. C'est un principe qui, en Égypte, n'a jamais été méconnu.

Non seulement le prince Hapidjefa, dans certaines de ses conventions avec les prêtres, obligeait ainsi ses héritiers pour des prélèvements à faire sur les biens qu'il avait reçus de son père ; mais, dans certaines autres, il obligeait ses successeurs et ses sujets pour des prélèvements à opérer à perpétuité, au profit du temple, sur la part de récolte qui revenait au prince.

Toutes ces obligations diverses avaient également pour cause et pour but le culte d'un mort divinisé. Seulement, notons-le, ce mort est un prince, qui paraît, en fait, presque indépendant, bien qu'il honore les cartouches de son suzerain, le roi d'Égypte Usurtasen.

Les obligations se rattachant à la fondation d'Hapidjefa pour ses services funéraires nous sont indiquées directement par des extraits ou des résumés des actes mêmes qui les ont créées. Il n'en est pas de même dans les inscriptions du tombeau d'un adon de Wawa qui, sous un des derniers

Ramessides, était le lieutenant du roi d'Égypte dans ce pays étranger de Nubie. Pour assurer la perpétuité de sa fondation, l'adon de Wawa avait cru devoir associer le culte d'une statue du roi à son propre culte funéraire. A ce double culte il affecte certains terrains, dont il indique la situation et dont l'ensemble reçoit un nom, comme formant un lieu dit spécial. Il ajoute que ce lieu dit sera le lieu d'immolation où l'on amènera, chaque année, un bœuf.

A qui incombait l'obligation d'amener ce bœuf? Cela n'est déterminé en aucune manière dans les inscriptions du tombeau, — qui ne donnent, d'ailleurs, non plus aucun détail sur l'époque de ce sacrifice et les diverses cérémonies à accomplir, soit à ce moment, soit à toute autre date de l'année.

Le prince Hapidjefa, au contraire, avait pris grand soin de fournir expressément, dans les inscriptions de son tombeau, ces indications ritualistiques, parce qu'il s'y adressait à son prêtre de Ka, chargé de son culte perpétuel, et lui recommandait vivement de veiller à ce que rien ne fût jamais omis dans les cérémonies à faire en son honneur.

L'adon de Wawa procède autrement. Ce n'est pas un prince presque indépendant, et à cette époque tardive, — longtemps après l'invasion des Hyksos, — il n'est pas certain qu'il ait pu avoir le droit d'attacher à son culte un vrai prêtre, un prêtre de Ka. La chose est d'autant plus douteuse que, — nous vous l'avons dit dans notre cours de l'année dernière, — sous les Ramessides, la caste des prêtres, gratifiée de biens considérables, était devenue une puissance mieux centralisée et qui bientôt usurperait le pouvoir royal.

Un Ramesside régnait encore, je le répète, quand furent écrits ces textes. Et cependant la trinité thébaine, dont le règne effectif devait être proclamé fort peu de temps après, y est invoquée déjà comme un pouvoir suprême. C'est sous la sauvegarde de ces dieux que l'adon de Wawa place ses fondations, en définitive. Il termine son inscription par des anathèmes très analogues à ceux qui seront en usage sous la dynastie sacerdotale des grands prêtres d'Amon devenus rois d'Égypte.

« Si, qui que ce soit, dit-il en effet, parle contre cette fondation, Amon ra sonter agit derrière lui pour le faire misérable ; la déesse Maut, derrière sa femme ; le dieu Chons, derrière ses enfants. Il a faim ! Il a soif ! Il est courbé à terre. Il est réduit à rien. »

Revenons en au bœuf à livrer chaque année pour un sacrifice funéraire.

Ceux d'entre vous qui ont assisté à mon cours d'il y a deux ans se rappellent sans doute que j'ai alors cité un acte d'Artaxercès relatif à une obligation analogue : celle d'un bœuf à livrer pour un sacrifice funéraire à une date déterminée. Seulement le contrat précisait alors formellement que le fermier devait donner ce bœuf au choachyte de son propriétaire, chargé de remplacer celui-ci dans l'accomplissement de ses devoirs familiaux envers ses parents défunts — propriétaire et choachyte très expressément nommés l'un et l'autre.

Ici par qui devait-il être livré ?

Notre inscription ne le dit en aucune façon. Mais il nous paraît certain que ce doit être également par la famille.

Par le fait même que le fils était investi des biens du père, il était obligé de satisfaire aux obligations en résultant ou plutôt résultant du fait même de sa génération. Dans les obligations ptolémaïques le débiteur dit encore : « ce contrat est sur ma tête et sur la tête de mes enfants. » Or, du moment où il y avait pour le mort obligation de livrer un bœuf pour ses services funéraires, cette obligation retombait sur ses fils ou sur les ayants-cause de sa famille, quels qu'ils pussent être, héritant comme tels des biens de famille.

Dans ce cas, d'ailleurs, il s'agissait d'une obligation religieuse [1] et des garanties légales spéciales concouraient pour l'accomplissement de cette obligation religieuse, comme elles facilitèrent à Rome, sous le régime de la loi des XII Tables,

---

1. Voir ce que j'ai dit dans mes *Mélanges*, p. 417 et suivantes, au sujet de cette fondation de l'adon de Wawa qui est bien, de tous les actes archaïques que nous possédons jusqu'ici, celui qui ressemble le plus à un testament.

les emprunts contractés pour l'accomplissement d'une obligation religieuse et funéraire tout à fait semblable, celle des repas sacrés faits en l'honneur des morts.

Les obligations par cause religieuse forment, en effet, dans ces anciens droits, une classe tout à fait à part. Elles peuvent recevoir et reçoivent souvent des garanties particulières autres que les garanties normales du droit civil. Le recours aux dieux, l'anathème, quand il se rencontre dans des fondations comportant des obligations de cette nature, peut être lui-même considéré comme une de ces garanties.

Nous venons de le trouver dans les textes du tombeau de l'adon de Wawa, nous allons le trouver encore dans ceux de la tombe de Nimrod, — ce général des troupes asiatiques qui était établi en Égypte à une époque antérieure à celle où l'Égypte entière fut conquise par les rois de Ninive.

Le roi d'Égypte qui régnait alors appartenait à la famille des grands prêtres d'Amon de Thèbes. Mais ce n'était déjà qu'un instrument entre les mains de ces Asiatiques, qui jouaient le rôle de maires du palais. Aussi vient-il lui-même accompagner Sheskonk, le père de Nimrod : pour les funérailles de celui-ci; pour l'installation solennelle de son culte; et pour prononcer, sous la forme d'une interrogation à la statue vivante du dieu Amon — interrogation à laquelle répondait un geste affirmatif de cette statue — les anathèmes destinés à assurer la perpétuité des fondations faites pour ce Nimrod divinisé.

« Mon bon Maître, dit Sa Majesté devant le dieu grand, tu tueras : le général, le monarque, le scribe, l'agent envoyé en mission vers la campagne, qui prendrait à son seigneur le bien de l'autel de l'Osiris, — grand chef des étrangers Ma, — Nimrod véridique, — fils de la femme Mehitnhont — qui est dans Abydos; tous les hommes qui diminueraient son *neter hotep*, ses gens, ses choses transmises, ses bestiaux, son jardin, toutes ses offrandes, toutes ses richesses. Tu feras tes esprits grands, — dans leur fureur à cause de cela, — les remplir, remplir leurs femmes et leurs enfants. — Approuva le dieu grand. »

Ce qui formait le domaine sacré, le *neter hotep*, de Nimrod — et ses richesses en offrandes, — c'était ce que les prêtres lui avaient attribué et assuré à prix d'argent. Le père de Nimrod, Sheskonk, en effet, avait traité avec le corps des prêtres. Sur ce que le temple possédait de terres, il s'était fait céder des terrains, assez grands pour y entretenir les troupeaux destinés aux sacrifices, pour nourrir tous les serviteurs attachés au culte de Nimrod, pour produire les céréales, les légumes, les fruits, etc., garnissant chaque jour la table sacrée installée en l'honneur de ce grand personnage divinisé. Sur ce qu'ils possédaient d'esclaves et de troupeaux, il s'était fait céder les hommes et les bêtes qui entreraient dans le domaine sacré de Nimrod.

C'étaient là, de la part des prêtres, des cessions immédiates, qui ne comportaient pas d'obligations pour l'avenir.

Mais d'autres articles des traités qu'ils avaient conclus avec Nimrod avaient un tout autre caractère. Ils s'y obligeaient, en effet, à fournir à perpétuité certaines prestations en encens, en huile, en aliments cuits, etc. Ils contractaient donc à jamais des obligations tout à fait semblables à celles que les prêtres de Siut, du temps de la XIIe dynastie, avaient contractées dans leur traité fait avec le prince Hapidjefa.

La déification de Nimrod paraît, du reste, plus complète encore, et d'un ordre plus élevé, si je puis m'exprimer ainsi, que celle du prince Hapidjefa. Ce ne sera pas seulement à certains jours, peu nombreux, de l'année, qu'on lui rendra un culte public : ce sera tous les jours. On l'honorera donc autant qu'on honorerait un grand dieu. Sa famille va régner bientôt, et, en attendant, on fait pour lui, de par l'autorité du roi lui-même, une apothéose plus magnifique qu'on ne la ferait pour un roi.

C'est là une première différence. Une autre se trouve dans la manière dont les obligations des prêtres sont rémunérées. Le père de Nimrod paie en argent ce qu'Hapidjefa payait en nature. Le père de Nimrod est un Asiatique, ayant les mœurs des Asiatiques, et on peut remonter bien haut dans les coutumes de l'Asie centrale en y trouvant toujours l'argent comme base habituelle des transactions. Les vieux Chaldéens, — bien avant le temps où naquit Abraham, — avaient adopté, pour mesurer la valeur des choses et établir les équivalences le métal argent; et ils s'en servaient comme le firent plus tard les Ninivites, les Babyloniens et, dans le même pays, les Perses.

L'argent joue le principal rôle dans les tablettes de Warka, de Larsham et de Shippara, qui remontent à plus de vingt siècles avant notre ère, — un rôle beaucoup plus important que dans les récits homériques, qui sont postérieurs de tant de siècles et où l'on recourt à des échanges, alors que les hommes de la Chaldée emploieraient la vente proprement dite.

On procédait donc encore en Grèce, aux temps homériques, comme on procédait en Égypte, alors que, sous l'ancien empire, on acquérait par des échanges jusqu'à des objets apportés sur le marché [1].

Ce qu'on peut nommer la science de l'argent s'était, du reste, développé très tôt dans la Haute-Asie. On y voit déjà des banquiers s'enrichir par des prêts et par les intérêts exigés pour ces prêts, par des achats suivis de reventes, par des entreprises commerciales de toute nature à des époques d'une antiquité presque invraisemblable.

Ces genres d'affaires sont de nature complexe et les contrats qui les concernent sont généralement des contrats bilatéraux. C'est là ce qui nous explique la différence de forme entre les contrats égyptiens et les contrats de la Haute-Asie. Dans ces derniers, celui qui s'oblige ne prend pas la parole comme étant seul en cause. On constate son obligation comme une convention bilatérale, et la forme bilatérale est celle de la masse des contrats, de la masse des actes écrits dans les royaumes de la Haute-Asie ; tandis que la forme unilatérale est la règle pour tous les actes, écrits ou non, dans le pays d'Égypte.

Les inscriptions du tombeau de Nimrod ne nous disent

1. Voir à ce sujet mon volume sur *La Propriété*.

pas si les traités conclus entre Sheshonk, général asiatique, et le corps sacerdotal égyptien d'Abydos, — traités où l'argent intervenait de la même façon qu'en Asie — avaient revêtu la forme égyptienne et s'étaient divisés en actes, en *chetem* unilatéraux, ou avaient revêtu la forme asiatique, franchement bilatérale. Peu importe, d'ailleurs, car ce ne serait là qu'un emprunt, très momentané, à un droit tout autre, sous l'influence d'un maître étranger qui s'imposait et allait gouverner bientôt avec le titre de roi d'Égypte.

Quand survint le code de Bocchoris — première base du droit égyptien de l'époque classique — l'influence des Asiatiques, — qui avaient dominé sous la dynastie des Sheshonkides et, plus encore, après l'invasion des Ninivites, sous Assuradon et sous son fils, Assurbanipal, — y modifiait bien sur certains points les vieilles traditions égyptiennes : mais ce n'était pas sur ce qui touchait la forme des obligations. Ainsi que nous le verrons dans la leçon prochaine, cette forme resta toujours depuis lors unilatérale : pour les obligations de cause religieuse, qui rentraient dans le droit sacré; comme pour celles de toute autre cause, qui n'étaient pas de droit civil.

Le droit civil se distingua de plus en plus du droit sacré en Égypte à partir du code de Bocchoris, — comme à Rome à partir de la loi des XII Tables, — et une fois constitué, ce droit laïcisé, le droit civil prit une prépondérance qui devait s'accroître jusqu'au moment où le droit sacré cessa d'être, où la religion de l'ancienne Égypte disparut, pour céder la place à une nouvelle religion, sous l'influence de laquelle devait se constituer un nouveau droit sacré.

TROISIÈME LEÇON

Messieurs,

Vous vous rappelez pourquoi nous avons réuni dans l'étude du droit égyptien aux obligations naturelles des obligations religieuses quasi naturelles et même d'autres qui pourraient paraître purement religieuses et sacrées. C'est que la religion égyptienne avait fait une si large place à la morale que les prescriptions naturelles de la conscience s'y trouvaient englobées.

Les obligations familiales qui résultent des liens du sang étaient en Égypte des devoirs non seulement envers les hommes, mais envers les dieux. Les dieux voulaient que l'enfant subvînt aux besoins de ses père et mère : pendant leur vie; et après leur mort. Délaisser le culte funéraire d'un ascendant, ne pas apporter les offrandes au jour voulu, pour les offices religieux de ce culte, aux yeux des pieux égyptiens c'eût paru non moins contraire à la loi de nature que de délaisser cet ascendant pendant sa vie et ne pas l'empêcher de mourir de faim. Les règles du droit n'avaient fait que suivre celles de la religion en tout cela; et elles n'étaient pas moins strictes pour les devoirs envers les défunts que pour les devoirs envers les vivants.

Du reste, les uns et les autres devaient également devenir la base, la cause juridique d'actes formels, actes le plus souvent verbaux avant le code de Bocchoris et depuis lors toujours écrits.

Dans ces actes, celui qui avait à remplir un devoir naturel ou quasi naturel s'obligeait à le faire de telle ou telle manière, à telle et telle date, dans telle et telle proportion. Il transformait ainsi en une obligation contractuelle, déterminée dans son étendue, pleinement civile — fortifiée même souvent par des clauses pénales, — ce qui autrement eût pu exiger une évaluation judiciaire.

A ce point de vue, pour lui le cas était le même qu'il s'agît d'un devoir envers un vivant ou d'un devoir envers un mort.

Mais relativement à un devoir envers un mort, bien entendu ce mort ne pouvait figurer comme partie dans un tel acte. Ce n'était pas à lui qu'on pouvait s'adresser en s'obligeant. Ce n'était pas lui qui pouvait exiger au jour dit les prestations promises, invoquer les clauses pénales, s'adresser aux juges au besoin. Pour tout ce qui se rattachait de près ou de loin à son culte, le mort était représenté, dès les époques les plus antiques, par celui qui était chargé de faire ses services funéraires. Ce principe est expressément rappelé du temps de la XIIᵉ dynastie par le prince de Siut Hapidjefa, à propos des fondations pieuses dont nous avons longuement parlé dans la séance précédente. « C'est au « prêtre de *Ka* d'un homme, dit-il, qu'il appartient de maintenir florissant ce qui est à lui, ses biens, ses offrandes. »

Par rapport à ceux qui n'avaient pas un prêtre spécial institué exclusivement pour leur culte, un prêtre de *Ka*, les choachytes jouaient un rôle tout à fait semblable. Il leur appartenait, comme au prêtre de *Ka*, de faire valoir les droits du défunt se rapportant aux offices religieux dont ils avaient été chargés. A cet effet, ils étaient investis d'une sorte de mandat légal : et c'est à eux que s'adressait celui qui voulait transformer en obligations définies par un acte exprès les obligations qui résultaient naturellement et religieusement de sa filiation.

Nous devons pourtant vous faire remarquer une différence importante entre les choachytes et les prêtres de *Ka*. Le caractère sacerdotal dominait pleinement chez ceux-ci

et tous les avantages qu'ils pouvaient retirer des fondations
faites en vue du culte funéraire n'étaient considérés que
comme de simples accessoires de ce caractère sacerdotal,
dont ils se trouvaient investis également en vue de ce culte.
Hapidjefa prend soin de dire, dans son inscription, qu'aucun partage ne pourra se faire entre les enfants du prêtre de
Ka relativement à ce qu'il lui donne. Un de ses enfants sera
choisi pour lui succéder dans son sacerdoce : et cet enfant
seul pourra jouir des revenus qu'on lui assure.

Les choachytes, au contraire, qui n'étaient pas assimilés
à de vrais prêtres proprement dits, qui étaient primitivement
des gardiens de catacombes et qui s'étaient trouvés investis
des offices relatifs aux morts, — comme les chantres de nos
cathédrales furent souvent investis des offices secondaires
attribués d'abord aux chanoines, — les choachytes virent
surtout une source de revenus dans ce qui assurait le culte
des morts. Un mort devenait, à leurs yeux, une sorte de vache
à lait. C'était une propriété comme une autre. Ils en tra-
fiquaient. Les enfants se la partageaient comme ils se partageaient un champ. Un de ces partages nous est parvenu
sous une double forme, en langue démotique et en langue
grecque, et on y trouve des désignations étonnantes au
premier coup-d'œil, telles que celles-ci : le quart de Mademoiselle une telle, le cinquième de Madame une telle, de
Monsieur un tel. Je dis Monsieur, Madame, Mademoiselle,
car ces expressions françaises sont peut-être les meilleurs
correspondants possibles pour les termes égyptiens *hir* et
hirt. A cette époque, les Grecs d'Égypte transcrivaient encore
simplement le terme *phir* quand il précédait le nom d'un
hesi, c'est-à-dire d'un favorisé de la fortune, d'un homme
riche, d'un bourgeois. Plus tard, ils voulurent le traduire
dans leur propre langue et ils se servirent des mots κυριος,
κυρια, qu'ils abrégèrent souvent en κυρος et κυρα. Ce sont ces
mots grecs qu'on retrouve en copte avec ce même sens sous
la domination musulmane.

En effectuant de tels partages, bien entendu on ne cou-
pait pas en quatre — ou en morceaux plus nombreux

encore — la momie de la *hirt* ou du *hir* en question. On déterminait simplement la part que chacun des co-partageants aurait à prendre sur les offrandes faites, chaque année, par la famille, soit en vertu d'actes formels, soit tout simplement en vertu de l'obligation naturelle qui résultait des liens du sang. Je viens de dire naturelle : je devrais dire plutôt quasi naturelle et religieuse, car l'abandon de la religion égyptienne devait entraîner l'abandon de ce devoir qui s'y rattachait. C'est ce que mettra bien en lumière un document dont nous aurons à vous parler dans cette leçon même.

Revenons-en, pour le moment, aux obligations naturelles proprement dites, à celles des enfants envers leurs père et mère vivants encore et à celle des père et mère envers leurs enfants.

L'obligation pour les enfants de nourrir leurs père et mère est consacrée même par notre droit comme obligation naturelle. L'emploi de ce qualificatif n'est donc point discutable ici. Voici comment, en l'an 36 du roi Philométor, un pauvre Égyptien, un saleur de morts, un taricheute, s'exprimait dans l'acte par lequel il déterminait avec sa mère la nature et la quotité de la pension alimentaire qu'il lui servirait :

« Le taricheute de la nécropole de Djème Amenhotep,
« fils d'Hor, dont la mère est Chaboura, dit à la femme
« Chaboura, fille de Psémont, dont la mère est Tsetamen :
« Il t'appartient d'exiger — je t'en ai donné le pouvoir —
« chaque année que l'eau du Nil remplît 18 coudées sur le
« nilomètre, que je te donne 10 grandes mesures de blé,
« leur moitié serait 5, 10 grandes mesures de blé en tout et
« le prix d'une mesure, une moitié, un quart, un 18ᵉ d'huile
« de *tekem* (ϰιϰι), plus le quart, dont la moitié serait le 8ᵉ,
« le quart en tout d'un double *ša* de sel par an, un *ša* tous
« les deux ans, quand l'eau, je le répète, remplit 18 coudées
« du nilomètre. L'année où l'eau ne remplit pas 18 coudées,
« pour que tu boives et que tu manges du pain, fais ton
« ménage avec moi et que je te donne une clef de la porte.

« Le droit de l'écrit ci-dessus est sur moi et sur mes enfants.
« La totalité des biens qui sont à moi et que je ferai être
« (que j'acquerrai) est en garantie de toute parole ci-dessus
« jusqu'à ce que j'agisse en conformité. Si je m'écarte pour
« ne pas agir selon toute parole ci-dessus, je donnerai un
« talent, ce qui fait 300 argenteus, un talent en tout (de
« cuivre) dont l'équivalence est de 24 pour $^2/_{10}$ (d'argent)
« pour les sacrifices du roi. Tu m'obligeras, de plus, à m'y
« conformer de force, sans délai, sans opposition. »

Vous le voyez, il s'agit ici d'une obligation alternative : si
l'année est bonne, si le Nil atteint dans son inondation un
niveau suffisant pour venir féconder les terres du taricheute,
celui-ci donnera à sa mère une quantité suffisante tant de
sel et d'huile que de blé pour qu'elle puisse se nourrir chez
elle, avec une abondance relative, dans son ménage ; si, au
contraire, l'année est mauvaise, elle viendra s'asseoir à la
table de son fils et ils se nourriront ensemble, dans la gêne ;
ils feront ménage en commun ; et chez son fils la mère sera
encore chez elle, ayant en mains la clef du logis. Pour
garantir cette obligation, le fils constitue une hypothèque sur
tous ses biens présents et à venir ; et à cette garantie il en
ajoute une autre, celle d'une clause pénale consentie au profit
d'une caisse royale et, par suite, donnant prétexte aux agents
du roi d'intervenir en cas de non exécution de quelqu'une
des clauses de cet acte.

C'est là un excellent exemple de la transformation possible
d'une obligation naturelle en obligation, non seulement de
droit civil ordinaire, mais même de droit royal privilégié.

Les obligations des parents envers leurs enfants ne
motivent pas des actes d'une forme semblable. Elles se
traduisent particulièrement par des abandons de biens, que
les parents font de leur vivant à leurs enfants.

Dans cette classe rentrent les dots constituées au moment
des mariages des filles. Ces constitutions de dot, — que déjà
sous Ramsès III le papyrus Erman nous avait indiquées, —
nous apparaissent encore fréquentes après le code de Bocchoris, dans la période la plus archaïque des contrats écrits. A

ce moment le régime habituel des mariages était le régime de la communauté entre époux. Chacun des conjoints devenait dans l'indivision propriétaire de ce qui constituait l'apport de l'autre et, pour donner une dot à leur fille, les parents de celle-ci n'avaient qu'à la donner à son mari. Les parents du mari pouvaient procéder de même ou se contenter d'attribuer une part dans leurs biens à leur fils. Dans les partages familiaux la femme figurait à côté du mari et elle était si bien investie de droits égaux sur tous ses biens que le divorce lui laissait sur ces biens sa part indivise.

Nous n'en finirions plus si nous voulions citer tous les actes datés du règne de Bocchoris, de Shabaka, de Tahraka, de Psammétique Ier, de Nechao, de Psammétique II, d'Apriès qui nous font voir des ménages égyptiens ainsi constitués par des biens apportés d'une part et de l'autre, mis en commun et appartenant en totalité, indivisement, tant à la femme qu'à son mari.

Quand Apriès eut été renversé par Amasis, celui-ci rêva, vous ne l'avez pas oublié sans doute, une nouvelle constitution de la famille qui bouleversait toutes les anciennes traditions. Cette constitution de la famille, nous l'étudierons en détail quand il s'agira du droit des personnes. Mais pour vous en faire une idée, il suffit de vous référer au code romain des XII Tables, qui en est une imitation assez parfaite. Comme à Rome, il y eut des mariages de diverses catégories : ceux qui assimilaient la femme à une servante du mari, en la lui mettant sous la main, *in manu;* ceux qui n'étaient que des unions libres, laissant à chacun sa liberté, dans la limite où il l'aurait eue s'il n'y avait pas eu mariage. La femme, il est vrai, venait habiter avec son mari qui la nourrissait, l'habillait, l'entretenait, l'ayant ainsi chez lui. Mais elle pouvait s'en aller quand elle le voulait. A Rome, la preuve en est dans cet article de la loi des XII Tables qui lui permettait d'échapper ainsi, en découchant trois nuits de suite, à cette usucapion romaine, à cette prise par l'usage qui lui était applicable, comme à tout autre bien du domaine romain. Pour les mariages égyptiens de ce genre, la preuve est directe, car les contrats qui les constatent prévoient d'ordinaire la séparation.

En Égypte, la toute-puissance du chef de famille sur ses fils, sur ceux et celles qu'il avait sous la main, soit à titre d'épouses servantes, soit à titre de serviteurs engagés, de naissance libre, dura peu après Amasis.

Mais quand, sous les dernières dynasties nationales, on arrêta définitivement la loi du pays, le mariage par union libre était devenu tellement habituel qu'on s'attacha philosophiquement à en dégager les principes, si je puis m'exprimer ainsi.

A la suite des lois d'Amasis, — sous le règne de Darius, par exemple, — on avait si peu distingué, au point de vue des droits réciproques, entre les deux sexes, que si, dans certaines unions, le mari faisait un don nuptial et assurait certains avantages à sa femme, — qui ne lui donnait rien, — dans d'autres, au contraire, c'était la femme seule qui faisait un don nuptial et qui, pour l'avenir, assurait sur ce qu'elle possédait certains avantages à son époux.

Cette assimilation complète parut choquante aux jurisconsultes égyptiens, qui voyaient dans l'enfant le but, la raison d'être du mariage par union libre.

L'enfant qui se forme, la grossesse, l'enfant qui naît, l'accouchement, l'enfant qui pousse, l'allaitement rendent naturellement la femme moins capable de gagner sa vie. Il arrive même des moments où le mari seul peut travailler : et cela par la conséquence naturelle, prévue de son union même.

L'incapacité de travail de la femme peut se prolonger, — indéfiniment dans certains cas — quand ses accouchements et ses grossesses auront eu des suites fâcheuses. Il ne faut pas que tout cela devienne matière à discussion. Il faut que le mari soit obligé, dans tous les cas, à nourrir sa femme. Tel est le principe égyptien en droit classique ; et ce principe finit par entrer si bien dans les mœurs, finit par être regardé si bien comme la consécration d'une loi de nature, qu'on l'appliqua même dans des cas où aucun mariage proprement dit n'était survenu, quand une jeune fille était séduite et devenait mère. C'est ainsi qu'encore à une époque relativement tardive, le bon saint Macaire, accusé faussement d'une séduction, s'était vu forcé de nourrir la mère et l'enfant. Il faut dire, du reste, qu'avec le système des unions libres on négligeait souvent de rédiger aucun acte et de faire aucune cérémonie au commencement de cette union, — que l'on constatait après coup, dans l'intérêt surtout des enfants.

A côté de l'obligation quasi-naturelle de nourrir l'épouse, obligation légale plutôt que religieuse, on en imposait alors une autre au mari, celle de s'associer, dans la maîtrise de tous ses biens présents et à venir, le fils aîné qu'il pouvait avoir avec la femme qu'il épousait. Ce n'était là, d'ailleurs, qu'une forme nouvelle de l'obligation naturelle des parents envers leurs enfants. Le fils aîné, ainsi investi d'une propriété indivise, l'était au profit de ses frères et sœurs aussi bien qu'au sien. Cela lui donnait, au nom de tous, le droit d'attaquer dans l'avenir des aliénations faites par le père en fraude de ses enfants et en dehors d'eux. D'ailleurs, la coutume pour les parents de céder, de leur vivant, leurs biens à leurs enfants pour les établir, était encore générale à Thèbes sous les Ptolémées ; et quand, à Memphis, ils gardaient encore la jouissance, ils avaient déjà le plus souvent abandonné la propriété.

Je ne parle que pour mémoire des devoirs incombant au fils aîné κυριος, devoirs qui rentrent également dans la classe des obligations naturelles ou du moins quasi-naturelles qui peuvent résulter des liens du sang.

Le droit français ne reconnaît pas d'obligation dite naturelle dans la ligne collatérale : entre les frères. Mais, dans le droit italien, il en est autrement, — bien que ce droit ait eu pour base notre code civil — et les frères, comme les ascendants, peuvent exiger des pensions alimentaires.

Vous voyez que même aujourd'hui on est encore loin d'être d'accord sur l'étendue à attribuer aux obligations naturelles, aux devoirs résultant de la loi de nature.

Nous avons vu que la morale de la religion égyptienne avait compris dans ses devoirs jusqu'à la plus large charité.

Je vous ai dit déjà qu'on pouvait rapprocher des obligations quasi naturelles certaines obligations religieuses qui cependant rentrent plus nettement dans le droit sacré.

En leur qualité d'obligations de droit sacré, elles pouvaient comporter certaines conditions, certaines garanties qui sont étrangères au droit civil proprement dit. Vous vous rappelez qu'à Rome même, en accordant la saisie personnelle, la *pignoris capio,* sans convention spéciale et sans jugement, à l'occasion d'une créance de certaine nature contractée pour un repas sacré, la loi des XII Tables s'inspirait ainsi du droit religieux. Il est vrai que, plus tard, et par imitation, on accordait aussi la *pignoris capio* pour une dette causée par l'achat d'un cheval de guerre, pour sa nourriture et pour la solde; mais c'était alors du droit militaire, non du droit civil proprement dit. L'acte égyptien daté du règne d'Artaxercès dont j'ai déjà parlé dans la leçon précédente, acte relatif à un prêt ayant pour cause un sacrifice funéraire, présente des clauses aussi exceptionnelles que le fut à Rome, du temps de la loi des XII Tables, la *pignoris capio* donnée pour une créance motivée par un repas funèbre.

Et d'abord il est remarquable de voir dans cet acte, — rentrant dans le droit sacré, — celui qui s'oblige le faire non seulement par rapport à celui qui reçoit cette obligation et à qui il s'adresse en portant la parole, mais par rapport à un tiers absent. Rien de pareil ne se rencontre en droit civil proprement dit; car le droit civil égyptien ne reconnaît pas le mandat, la procuration, la représentation d'une personne par une autre, — en dehors des mandats légaux résultant des liens de famille — et il exige que chacun agisse vraiment *in re sua,* pour une chose la concernant, — n'admettant pas qu'un acte puisse créer des droits pour un tiers n'y figurant pas à titre de partie.

Ici, au contraire, dans un acte basé sur une cause religieuse, on stipule au profit d'un tiers, — comme Hapidjefa stipulait au profit d'un tiers, son prêtre de *Ka,* dans les actes, ayant pour objet son culte funéraire, qu'il concluait avec le corps sacerdotal.

C'est qu'en effet il s'agit encore du culte funéraire, et ce tiers au profit duquel on stipule est un choachyte chargé de ce culte.

Vous voyez que la représentation est réciproque en droit sacré entre ceux qui accomplissent les services religieux et ceux pour qui sont faits ces services.

Les choachytes n'étaient pas chargés, comme les prêtres de *Ka*, des services exclusifs d'un seul individu. Par rapport à eux la famille entière, dans ses membres défunts, vivants, nés ou à naître, constituait une même unité ; et pour tout ce qui touchait au culte funéraire, cette famille pouvait les représenter, comme ils pouvaient représenter cette famille. C'est là ce qui permet de bien comprendre l'acte en question.

« An 35, 2ᵉ mois de la saison de ša (paophi), du roi « Artaxercès. L'administrateur du domaine de Taki, Téos, « fils de Reri, dont la mère est Tahonésé, dit au prêtre « d'Horus et d'Amon Neshor, fils de Petihor :

« C'est moi qui livrerai à Téos, fils de Nesamenhotep, ton « choachyte, ta vache grande et noire de labour que tu t'es « engagé à donner à Téos, ton choachyte, pour un sacrifice, « afin de l'immoler au lieu d'immolation au terme de « l'an 35, 20ᵉ jour du 3ᵉ mois de ša (athyr). Si je ne livre « pas à Téos, fils de Nesamenhotep, ton choachyte, ta vache « pour l'immoler au lieu d'immolation au terme de l'an 35, « 20ᵉ jour du 3ᵉ mois de ša, je lui donnerai un bœuf de « labour de la même espèce au terme de l'an 35, 20ᵉ jour du « 3ᵉ mois de ša. Si je ne lui donne pas un animal de la même « sorte au terme de l'an 35, 20ᵉ jour du 3ᵉ mois de ša, je « lui donnerai en argent 5 katis fondus du temple de Ptah, « ce qui équivaut à 4 katis, $^2/_3$ $^1/_6$ $^1/_{10}$ $^1/_{30}$ $^1/_{60}$ $^1/_{60}$, 5 katis « fondus du temple de Ptah en tout, au terme de l'an 35, « 30ᵉ jour du 3ᵉ mois de ša (c'est-à-dire dix jours plus tard). « Si je ne lui donne pas l'argent des 5 katis fondus du « temple de Ptah au terme de l'an 35, au 30ᵉ jour du 3ᵉ mois « de *ša*, ils produiront intérêt au taux d'un 10ᵉ par argen-

« teus pour les 5 katis, par mois quelconque, depuis le sus-
« dit an 35, 4ᵉ mois de ša. Si je n'établis pas (si je ne verse
« pas) cela comme intérêt en mois quelconque d'année
« quelconque à venir, les intérêts produiront intérêt jusqu'à
« ce qu'ils aient atteint le total de la dette. Que je lui donne
« ces katis et les fruits produits. Si je ne donne pas à lui
« ces katis et leurs intérêts à son temps de plaisir, tous mes
« biens présents et à venir seront pour la garantie qu'il
« voudra : tous biens, maisons, champs, esclaves mâles et
« femelles, bœufs, ânes, argent, airain, étoffes quelconques,
« chose quelconque m'appartenant : qu'il prenne cela pour
« lui relativement à ces choses jusqu'à ce qu'il ait reçu
« complètement l'argent ci-dessus et ses fruits. Je ne puis
« dire : « j'ai donné bœuf, argent, intérêt pour cela ». Mon
« écrit est en sa main pour qu'il exige de moi l'argent ci-
« dessus et les intérêts produits. Il est sur moi et sur mes
« enfants. »

Dans cet acte, le taux énorme de l'intérêt — 120 pour 100
par an, c'est-à-dire le quadruple de l'intérêt ordinaire fixé
par le droit civil égyptien — a encore pour explication la
cause religieuse de la dette. Il en était ainsi du reste dans
les républiques de la Grèce. A Athènes, par exemple, une
dette envers les dieux se trouvait décuplée par le fait que le
paiement n'avait pas eu lieu au jour fixé. Si la déesse éponyme d'Athènes, Minerve *Athénè*, était en jeu, le grossissement de la dette ne s'arrêtait pas au décuple, mais au quadruple du décuple. On se trouvait ainsi débiteur, par suite
d'un retard d'un seul jour, d'une somme quarante fois plus
forte que n'était la somme primitive.

Pour les dettes de droit civil, nous n'avons non plus
jamais rencontré en Égypte l'*anatocisme*, c'est-à-dire la
production d'intérêts par les intérêts. Diodore nous dit formellement, du reste, que par les lois de Bocchoris l'anatocisme était interdit. Mais les obligations pour une cause religieuse échappaient aux lois de Bocchoris comme rentrant
dans le droit sacré.

La clause relative à la garantie hypothécaire offre également dans cet acte quelque chose de particulier. En droit civil, celui qui s'oblige a bien l'habitude de donner comme garantie à son créancier un droit d'hypothèque pour tous ses biens. Mais il ne lui concède pas le droit de procéder lui-même à la saisie, de choisir ce qui lui convient, de s'en emparer en personne et d'en disposer comme d'un bien propre pour se payer ainsi en nature, sans intervention d'aucun magistrat, d'aucun personnage officiel. Le droit athénien accordait ce genre de saisie à celui qui avait obtenu un jugement condamnant son adversaire à lui payer une somme déterminée à un jour fixé. Il l'accordait aussi pour certaines dettes envers l'État et pour certaines dettes sacrées. En droit romain de la loi des XII Tables, c'était ce qu'on nommait la *pignoris capio* et nous avons rappelé plus haut que cette *pignoris capio* avait d'abord été réservée dans le code des décemvirs à une classe de créances de cause religieuse, tout à fait analogue à celle des créances des choachytes pour les services funèbres.

Sous Artaxercès le rôle du choachyte chargé de sacrifier un bœuf pour accomplir le culte familial au nom d'un prêtre d'Horus et d'Amon, ressemble encore singulièrement au rôle du prêtre de Ka qui tenait la place des enfants dans les sacrifices familiaux du temps de la XIIe dynastie.

Peut-être était-ce un choachyte, tout simplement, qui devait immoler chaque année le bœuf dont il est longuement question dans l'inscription de l'adon de Wawa dont je vous ai parlé dans la leçon précédente.

Du temps des enfants d'Épiphane, la famille de choachytes dont nous avons les nombreux papiers, qui se partageaient et se repartageaient si cavalièrement les personnes qui avaient été confiées à leurs soins religieux, avait-elle encore à procéder à de tels sacrifices solennels, pour les riches bourgeois ou les hommes du commun, les « hommes d'Égypte » qui constituaient sa clientèle ? Rien ne nous le laisse supposer. Il est probable qu'à cette époque on n'immolait plus de bœufs pour les morts, du moins à Thèbes ; car autrement, — si les choachytes eussent rempli publiquement l'office de sacrificateurs —, on ne comprendrait guère comment on pouvait les assimiler avec de simples tari-cheutes, saleurs de cadavres.

Quoi qu'il en soit, il vint une époque où les choachytes songèrent à s'élever en dignité.

Sous les fils d'Épiphane, du temps d'Évergète II, quelques-uns d'entre eux avaient bien formé des associations toutes commerciales, des espèces de syndicats. C'est ainsi qu'un papyrus grec nous montre Osoroer, le fils aîné d'Horus, adressant, en son propre nom et au nom de ses associés, aux magistrats de Thèbes, une plainte en violation de sépulture contre des voleurs qui avaient pénétré dans une catacombe. C'est ainsi qu'un autre papyrus grec nous montre le même Osoroer représentant, cette fois encore, tout un syndicat, et protestant, au nom de ses collègues comme au sien, contre une augmentation de taxe pour la profession des choachytes. Une autre pièce, également grecque, met en présence deux syndicats de ce genre, qui, — s'étant partagé certains quar-tiers de la ville, comme les taricheutes le faisaient, — plai-dent relativement aux limites de leur quasi-juridiction.

Dans tous ces cas, celui qui joue le rôle de président ne prend pas pour autant un titre autre que le titre de choa-chyte. Tout appauvri et affaibli qu'il fût à la suite des guerres civiles qui s'étaient succédées dans la région de Thèbes, sous le père d'Épiphane, sous Épiphane lui-même et sous ses fils, le corps sacerdotal du dieu roi des dieux, du grand Amon de Thèbes, était encore trop considérable, comme richesse et comme influence pour permettre aucun empiète-ment de la part de ses pastophores.

Mais une nouvelle guerre civile devait bientôt ruiner entièrement le temple d'Amon, ce temple dépeint par Pausanias comme plus riche encore que celui de Delphes, celui d'Orchomène, tous les temples grecs dans les trésors desquels s'étaient accumulées des richesses sans nombre. Le pillage et la destruction furent si complets, quand, après un long siège, Soter II s'empara de Thèbes, — qui s'était déclarée pour son frère Alexandre, — que les choachytes se trouvèrent puissants et riches en comparaison. Ils habitaient de l'autre côté du fleuve, près de Ramesseum, dans le bourg de Djème, dont bien des maisons subsistaient encore il y a dix ans. Leur revenu sacré n'était pas de ceux que pouvaient piller les soldats. C'étaient des redevances que les particuliers leur apportaient en vue du culte familial. Tant que subsistaient les familles qui leur versaient ces redevances, ils ne se trouvaient point appauvris. L'ambition germa dans leurs têtes et ils rêvèrent de singer le sacerdoce proprement dit.

Ils commencèrent pour cela par transformer leurs associations commerciales en sociétés religieuses, dont les directeurs prirent le titre de pères divins. Trois de ces sociétés se fondirent en une seule, et nous possédons la première règle, le premier règlement, que les trois pères divins directeurs de ces sociétés rédigèrent à cette occasion.

Plus tard, l'ambition avait grandi : et, dans les règles qui se succédèrent, on finit par voir figurer un titre superbe au possible : celui de grand prêtre d'*Amon Api*.

Le grand prêtre d'Amon de Thèbes avait été premier prophète du dieu. A ses côtés, il avait eu pour l'assister un second et un troisième prophètes. Le grand prêtre d'Amon Api eut à ses côtés un second et un troisième qui l'assistaient. Le titre de père divin ne pouvait plus suffire à ces dignitaires des choachytes, puisqu'il s'était seulement appliqué, dans la vraie hiérarchie sacrée, à ceux des membres des conciles qui venaient après les prophètes.

Les choachytes eurent des assemblées, comme les vrais prêtres en avaient jadis. Les offices devinrent solennels et collectifs. Il y eut des chantres pour en rehausser encore l'éclat. Les catacombes tinrent lieu de temples; et ce fut dans ces catacombes qu'on dut boire en commun le vin des libations sans en rien emporter chez soi. La règle est des plus explicites sur ce point, comme sur bien d'autres que nous ne pouvons toucher aujourd'hui.

Cette réforme des choachytes, se fit-elle sentir dans leurs rapports avec leurs clients, avec les familles confiées à leurs soins religieux ? J'aurais grande tendance à le croire et à expliquer de la sorte le ton hautain d'une lettre adressée par le fils d'un de ces choachytes à un homme qui lui avait confié des statues divines et diverses choses relatives au culte funéraire, et qui s'était avisé de lui en demander compte.

« La déesse Isis, Horus et le dieu grand destinés au
« *kesau* (c'est-à-dire à la sépulture), tu les avais donnés
« tous antérieurement pour le *kesau*. Tu as réclamé ton bien,
« tes statues, à Hor mon père. Je ferai le *kesau*. Je te pren-
« drai pour les maisons de repos dans lesquelles est ton père
« ainsi que ta mère. Je te montrerai les lieux dans lesquels
« tu seras, avant que je ne te prenne à l'intérieur, vers ton
« père, ta mère, bon gré mal gré. Étoffes d'une espèce,
« étoffes d'une autre, huile, parfums, on t'apportera tous les
« comptes en une fois.

« A écrit Tahetarosor, fils d'Hor, pour celui-ci, une fois
« pour toutes. »

Dans cette singulière missive, l'idée dominante c'est que chacun appartient de droit à la catacombe familiale où il a sa place marquée près de son père et de sa mère et où l'attend son choachyte. Qu'il le veuille ou non, ce choachyte s'emparera de lui après son décès. Il aura beau faire. S'il voyage et s'il meurt au loin, ses proches auront le devoir de faire ramener sa momie au lieu où elle doit reposer. C'est un de ces devoirs envers les morts que la religion égyptienne fait assimiler avec les devoirs, les obligations naturelles, envers les vivants.

Disons, d'ailleurs, qu'un voyage sur le Nil était pour la momie chose toujours prévue, car dans la plupart des villes égyptiennes le quartier funéraire se trouvait, comme à Thèbes, séparé par le fleuve de la ville des vivants. Le voyage en barque de la momie est un des sujets principaux d'illustration pour les tombeaux et les rituels de funérailles. Peu importait que ce voyage fut plus ou moins long. Le Nil était sillonné de barques qui se chargeaient des transports funèbres ; et ces transports étaient si nombreux, que, pour éviter les confusions, on attachait au cou des momies des plaquettes de bois indiquant les noms personnels et patronymiques qui servaient d'étiquettes à ce genre de colis. Une quantité assez considérable de ces planchettes, de ces *tablai*, soit de l'époque ptolémaïque, soit même de l'époque romaine jusqu'à une date assez tardive, figure dans nos collections du Musée du Louvre. On les a retrouvées au cou des momies expédiées ainsi.

Voici une lettre de voiture, écrite en grec, qui accompagnait une de ces momies :

« Sérapamont à Pamontu, son frère, salut :

« Je t'expédie le corps de Sénuris, ma mère, ayant une « tabla au cou, par l'intermédiaire de Talès, dont le père « est Hierax, dans une embarcation propre à cet envoi, le « port étant complètement payé par moi. Voici le signale- « ment de l'ensevelissement. Il y a à l'extérieur un linceul « de couleur rose ; et son nom (de Senuris) est écrit sur le « ventre. Que tu aies toujours été bien portant, mon frère, « je le souhaite. An 39ᵉ, jour de Thot. »

Dans ce cas, le destinataire, de même que l'expéditeur, était un des fils de la défunte. Resté dans le nome originaire, il l'attendait pour la remettre entre les mains du choachyte.

C'est directement à des choachytes qu'est adressée une autre de ces lettres de voiture.

« An 42, epiphi, Appartenance de la tombe (la catacombe) « de Sénéponyx. Ma fille Tamouth, fille de Papsénis, et sa « propre fille sont ici dedans, enfermées. J'ai payé complè- « tement le prix de transport et tous les autres frais. Vous « donc, placez-là dans les tombeaux Memnonia. »

La date de ce dernier document ne peut se rapporter qu'au règne d'Évergète II, moment où, comme nous l'avons vu, les choachytes étaient encore loin de s'attribuer les titres importants qu'il prirent plus tard. On les traitait comme des gardiens de catacombes, chargés d'un service funéraire, et rien de plus. Mais leur importance s'accrut fort quand ils eurent affublé leur chef du titre de grand-prêtre ; et ils en vinrent à présider à l'embaumement, au taricheutage, qui ne les regardait nullement du temps d'Évergète II.

C'est ce que nous montre un acte démotique, bien certainement de date tardive ; car il porte la souscription de celui qui s'oblige ; or, jamais on ne trouve, à Thèbes, de souscription de ce genre dans les actes datés des enfants d'Épiphane ou de leurs prédécesseurs.

Il faut remarquer, en outre, qu'à la très basse époque qui précéda la conquête romaine les protocoles des actes égyptiens se sont toujours simplifiés comme ils le sont ici.

« An 16, Athyr, du roi Ptolémée, fils de Ptolémée.

« Paoun, fils de Panofre, est celui qui dit à Thot, fils de « Pahar :

« A toi la quantité de nitre d'étoffes, d'onguents et de « toute autre chose qui est nécessaire pour les funérailles de « Pa..péchytes ton fils. Que je lui fabrique des pains d'of- « frande. Que je remette cela en la main de ton choachyte, « sans fraude, pour son taricheute, en trente-deux jours, « sans que je fasse arriver aucun retard au monde. Si je « m'écarte de ce marché pour ne point agir selon toutes les « paroles ci-dessus, je te donnerai deux argenteus, ce qui « fait 10 sekels, deux argenteus, sans délai, sans aucune « opposition.

« Et écrit Amenothès, fils de Pétémin, pour Paoun, fils « de Panofré ci-dessus nommé, en l'an 16, le 2 d'Athyr. « A souscrit Paoun, fils de Panofré. »

Vous voyez ici reparaître, très près de la fin de la période ptolémaïque, une obligation de cause religieuse qui n'est pas sans analogie avec celle du règne d'Artaxercès.

Dans l'une comme dans l'autre, il s'agit de livraison à faire pour le culte funéraire entre les mains de celui qui se trouvait chargé des cérémonies de ce culte. Mais l'influence du droit civil se fait sentir dans l'acte récent. Le choachyte s'y trouve désigné comme tierce personne et ce n'est pas lui qui fera valoir la clause pénale dans les cas de non livraison des fournitures qu'on s'engage à lui faire. Le père du défunt agit donc en son propre nom, et non simplement comme représentant du choachyte de son fils. Le choachyte le représente par rapport à son taricheute, mais non par rapport au fournisseur auquel on s'adresse pour les substances nécessaires pour ce taricheute, ainsi que pour les pains d'offrande que le choachyte fera figurer dans les services religieux.

En ce qui touche son importance, le choachyte paraît avoir gagné, dans les derniers temps, plus encore qu'il n'avait pu perdre entre le règne d'Artaxercès et le règne d'Évergète II. Il a maintenant, à Thèbes même, sous ses ordres, le taricheute : et c'est lui qui règle les frais d'embaumement, comme les frais des services religieux célébrés en l'honneur du mort. C'est un directeur des pompes funèbres, comme l'était déjà à Memphis, du temps des enfants d'Épiphane, les archentaphiastes ou *ministres divins*, qui donnaient à leurs filles des dots si considérables et possédaient de si vastes biens. Par les règlements d'une corporation devenue société religieuse, ils ont supprimé la concurrence qui pouvait permettre de choisir entre eux. Nul ne reste en dehors des partages qu'ils ont faits, des dispositions qu'ils ont prises en commun. Tout Égyptien vivant sent là peser sur lui — comme l'ανάγκη, la nécessité — son choachyte qui le guette. Il est, d'ailleurs, son tributaire pour les services familiaux. Il lui est attaché par la religion même et il ne peut s'en libérer qu'en abandonnant cette religion. Et encore faut-il qu'il adopte une religion qui lui soit contraire, car les Ptolémées avaient eu soin, par d'habiles assimilations, de faire entrer le paganisme grec en concordance avec la religion égyptienne. Les Grecs d'Égypte avaient pris ainsi un ton dévot que n'avaient pas les Grecs de Grèce. Ils croyaient, comme les Égyptiens, à la Providence, à la punition des méchants, à la récompense des bons, à une vie future. Ils avaient joint au culte grec celui d'Osiris, l'être bon et des autres divinités de son plérome. Ils se faisaient momifier comme les Égyptiens et ils avaient leurs choachytes. C'était devenu la norme, la mode générale : et les esprits forts, parmi les Grecs d'Égypte comme parmi les Égyptiens hellénisants, suivaient en cela les pratiques des vrais croyants, d'autant mieux que dans leur nombre on comptait des grands-prêtres.

Quand apparut la religion chrétienne, les Égyptiens de Thébaïde s'y précipitèrent pour ainsi dire, surtout dans la classe des pauvres gens que ne retenait pas le respect humain et qui avaient peu de vénération pour ces grands-prêtres libres penseurs. Cette désertion du vieux culte était la ruine des choachytes. Mais aux yeux de ceux qui gardaient intacte la foi antique dans leur cœur, quelle épouvantable apostasie ! C'était un crime envers les ancêtres, autant qu'un crime envers les dieux. C'était trahir les siens, leur enlever l'assistance sur laquelle ils comptaient, les abandonner à jamais. La désertion de la famille paraissait d'autant plus frappante qu'un changement de nom en devenait souvent la marque extérieure. Les noms égyptiens étaient habituellement théophores, c'est-à-dire portaient en eux le nom d'une divinité à laquelle les parents rattachaient leur enfant, en le mettant sous son patronage. Ils étaient, d'ailleurs, d'ordinaire, significatifs par eux-mêmes comme ceux-ci : le don d'Amon, *Petuamen,* le don d'Osiris, *Petuosor,* le don d'Horus, *Petuhor,* ou le rattaché à Amon, *Nes-amen,* le rattaché à Horus, *Neshor,* etc., ou encore celui d'Osiris, *Paosor,* ou celui d'Isis, *Paèsé,* etc., etc.

Dans les commencements du christianisme, les néophytes pouvaient se faire scrupule de conserver des appellations les mettant sous le patronage des dieux d'un culte qui comptait encore des partisans chauds et convaincus. En qualité de chrétiens, ils préféraient choisir des patrons tout autres, par exemple l'un des apôtres de Jésus.

C'est là ce qu'avait fait un converti dont il est longuement question dans un papyrus démotique de l'époque romaine. Le nom qu'il avait reçu de sa famille, nom probablement traditionnel dans cette famille et porté avant lui par plusieurs de ses ascendants, signifiait « le don d'Osiris ».

Une fois chrétien — et ajoutons-le, occupant sans doute un certain rang dans la hiérarchie sacerdotale — il prit le nom de l'apôtre Pierre, sous les deux formes *Petros* et *Petra.*

Sa mère l'accuse de l'avoir chassée loin de son nome. Elle l'accuse aussi de faire bâtir des maisons, de pousser à détruire les temples, en jouant le rôle d'un chef, de conduire dans son nome la guerre contre les dieux. Peut-être donc était-ce — sinon un évêque, puisqu'il avait femme et puisque l'interdiction d'avoir femme pour les évêques paraît remonter très haut en Égypte — du moins un prêtre bras droit d'un évêque ; car actuellement encore, les prêtres se marient dans toutes les églises orientales. On comprendrait alors d'autant mieux le départ de sa mère, farouche fanatique du paganisme, qui ne pouvait pas profiter de l'aisance due à son sacerdoce et qui lui donnait à choisir entre elle et les dieux d'une part, son sacerdoce et sa foi de l'autre. Elle partit en le maudissant et elle ne s'en tint pas là. Avec l'aide d'un prophète de la vieille religion, elle fit intervenir les dieux. Elle fit parler son mari défunt qui, de sa tombe, s'unissait à elle pour maudire l'impie dans un anathème solennel, signifié par écrit. Voici ce document, qui ne manque pas d'éloquence :

« Le 21 choiak.

« Naichrat dit :

« J'ai enfanté *Tu*, fils de Nespmeté, fils de Petuariésé, « fils de Psépanofré. Je suis à la porte d'Isis Hathor. Je me « tiens debout près de celle qu'on aime, près de celui qu'on « reconnaît.

« L'impur ! ils me donnent en main cela : à savoir de « le maudire. »

Cette entrée en matière est vraiment remarquable. Le prophète, véritable auteur de la pièce, sait garder les nuances qui conviennent pour une mère. Elle s'est réfugiée auprès des dieux, et ce sont les dieux qui la forcent à maudire cet impur, son fils.

Du reste, ce ne sera plus elle qui parlera pour motiver et proférer les anathèmes, ce sera son mari défunt, le père du coupable, mort sans doute postérieurement à son apostasie, ayant souffert et souffrant encore de son abandon et à qui les dieux ont donné de se faire entendre comme ils se font entendre eux-mêmes, quand ils le veulent, par la voix de leurs prophètes. Ce père n'est-il pas, d'ailleurs, devenu lui-même un autre Osiris? lui qui, par sa naissance dans un lieu consacré à la déesse Isis Hathor, — patronne du nome de Coptos, de l'île de Philée et de bien d'autres points de l'Égypte — était un protégé, un fils de cette déesse, la divine épouse de l'Être bon, Osiris *Ounfré.* (Cette expression fils n'a rien d'étonnant. Ne dit-on pas de nos jours « les enfants de Marie »?) Le défunt se trouvait dépouillé de ses offrandes funéraires. Il avait donc droit de se plaindre du tort qu'on lui faisait à lui-même. Mais ce n'est pas par là qu'il commence. Le premier grief qu'il invoque, c'est le changement de nom du converti, — changement de nom qui portait peut-être même sur le nom patronymique, car il l'appelle Petra, fils de Psepaoer, au lieu de l'appeler Petosor, fils de Nespmèté — et dans le commencement de généalogie qu'il donne plus loin, il se supprime lui-même, comme reniant son fils et ne voulant plus avoir aucun lien avec lui :

« Moi, Osiris Nespmèté, enfant d'Isis, j'ai dit ceci à Pétros « fils de Poer (Psépoer).

« Je ne ferai pas appellation de ton nom, du nom que t'a « donné ta mère. Ils disent ton nom *Petra,* fils de Petuariésé, « fils de Psépanofré. C'est là ton nom... qui me fait connaître « ton cœur.

« Je t'avais donné la nourriture : et tu as dépouillé ta mère « au désespoir. Le dieu que tu t'es fabriqué tue. Va mourir « loin du dromos d'Isis, car je ne reconnais pas mon œuvre. « Tu t'es fait connaître : tu as bu le vin de la demeure de la « nécropole, de la catacombe où l'on prie le roi Osiris, être « bon *(un nôfré).* Tu as fait outrage à Isis. Tu as bu le vin des « periples des dieux et des déesses. Par impiété ta femme « appelle la déesse Hathor la..... » (Ici, une lacune ne nous permet pas d'apprécier l'injure, qui devait être atroce.) « Et toi tu as dit ceci, (Petra) : « Hathor a fini sa domination « sur le pays, frappez-la sur le ventre et sur les mamelles. » « Tu as chanté : les gens chantent. Mais tu verras! Il passe, « l'homme, et il se réveille, avec Osiris, de son sommeil, à « l'état d'âme. Tu as chassé les mânes dehors en ce qui

« concerne l'offrande du commencement de l'année : et tu
« as bu avec les impurs.

« J'ai dit : le soir est venu pour moi. Je suis poussé vers
« le passage. Le moment de la supplication est pour moi,
« c'est-à-dire la mort. On me réunira à ma mère.

« Il est aussi pour toi, le dieu Osiris! Tu passeras, à l'heure
« du départ, en ses demeures funéraires, entre les mains
« des chasseurs d'âmes. Tu es ivre. Ils te réveilleront. Leurs
« agents entraînent l'homme au feu.

« Moi, je pénètre auprès d'eux en disant : « Venez. Amenez
« moi à la purification. Ouvrez-moi les portes pour que nous
« fassions supplication pour lui. » Je prie devant vous.

« Tu as ordonné de ne point faire les offrandes funéraires,
« misérable! auprès du roi de la nécropole. Qu'on te le
« rende !

« Il a tout fait pour que les chefs de la nécropole
« reçoivent mal leurs vivres etc. Sa mère, il l'a chassée en
« dehors du nome. Qu'on le fasse savoir! ».

D'après ce qui précède, il paraît que la mort de Nespmèté
devait être encore très récente. Le chrétien n'avait pas voulu
contribuer aux dépenses des services religieux que les
payens faisaient pour son père. Le vin, qui, d'après le
règlement des choachytes, jouait un si grand rôle dans les
services funéraires, il avait refusé de le fournir. Il avait bu
ce vin dans les cérémonies d'un culte impie et les chefs de
la nécropole s'étaient trouvés réduits à une portion congrue
en ce qui touchait ces funérailles. Le défunt reprend la
parole en s'adressant directement à son fils et le désigne
cette fois sous son nom primitif, sous son vrai nom, mais
en supprimant de ce nom d'un impie, théophore, le nom
d'un dieu qui avait été son patron.

« J'ai dit ceci :

« Petu, fils de Nespmèté! Je t'enlève le nom que t'a donné
« ta mère. Je ne ferai point prononcer ton nom Petuosor,
« fils de Nespmèté, toi m'ayant fait connaître ton cœur. Je
« t'avais donné des aliments et tu as dépouillé ta mère.
« Ruine-moi, toi qui t'es bâti tes maisons! — Ils ont abon-

« dance en leurs maisons, où tu manifestes ton impureté. —
« Tu es résolu de faire démolir les fondations des temples
« et les statues divines. Avant qu'ils le fassent, je ferai aller
« vers toi. J'irai moi-même. Je ferai pour toi, à la porte,
« je ferai ouvrir leurs yeux sur ces choses. Avant qu'ils le
« fassent, tu mourras, le plus mauvais des pires! Je l'ai
« demandé par parole; et le prophète m'a fait réponse
« pour cela sur toi. Avant qu'ils le fassent, tu..............
« .... » (Ici une lacune.)

Est-ce encore le père qui continue ou est-ce la mère qui
reprend :

« J'ai dit ces adjurations à Horsiesi à savoir.

« Écris ces choses pour Isis, qu'elle leur donne accom-
« plissement. Reconnais ta fin. Si tu ne les invoque pas, les
« dieux, ils te connaissent bien, impur! »

QUATRIÈME LEÇON

Messieurs,

Chaque fois que, dans la série de mes cours de droit égyptien, j'en suis venu aux obligations, j'ai dû insister sur ce point : que l'idée du devoir occupait dans ce droit une place prépondérante. C'est là sa caractéristique, — qui le différencie d'une façon si frappante du vieux droit romain, du droit quiritaire, où domine au contraire l'idée de force.

Le devoir, — quand on le considère philosophiquement d'une manière abstraite, — n'exige pas de réciprocité. Il est par lui-même unilatéral. C'est ainsi qu'il est présenté dans la morale religieuse égyptienne, que certains chapitres du livre des morts ont esquissée d'une si admirable façon. Jamais la question de réciprocité ne s'y trouve soulevée en rien : et il me semble, par exemple, bien difficile d'imaginer quel genre de réciprocité pourrait attendre un homme à qui l'on rappelle qu'il a le devoir de ne pas nuire à l'esclave d'autrui dans l'esprit de son maître.

Toutes les obligations religieuses sont ainsi unilatérales : de même les obligations naturelles ou quasi naturelles, consacrées par la morale religieuse. Et ces obligations, — dont nous vous avons parlé dans les trois leçons précédentes, — avaient tant d'importance aux yeux des Égyptiens que ce fut le type d'après lequel on modela les obligations conventionnelles.

Qu'un serment ou non intervint, mettant en cause les dieux eux-mêmes dans la constitution d'une obligation conventionnelle, celle-ci devenait un devoir de conscience pour celui qui la contractait : et à ce point de vue elle se rapprochait des obligations naturelles.

A tous les liens de droit qui le tenaient déjà, celui qui s'engageait ainsi en ajoutait un autre, créé par un acte de volonté définitif, exprimé nettement. Il s'engageait sans réciprocité, fixant lui-même les limites de cet engagement. Il avait donc seul à parler. L'autre partie n'avait qu'à l'entendre. Les témoins, appelés pour assister à cette scène, se la rappelaient aisément quand les actes n'étaient pas écrits ; — tandis qu'ils se fussent difficilement rappelé les termes de contrats bilatéraux comportant des obligations réciproques.

Les contrats verbaux doivent être très simples : c'est ce qu'avaient parfaitement compris les membres du corps sacerdotal qui jouaient le rôle de jurisconsultes à l'époque antique où l'on allait contracter les obligations et faire les abandons de droit dans les sanctuaires.

Quand, après Bocchoris, les actes furent écrits, on conserva la forme simple, qui était leur forme traditionnelle. Et quand les décemvirs romains s'inspirèrent des lois promulguées en Égypte sous Amasis, ils jugèrent d'autant plus utile d'imiter ces formes très simples que le peuple romain en masse ne savait pas écrire alors.

Du reste, le principe romain, — le principe de l'*imperium*, de la force qui s'imposait, — pouvait avoir pour conséquence dans ses applications une unilatéralité semblable à celle que produisait le principe contraire, — celui du devoir accepté. Mais ce n'est pas la même partie qui prend la parole dans un cas et dans l'autre pour déterminer l'étendue du lien de droit créé. A Rome, c'est celui qui devient créancier. En Égypte, celui qui devient débiteur.

Quant au droit chaldéen, ce fut, depuis l'origine, un droit de banquiers, de commerçants, d'économistes, ayant pour principe fondamental l'évaluation de toute chose en argent et l'équivalence d'une somme d'argent avec toute chose. Rien n'y rappelle les formes hiératiques du droit égyptien ou du droit romain des XII Tables. L'art de mettre à profit l'argent est un art complexe. Et, en effet, je ne sais pas s'il est un seul des types de nos contrats modernes dont on ne puisse trouver l'équivalent dans les tablettes de la Haute-Asie : — sans compter bien d'autres contrats dont nous avons perdu l'usage et qu'il serait bon d'imiter. L'idée de valeur que représente ou que pourrait représenter une somme d'argent est généralement la dominante dans ces contrats. C'est le passage de la valeur d'une main à une autre que l'on constate, et les parties ne sont nommées que comme des points de départ ou des aboutissants.

Les Chaldéens ne manquaient pas de dévotion : la preuve en est dans la très grande richesse de leurs sanctuaires. Mais on ne saurait se figurer le soin pieux qu'ils ont pour l'argent ; la minutie avec laquelle ils inscrivent dans ces temples mêmes les moindres recettes, les moindres dépenses ; la multiplicité des comptes, des inspections, des inventaires portant sur tout genre de valeurs. Habitués à tout constater par écrit, ils constatent de même les conventions quand elles se produisent et ils donnent naturellement à la plupart de leurs contrats la forme impersonnelle d'une constatation.

Nous n'avons donc pas à distinguer pour les actes de la Haute-Asie, comme pour les actes de l'Égypte, deux périodes toutes différentes : la période des contrats verbaux et la période des contrats écrits.

A toute époque, en remontant au moins jusqu'au xxiiie siècle avant notre ère, les Chaldéens se servaient de l'écriture pour leurs conventions comme pour leurs comptes.

Ce furent, en effet, de tout temps des brasseurs d'affaires, sachant à merveille faire suer l'argent et — par des prêts à intérêts, par le fonctionnement de garanties immobilières très efficaces, par des avances commerciales, par des transmutations de valeurs, par la connaissance des marchés, je dirais presque par des coups de bourse, — arriver rapidement parfois à une fortune énorme avec un premier capital des plus restreints.

Chez eux, la lutte pour la fortune nous apparaît tout aussi âpre que Darwin a dépeint la lutte pour l'existence et, bien entendu, cette lutte avait ses victimes. Aussi les piétistes de l'Égypte la regardaient-ils comme contraire aux principes de charité qui formaient la base de leur morale religieuse.

Quand les invasions réciproques des Asiatiques en Égypte et des Égyptiens en Asie eurent mis en rapports immédiats ces deux races si différentes, le prêt à intérêts paraît s'être introduit subrepticement très tôt en Égypte. Mais il fut d'abord très mal vu. Dans les inscriptions d'un tombeau qui me paraît assez ancien, une femme riche se vante de n'avoir jamais employé ce moyen pour grossir ses richesses : « Je « n'ai jamais prêté à intérêts, moi, dit-elle. » Puis, comme faisant contraste à ce qu'aurait été ce prêt à intérêts, elle énumère toutes les œuvres de charité qu'elle avait pieusement accomplies [1].

L'ancienne religion de l'Égypte était donc hostile à ce prêt à intérêts : — comme le fut d'abord la religion chrétienne. Les chrétiens d'Égypte particulièrement, rompant avec les habitudes d'une société corrompue pour en revenir à une charité semblable à celle de l'ancienne Égypte, stigmatisèrent tout ce qu'avait introduit le contact des Chaldéens.

Dans les gnomes du saint Concile, cette admirable œuvre athanasienne que j'ai traduite il y a plus de vingt ans, il est dit notamment : « Celui qui porte sa pensée à des prêts « à intérêts, que vient-il faire à l'Église? » Une des décisions canoniques du συνοδικον de saint Athanase va même plus loin, car elle interdit aux chrétiens la profession de commerçant avec les fraudes qu'elle comporte [2].

---

1. Voir dans ma *Revue égyptologique* (tome VIII) ma leçon sur la morale égyptienne. Voir aussi à ce sujet mes *Notices*.

2. Voir le second volume de mon *Concile de Nicée d'après les textes coptes et les collections canoniques* (Maisonneuve, éditeur).

La troisième des religions qui se succédèrent en Égypte, celle de Mahomet, ne s'écarte pas à ce point de vue des premières règles chrétiennes et des principes de la religion la plus antique de ce pays.

Mais ceux qui ont goûté de l'amour du lucre et se sont inspirés des savants principes de l'économie politique, si bien comprise par les Chaldéens, ne se laissent point facilement aller à l'exagération des scrupules religieux quand il s'agit d'arrondir leur bourse. Le prêt à intérêts triompha en Égypte, à l'époque payenne. Il triompha à l'époque chrétienne dans tous les pays où d'abord il avait été interdit. Et à l'époque musulmane, les Égyptiens, s'ils ne prêtent pas, du moins empruntent à intérêts, — ce qui fait la fortune des Juifs, des Arméniens, des Grecs, de tous ces étrangers à qui vont les richesses de la vallée du Nil.

Revenons-en à l'époque payenne.

Lorsque Bocchoris, dans son code, prescrivit que les contrats seraient toujours écrits, il rompait en cela avec les traditions hiératiques pour s'inspirer des traditions de la Haute-Asie. Il consacra en même temps le prêt à intérêts, fixant une limite que le grossissement du capital par les intérêts ne dépasserait pas. Cette limite, assez raisonnable, fut le doublement du capital. Diodore de Sicile l'avait dit : et plusieurs actes archaïques, parmi lesquels celui que je vous avais cité dans la séance précédente, nous en ont apporté la preuve.

Lorsque l'intérêt ne devait courir qu'à partir du terme fixé pour le paiement du capital dans le cas où le capital ne serait pas versé au jour dit, il pouvait être considéré comme une sorte de clause pénale : et à ce point de vue paraissait moins contraire à ce qu'on pourrait appeler la jurisprudence religieuse ; je ne dirai pas : le droit canon.

Ceci nous explique comment il put se faire que justement pour des dettes de droit sacré ou de droit royal quasi sacré, les intérêts que nous voyons stipuler après la réforme de Bocchoris dans les contrats démotiques archaïques, sont véritablement énormes. C'est le quadruple du taux que nous trouvons stipulé dans les divers contrats entre particuliers qui nous sont parvenus. Entre particuliers, à l'époque classique, le taux de 30 pour 100 est devenu pour l'argent le taux légal. Celui de 33 ¹/₃ pour 100 est devenu le taux légal pour les céréales, etc. Or, l'acte que je vous ai cité dans ma leçon précédente, acte daté du règne d'Artaxercès, fixe à 120 pour 100 l'intérêt de l'argent pour une dette sacrée ; et un autre acte, de l'an 24 du roi Darius, fixe à 133 ¹/₃ pour 100 l'intérêt du blé également pour une dette sacrée. 133 ¹/₃ est le quadruple de 33 ¹/₃ ; comme 120 est le quadruple de 30.

Ajoutons que, dans un de ces actes comme dans l'autre, la production des intérêts par les intérêts, l'anatocisme est stipulé pour que l'on atteigne plus vite le doublement du capital, qui est la clause pénale en vue. Or, vous le savez, l'anatocisme est tout à fait contraire aux règles du droit égyptien, de ce droit que nous trouvons toujours appliqué à l'époque classique ; et Diodore de Sicile prend soin de faire remonter à Bocchoris l'honneur de cette interdiction.

Il est vrai que les deux contrats que nous examinons parallèlement sont l'un et l'autre de l'époque de la domination persane, postérieurs, d'ailleurs, l'un et l'autre à toutes les lois d'Amasis ; et que l'on pourrait se demander si, à ce moment, on tenait grand compte du vieux code de Bocchoris, qui devait bientôt redevenir la base même du droit classique.

Le contrat de l'an 24 du roi Darius est daté du quatrième mois de la saison de ša, c'est-à-dire du mois de choiak. Un postophore du temple d'Amon de Djème, Haredj, fils de Tahosumin, dont la mère est Reru, s'adresse au *hirsešta* du sanctuaire pour les choses de la récolte, c'est-à-dire à un fonctionnaire dont l'office, comme le titre, est assez analogue à celui de ces fonctionnaires qui se nommaient *a secretis* sous les empereurs romains et byzantins, et qui étaient les chefs de bureaux importants de l'administration : — pour trouver une comparaison à l'époque actuelle, je citerai le *secrétaire* agent comptable des Musées nationaux, représentant du Louvre et des autres Musées pour toutes les affaires d'argent.

Le *hirsešta* dont il s'agit ne présidait pas aux affaires d'argent, mais aux recettes de céréales et aux autres questions concernant la récolte.

Haredj lui dit :

« Que je te donne neuf mesures provenant des blés de la « récolte pour ces choses (de la récolte) : lesdites mesures « portées à la ville de Thèbes au terme de l'an 24, 1ᵉʳ mois de « *peire* (c'est-à-dire le mois qui suivait celui duquel était daté « l'acte). Si je ne te les donne pas en l'an 24, 1ᵉʳ mois de peire, « que je te donne pour cela une mesure par mois depuis « l'an 24, 2ᵉ mois de peire, par tout mois de toute année que « l'on fera.

« Je ferai les intérêts produire intérêts jusqu'à ce qu'ils « soient parvenus à cela (c'est-à-dire jusqu'à ce que la somme « de ces intérêts égale le chiffre du capital). Que je te donne « ces mesures avec leur intérêt. »

Après cela, — comme dans l'autre acte de créance sacrée daté du règne d'Artaxerxès, — est stipulé ce droit spécial de *pignoris capio*, que nous ne retrouverons jamais pour les créances des particuliers :

« Si je ne te les donne pas avec leurs intérêts, dit Haredj, « fais être pour cela les gages que tu voudras. Que je te « donne maison, champs, esclaves mâles et femelles, fils, « filles, bœufs, ânes, argent, chose quelconque au monde. « Que tu les prennes pour cela.

« Il n'y a point à dire : « je t'ai donné des mesures ou de « l'argent. » — En ta main est mon écrit. »

Cet acte a été rédigé par un divin père de Montnebuas, un nommé Epi, fils de Téos, qui en a rédigé beaucoup d'autres.

Vous voyez, Messieurs, que les prêtres, les pères divins, ré-dacteurs de contrats, n'avaient pas été des derniers à mettre à profit, pour les créances sacrées, l'idée chaldéenne que toute valeur était susceptible de produire des fruits. Ils avaient même calculé ces fruits à un taux énorme. Mais, je le répète, cela pouvait sembler rentrer dans les clauses pénales, tou-jours plus sévères pour les dettes sacrées que pour les autres; et la prise directe de gage était une seconde clause pénale, surajoutée à la première pour accélérer la liquidation.

Je tiens à faire remarquer que dans l'acte du temps de Darius, de même que dans l'acte d'Artaxercès dont je vous ai parlé dans la dernière leçon, il ne s'agit pas de créer une obligation complètement nouvelle, mais de spécifier la manière dont une obligation qui existait déjà sera remplie. En effet, c'est comme possesseur d'un terrain sacré que le choachyte Haredj est tenu de verser sur sa récolte ou entre les mains du fonctionnaire du temple qui est préposé à ces recettes, une certaine part proportionnelle. La dette sacrée envers le temple existait donc déjà avant qu'intervint l'écrit en question. Seulement elle restait encore à déterminer dans sa quotité. Elle était indéterminée — comme l'était l'obligation naturelle d'un fils à l'égard de sa mère tant que le montant de la pension alimentaire due à cette mère n'était pas fixé. L'écrit intervenait dans un cas et dans l'autre, pour faire disparaître le vague et y substituer le net, le précis, *le certain* — j'emploie ici ce mot « certain » dans le sens juridique que possède son correspondant latin *certus*, dans l'expression *condictio certi*, sens que représenterait peut-être mieux en français le mot *déterminé*.

Pour que la détermination soit complète, il ne suffit pas que le montant de la créance soit indiqué. Il faut également qu'on indique le terme auquel cette créance sera exigible et les conséquences du retard qu'entraînerait le non paiement à la date fixée, si, prévoyant ce non paiement, on tient à lui donner une sanction quelconque.

Toutes ces conditions sont remplies dans les deux actes relatifs à des créances sacrées que nous avons mis sous vos yeux.

Elles se trouvent également remplies dans un acte encore plus ancien daté du règne de Tahraka et relatif à une créance royale, c'est-à-dire de droits régalien.

Il est vrai que les rois de la dynastie amonienne d'Éthiopie, descendant de l'ancienne famille sacerdotale des grands prêtres d'Amon de Thèbes, déclaraient que le dieu Amon leur avait donné la puissance et qu'ils n'agissaient que comme ses vicaires, au nom de ce grand dieu.

On pourrait donc songer à rapprocher des créances sacrées cette créance de droits dus au roi.

Comme dans les actes déjà cités, la détermination du montant de la dette par celui qui s'oblige à payer cette dette et la fixation de l'échéance sont les deux points fondamentaux.

Il s'agissait ici d'un impôt dont nous vous avons parlé déjà, de cette part que les rois d'Égypte faisaient percevoir à leur profit sur les revenus funéraires se rattachant au culte des morts. Ceux qui étaient chargés de ce culte et de la garde des catacombes étaient tenus à verser cette part entre les mains de l'agent du roi, — comme ceux qui étaient chargés de cultiver une terre royale rapportant des fruits étaient tenus de verser une part de ces fruits entre les mains d'un agent du roi.

Telle était, pour le choachyte Petuaa, fils de Petuamenapi, l'obligation préexistante qui motiva l'écrit par lequel, le 25 athyr de l'an 13 du roi Tahraka, s'adressant au scribe divin d'Amon à Shava pour le roi — à qui vie, santé, force ! — il lui dit :

« Moi, je te donnerai les deux katis $\frac{1}{2}$ $\frac{1}{4}$ pour la part du *hat* (de la catacombe) en l'an 13, le 30 phamenoth, lesdits katis apportés à... »

Le montant de la dette et le terme se trouvent ainsi déterminés. Mais ce n'est pas tout. Petuaa ajoute :

« A toi la durée de l'usage (c'est-à-dire de la jouissance)
« des revenus de la catacombe, en équivalence d'intérêts
« depuis la date ci-dessus (date de l'acte), sans qu'il y ait en
« ta main (c'est-à-dire sans que tu aies à exiger) d'intérêts en
« outre. »

Vous reconnaissez ici, Messieurs, l'antichrèse babylonienne, cette antichèse d'un si grand usage, — et, disons-le, d'un usage si commode, — dans les villes de la Haute-Asie. En Chaldée, comme garantie d'une créance, on recourait plus fréquemment à une antichrèse ainsi conçue. L'évaluation était établie entre une propriété foncière du débiteur et une somme d'argent. Si cette somme d'argent dépassait la dette primitive, le créancier versait la différence entre les

mains du débiteur : et il prenait le bien pour en jouir jusqu'au moment où il serait remboursé du tout. En attendant,
ni d'une part ni de l'autre, on n'avait à dresser de compte
d'intérêts d'argent ou de fruits perçus. Le principe de l'équivalence absolue entre les valeurs faisait que la jouissance
d'une somme d'argent par l'un était pleinement assimilée
à la jouissance d'un bien par l'autre.

Cette assimilation complète ne fut jamais parfaitement
comprise en Égypte pas plus qu'à Rome, bien qu'une antichrèse, imitée de l'antichrèse babylonienne, eût été parfois
en usage dans la vallée du Nil et dans le monde romain.

Dans la convention de Petuaa, par exemple, il est évident
que la jouissance de tous les revenus de la catacombe n'est
point l'équivalent exact de la jouissance d'une fort petite
somme que le choachyte devait payer, — somme qu'il ne se
trouve pas à même de payer quand il fait son acte, puisqu'en
constituant son antichrèse il obtient ainsi un délai de quatre-
vingt-quinze jours. La dette qu'il paiera en phaménoth sera
de 2 katis ³/₄, c'est-à-dire que probablement elle se trouve
déjà grossie par un premier calcul d'intérêt. Quoi qu'il en soit
d'ailleurs, l'agent du roi s'inquiétera fort peu des retards,
s'il s'en produit dans le versement de ces 2 katis ³/₄, puisque,
dès à présent, il se trouve investi de tous les revenus de la
catacombe.

C'est une convention léonine que cette convention faite au
nom du roi.

Mais, je le répète, tout ceci ne se comprend bien que
quand on se rappelle les privilèges attachés soit aux créances
sacrées proprement dites, soit en Égypte aux créances royales
et dans des républiques, telle que celle d'Athènes, à certaines
créances publiques.

En ce qui touche les particuliers, l'antichrèse babylonienne
nous apparaît encore, — appliquée d'une façon plus équitable
aux revenus — dans un acte que j'ai publié sous le titre :
« Antichrèse *in solutum* », dans les *Recueils de la Société
archéologique anglaise* fondée par mon ami Birch.

Un choachyte, débiteur d'un autre, l'investit de la jouissance des revenus de la catacombe pour lui permettre de se payer sur ces revenus.

La possession avec jouissance, c'est-à-dire en grec la χρησις de cette catacombe, est bien encore ici cédée contre — c'est-à-dire en grec αντι — quelque chose. Mais ce quelque chose n'est pas une jouissance parallèle : c'est une créance qui va s'éteindre.

Comme il s'agit de revenus fixes, on a pu calculer d'avance combien la jouissance antichrétique devrait durer pour égaler le montant de la somme à payer.

L'antichrèse, telle que l'admettaient les jurisconsultes romains, avec le calcul et l'estimation des fruits perçus par l'antichrétiste pour qu'il en versât l'excédent s'il dépassait le taux de l'argent, s'écartait d'ailleurs par là tout autant de l'antichrèse babylonienne que l'antichrèse *in solutum* dont nous venons de vous rappeler l'emploi en Égypte et qui paraît avoir existé dès le temps d'Amasis. C'est que les principes du droit tels que les comprenaient les Égyptiens et même les Romains de la grande époque, n'étaient nullement les principes de l'économie politique libre échangiste des Chaldéens. Ce ne fut vraiment qu'en Chaldée que la balance de la justice fut pleinement assimilée à la balance commerciale, où tout se pèse, s'évalue et peut se payer en argent.

En Égypte même, la balance avait figuré dans les plus vieux textes sacrés, où elle symbolisait l'idée de la justice. Mais ce n'était pas en poids d'argent qu'on y évaluait la valeur des choses. C'était en poids de vérité qu'on y évaluait la valeur des actes. Je trouve, pour ma part, admirable cette conception du bien assimilé au vrai, de ce bien que les philosophes néoplatoniciens d'Alexandrie assimilaient également au beau et où ils voyaient l'essence, la substance, l'être, de la divinité. La formule chrétienne : Dieu est vérité : *Deus veritas est*, rappelait en Égypte de vieilles traditions : et la réaction contre les importations chaldéennes, si vive déjà chez les vieux payens d'autrefois, se manifesta en Égypte, chez les convertis de la première heure, par une profonde aversion pour le Mammon d'iniquité.

De cette tradition chrétienne des premiers siècles nous trouvons encore une preuve formelle dans le testament d'un évêque d'Hermonthis du vIIIᵉ siècle de l'ère chrétienne. Ce testament, rédigé en grec, a été publié en fac-similé et en transcription par M. Kenyon. Or, l'évêque en question, un nommé Abraham, souscrivant de sa main à l'acte rédigé par un homme de loi, insère ce nota : « Il est clair, puisque « je l'ai montré, que pièce d'or ou pièce d'argent, suivant le « serment prêté d'après la foi des chrétiens, ni pièce d'or ni « pièce d'argent, dis-je, je ne possède ni ai possédée. Je ne « les possède ni à l'intérieur ni à l'extérieur, et cela pas « même la valeur d'une trémision. Mon homologation porte « aussi sur cela. »

Certains textes coptes, plus anciens, disaient que le chrétien ne pouvait pas même toucher du doigt l'or monnayé, comme la dévote antique que je vous citais tout à l'heure se vantait de n'avoir jamais prêté à intérêts.

On voit combien souvent la lutte engagée, dès l'époque pharaonique, contre le prêt à intérêts s'est renouvelée souvent sous des formes diverses — et sous des fois diverses — dans la vallée du Nil, entre ceux qui, d'après leurs vieilles traditions, voyaient le bien dans la vérité, et ceux qui, d'après les savants principes de l'économie politique des Chaldéens, le voyaient dans l'argent, faisant de cet argent sa commune mesure et prêts à dire, s'ils se sentaient pris du mysticisme : *pecunia Deus est*, l'argent est Dieu.

Finissons en quelques mots ce sujet si complexe [1].

L'antichrèse location gage, telle qu'elle existait en Chal-

---

1. Dans les quelques pages qui vont suivre se trouvent réunies plusieurs leçons de ce cours annuel, leçons dont les sujets ont été expliqués déjà dans mes autres volumes (*les Obligations*, *la Propriété* et *les Notices*). C'est là ce qui m'a décidé à ne donner textuellement que les leçons de cette année 1893-1894 qui traitaient de sujets nouveaux, en me bornant à reproduire très brièvement ceux des actes d'antichrèse archaïque développés ailleurs, mais qui étaient analogues à ceux qui étaient expliqués dans les leçons précédentes (leçons auxquelles j'ai fait quelques courts emprunts dans mes *Notices*).

En ce qui concerne la location archaïque contemporaine (de l'époque dée, ainsi que je l'ai exposé déjà dans mon précédent volume sur les *Obligations*, existait aussi d'une façon fréquente dans la vallée du Nil depuis le nouveau droit créé, à l'imitation des droits orientaux, par le révolutionnaire Amasis.

J'en citerai seulement deux exemples :

« An 6, 11 phaménoth, du roi Amasis.

« Osorettusu, fils de Kem, dit à Pnekhtamen éroou, fils de « Nesamen :

« Tu as en mains l'obligation de gage en ta faveur pour « l'argent que tu m'as douné en prêt à intérêts de bon plaisir « (et pour le solder) je t'ai donné le 6ᵉ du terrain de Sesa qui « dépend du temple d'Amon et vient du terrain de mon frère, « lequel terrain est à la place du terrain marais de Pnekht « comme équivalence. Le sol (*aten*) en question, tu le culti- « veras de l'an 6 à l'an 7. Mon tiers du produit, qui sera en « part de biens en l'an 7, tu le prendras : et en effet tu m'as « fait donner mon tiers qui sera. »

S'agit-il ici d'une antichrèse location (location payée d'avance) ou d'une antichrèse gage ? La chose est douteuse. Mais on inclinerait plutôt vers la seconde hypothèse pour les deux actes parallèles que voici :

« L'an 36, pachons, du roi Ahmès.

« Le divin père Udjahor, fils de Tuamenaouchons, dit à « l'homme du temple de Mont-neb-uas Petimont, fils de « Phoamen, dont la mère est Reru :

« Je t'ai donné le (droit de) *hoti* sur les mesures de terre « en culture à cultiver avec ce *hoti* au nom du divin père

---

d'Amasis) je me bornerai à renvoyer ici tant à ces *Notices* elles-mêmes qu'à mon volume sur la *Propriété*, qui en contient l'étude complète.

En ce qui concerne le droit classique, dont j'ai également parlé en 1893-1894, on pourra se référer à mon volume sur les *Obligations* et, dans ce volume, à la première partie (cours de trois ans antérieur) contenant le parallèle des droits classiques égyptien et babylonien ainsi qu'à la troisième partie contenant, par voie de questionnaire, un résumé bref du droit classique des créances.

Enfin, la leçon qui suivra le chapitre actuel, et qui est également empruntée au cours de 1893-1894, donnera une idée suffisante des différentes formes des actes de créance en droit égyptien, grec et égypto-grec.

« Réri, fils de Tuamenaouchons. Tu es pour lui en gagiste
« pour cela, sur tout champ que tu cultiveras, — parmi mes
« champs qui sont situés à Paamen (domaine d'Amon) dans
« la terre d'Aou (?) à l'occident de Thèbes dans le territoire
« de Pahi dépendant du sanctuaire d'Amon, — de l'an 36
« à l'an 37.

« S'il y a du blé en l'an 37, je prendrai le tiers de tout le
« blé, de tous les produits qui seront sur les champs que tu
« cultiveras, pour le *hoti* des mesures de terre ci-dessus,
« *hoti* au sujet duquel je t'ai écrit au nom de Réri, fils de
« Tuamenaouchons, mon frère.

« Au nom du blé (du produit) de ce champ que j'éloigne
« les scribes du temple d'Amon sur ma part de blé du temple
« d'Amon, sans que je puisse faire se tenir debout devant toi
« ces scribes à cause de ma part de blé du temple d'Amon.

« Que nous fassions de plus le reliquat (la réserve pour
« l'ensemencement) en quatre parts sur nous : moi, trois
« parts à cause du *hoti* sur les mesures de terre et sur le blé
« au nom du divin père Réri, fils de Tuamenaouchons; toi
« une part au nom de la culture.

« S'il y a compte quelconque sur chose quelconque que je
« mets en gage pour le terme de l'an 36 à l'an 37, si les
« scribes du temple d'Amon mesurent (imposent) les champs,
« ce sera à mon nom. Le montant du *nobi* de l'amende (avec
« prise de gage) que je solderai sur les champs sus-indiqués,
« je le ferai prendre sur les parts du divin père Réri, fils de
« Tuamenaouchons. Pour ta part de tout ce qui se tiendra
« debout (de tout ce qui aura poussé) sur les mesures de
« terre, je (te) la ferai donner. Je ferai (je paierai) le *nobi*
« (avec prise) de gage pour le *hoti* de ces mesures de terre —
« existant en ta faveur. Le surplus à recevoir sera entre nous
« comme (il a été dit).

« A écrit Djepaefankh, fils de Hahoréroou. »

Au revers de ces papyrus ont signé dix témoins.

Dans le même mois de la même année était également
rédigé un second acte ainsi conçu :

« L'an 36, pachons, du roi Amasis.

« Le divin père Udjahor, fils de Tuamenaouchons, dit à
« l'homme du temple de Montnebuas Petimont, fils de Phoa-
« men, dont la mère est Ruru :

« Je t'ai loué mes champs qui sont situés à Paamen dans
« la terre d'Aou (?) à l'occident de Thèbes dans le territoire
« de Pahi (dépendant) du sanctuaire d'Amon afin de les
« cultiver de l'an 36 à l'an 37, soit à titre de *hoti*, soit à titre
« de (terre à) produits. Toi et tes compagnons [1] (vous avez)
« cinq mesures de terre ; moi (j'ai) une mesure de terre. C'est
« toi qui feras en compte ma mesure ci-dessus.

« S'il y a du blé en l'an 37 je prendrai le tiers du blé et de
« tous les produits qui y seront pour ma part en ce champ.

« Que nous fassions en outre le reliquat (la réserve pour
« semaille) en six parts : toi et tes compagnons cinq parts ;
« moi, au nom de ma mesure de terre, une part.

« Je ferai (je paierai) le montant du *nobi* qui sera en ton
« nom. Que je donne le blé du temple d'Amon sur le tiers de

---

1. C'est le הבר *socius* de l'hébreu. Ce mot se retrouve dans plusieurs de
nos actes archaïques de location, entre autres dans un papyrus de l'an 15
d'Amasis, publié pp. 342 et suivantes de mes *Notices*, et qui contient un contrat
par lequel quinze tenanciers du temple d'Amon s'engagent envers un prophète d'Amon auquel ils promettent d'exploiter ensemble une terre déterminée.
Ces associations agricoles sont très fréquentes en droit égyptien de cette
période ; car le principe des sociétés coopératives allait fort bien au tempérament de la race, tempérament un peu socialiste, il faut bien l'avouer. Le
même principe était du reste appliqué par des sociétés non agricoles, de
véritables confréries de métiers, analogues à celles qui existaient en France
dans notre moyen âge et même jusqu'à la veille de la Révolution ; nos
papyrus archaïques du temps d'Amasis nous font voir une association de ce
genre, avec caisse commune, règlements communs, etc. C'est l'association
des choachytes, qui a été rétablie sur de nouvelles bases sous le règne de
Ptolémée Soter II, et dont j'ai longuement parlé dans un article de la *Revue
archéologique*, qui est intitulé « une confrérie égyptienne » (voir aussi plus
haut, p. 227). Cette confrérie, je l'ai montré, avait d'ailleurs de grandes analogies avec les vieilles confréries grecques.

A côté des choachytes les taricheutes s'étaient organisés d'une façon analogue, etc., etc.

Nos « prolétaires » peuvent prendre là des modèles pour leurs syndicats
plus ou moins socialistes, leurs bourses de travail, leurs fabriques ouvrières,
etc. C'est toujours le vieil antagonisme du travail et du capital qui s'accentue
encore après les réformes économiques et chaldéennes d'Amasis donnant au
capital sa valeur actuelle.

« la part des champs ci-dessus. Que j'éloigne les scribes du
« temple d'Amon par ce blé. Si les scribes du temple d'Amon
« mesurent (imposent) mes champs en mon nom, si je (t')
« écarte pour ne pas te laisser jouir de mes champs ci-dessus
« de l'an 36 à l'an 37 — en outre des droits ci-dessus je te
« donnerai un argenteus du temple de Ptah, sans alléguer
« aucun arrangement.

« A écrit Djého (Téos), fils du *divin père* d'Amon Epi. »

Comme pour le contrat précédent, dix témoins ont signé
au revers du papyrus.

Nous avons déjà étudié ces actes trop longuement dans
notre premier volume sur *les Obligations* et dans notre volume sur *la Propriété* pour reprendre ici le commentaire dans
tous ses détails.

Rappelons seulement que le *hoti* était une sorte de gage
avec possession que nous trouvons encore en usage à l'époque
ptolémaïque et qui paraît une adaptation habile et savante
de l'antichrèse chaldéenne au droit égyptien.

Le divin père Udjahor cédait en *hoti* pour une année seulement — parce qu'en Égypte la règle pour les locations de
terre était qu'elles fussent toujours annuelles — d'une part,
des terrains du domaine sacré au nom de son frère, et, d'une
autre part, d'autres terrains en son propre nom.

Il se chargeait, d'ailleurs, de désintéresser pleinement
l'administration des domaines sacrés et de couvrir par rapport à elle son locataire, lequel était censé posséder à titre
de créancier et avait sans doute versé d'avance une somme
d'argent pour cela — comme le faisaient les locataires babyloniens lorsqu'ils choisissaient la forme d'antichrèse leur
attribuant la qualité de créanciers, de préférence aux autres
formes de la location.

Mais nous avons fait remarquer déjà dans un article intitulé « antichrèse *in solutum* », aussi bien que pendant le cours
même des leçons précédentes, que, malgré ces analogies, le
hoti égyptien paraît différer de l'antichrèse babylonienne en
ce que sa base pécuniaire, c'est-à-dire la somme d'argent
versée d'avance et calculée pour équivaloir, y représente,

non la valeur en capital de la chose ainsi engagée, comme elle le représentait en Chaldée, mais seulement celle de ses produits, de sa jouissance durant un temps déterminé.

Nous avons donc, dans nos trois actes, une savante adaptation du droit chaldéen au droit égyptien.

Ce n'est pas la propriété immobilière que l'on échange ici par équivalence contre de l'argent, c'est, je le répète, son usage momentané, et cet usage n'est pas en guise d'intérêts, mais pour payer le fond même de la créance.

Ainsi que nous l'avons démontré d'ailleurs dans notre volume sur *la Propriété,* les principes chaldéens avaient, en effet, grand'peine à s'acclimater en Égypte en ce qui concerne les biens fonds tant pour l'antichrèse que pour la vente.

Mais il en était bien autrement encore quand il s'agissait du prêt à intérêts proprement dit.

Si, pour les économistes, le paiement d'un intérêt annuel peut être ainsi considéré comme une conséquence naturelle et, pour ainsi dire, indispensable du prêt d'argent découlant de l'antichrèse, de la mobilisation des biens, des équivalences établies entre des biens de toute sorte dans un intérêt commercial, il n'en était pas de même quand le prêt se rattachait à l'idée de charité et d'assistance fraternelle, quand l'objectif était l'homme et non la chose.

Humainement parlant, il est certain que l'usure est un mal — surtout quand il ne s'agit pas d'un pays où les vues de tous sont tournées, comme en Chaldée, vers le commerce, l'industrie, la banque, où les sociétés commerciales, les commandites, etc., abondent et se retrouvent jusque dans les classes infimes du peuple, — mais d'un pays où, comme en Égypte, l'homme se trouve pour ainsi dire attaché à la terre[1], comme la terre à l'homme, et l'un et l'autre à des seigneurs éminents recueillant le plus clair des produits, où par

---

1. Cette distinction n'est pas de moi, elle se trouve tout au long dans les décisions synodales du concile d'Alexandrie, tenu en 362 par saint Athanase, — concile qui, par cette raison, interdit absolument non seulement l'usure mais encore le commerce aux chrétiens d'Égypte (voir le second volume de mon *Concile de Nicée*).

conséquent, on ne peut compter sur aucun profit aléatoire, aucun gain ne rentrant pas dans sa maigre part ordinaire pour l'homme qu'une maladie ou quelque nécessité imprévue oblige d'emprunter. La solidarité des principes de charité, si chers à l'Égypte antique, s'impose alors comme une nécessité, et l'on comprend les sentiments de cette pieuse Égyptienne qui, dans les inscriptions de son tombeau tant de fois citées par moi, s'écriait : « Je n'ai pas prêté à intérêts moi! », et énumérait au contraire les bonnes œuvres qu'elle avait accomplies.

Le capital peut licitement lutter contre le capital. Il ne doit pas écraser le travail et tuer l'homme. Ce n'est pas seulement la morale, science des devoirs, qui l'impose, c'est le droit, quand il est envisagé tel qu'il doit être et quand il est évalué à la balance de la vérité, au lieu d'être évalué à la balance de l'argent.

Malheureusement, l'égoïsme humain aidant, l'argent l'emporte toujours.

Il l'a emporté, je vous l'ai dit, dans l'Égypte païenne, comme il l'a emporté plus tard dans l'Égypte chrétienne et dans tout le monde chrétien, après de premières et longtemps vivaces réactions contre ce Mammon d'iniquité que l'Évangile avait stigmatisé. Il en fut de même à toutes les époques, un peu partout. L'économie politique, originaire de Chaldée, et qui, d'après les plus illustres économistes, va jusqu'à assimiler pleinement la prostitution à tous les autres commerces que règlent seulement l'offre et la demande, devait trouver tout naturel de régler également par l'offre et la demande, non seulement la question du travail par rapport au capital, mais même celle de la vie humaine, de l'existence même de l'homme. Elle devait hélas! se substituer partout au droit humain compris à la façon égyptienne.

Et cependant, au fond, on ne peut maudire ni l'un ni l'autre de ces principes contradictoires.

En effet, si l'on étudie abstractivement et philosophiquement le droit, on voit que l'état des personnes ne peut avoir pour règle une simple balance commerciale, puisqu'il y s'agit de l'homme considéré en lui-même et dans ses rapports familiaux et sociaux. C'est à la balance de la vérité qu'il faut s'adresser pour évaluer tout ce qui le concerne — comme c'est à elle aussi qu'on devrait toujours avoir recours pour peser les conditions matérielles dans lesquelles il doit vivre : la question de la propriété; sa transmission dans les familles : en un mot l'état des biens.

La chose peut au contraire paraître douteuse quand il s'agit des obligations; car les obligations, telles que nous les comprenons actuellement, tiennent de l'économie politique tout autant que du droit.

En principe, le droit contractuel peut se baser, nous vous l'avons dit souvent, d'une part, sur les principes de la religion et de la morale, science des devoirs, et, d'une autre part, sur les principes de l'économie politique, science de l'argent. Les Égyptiens se sont inspirés du premier point de vue; les Chaldéens du second. Au premier coup d'œil, les uns comme les autres peuvent paraître avoir raison. L'objectivité du but est seule en cause. Est-ce de l'homme; est-ce du bien matériel que vous vous préoccupez?

Au point de vue de l'homme, l'unique critérium duquel on doit juger les actes, c'est le devoir, et le premier des devoirs, c'est cette charité dont les Égyptiens avaient fait le fondement même de la morale et de la religion.

A un autre point de vue, évidemment le principe chaldéen de l'équivalence absolue des valeurs entre elles, valeurs estimées toutes dans une commune mesure, l'argent, a, économiquement parlant, des avantages incontestables : et c'est pourquoi, à une certaine époque, on l'a admis même en Égypte.

DOUZIÈME LEÇON [1]

Messieurs,

Après avoir étudié les principes juridiques de l'obligation et de la créance aux diverses périodes de la législation égyptienne, je vous ai promis d'examiner avec vous en détail les différentes formes que l'écrit de créance avait revêtues dans la vallée du Nil à l'époque classique.

Commençons par faire tout d'abord une grande distinction entre les actes de créances gréco-égyptiens et les actes de créance égyptiens purs.

Cette distinction vous l'avez rencontrée d'ailleurs pour tout l'ensemble du droit. Depuis la conquête de l'Égypte par Alexandre, ce pays avait eu, en même temps, deux droits tout différents : l'un qui était et devait rester propre aux vieux habitants du pays appartenant à l'antique race de la vallée du Nil, et l'autre, qui était celui des vainqueurs, des conquérants, et qu'ils imposaient comme droit commun à tous les étrangers, à tous ceux qui n'étaient pas de nationalité purement égyptienne. Le droit égyptien resta donc ainsi un privilège des vaincus analogue à celui que, par des capitulations spéciales, les califes accordèrent aux chrétiens qui, s'étant soumis de bonne grâce, pouvaient continuer à se faire juger d'après leurs propres lois. Et encore, dans

---

1. Ainsi que je l'ai expliqué plus haut, cette leçon, professée la même année que les leçons précédentes, le fut à un assez long intervalle.

les deux cas, ce privilège avait-il souvent à subir bien des diminutions : — parfois même bien des éclipses, si je puis m'exprimer ainsi, venaient complètement faire disparaître ce dernier point lumineux qu'on avait laissé briller pour les yeux fatigués de ceux qui étaient assis à l'ombre de la servitude — plus sombre encore que cette ombre de la mort dont parle l'Écriture.

En Égypte, sous les Lagides, comme plus tard sous les califes, ce fut souvent par des *prostagma* royaux qu'on reprit peu à peu aux Égyptiens vaincus ce qu'on leur avait accordé et qu'on supprima tel ou tel de leurs usages traditionnels — de ceux surtout auxquels ils tenaient le plus et qui, comme le dit Diodore de Sicile, avaient été le plus admirés pour leur sagesse par tous les peuples. Mais, en dehors même des *prostagma* spéciaux à tel ou tel point de droit, on eut recours souvent à une voie plus rapide, celle qui consistait à permettre aux *naturels du pays* de se faire juger par les magistrats grecs au lieu de s'adresser à leurs juges nationaux que le papyrus Ier de Turin appelle les laocrites, même lorsqu'il ne s'agissait plus de contestations entre Égyptiens et Grecs, mais bien entre Égyptiens purs. En apparence, c'était là un honneur pour eux, un nouveau privilège. En réalité, c'était une entreprise fort dangereuse contre leurs droits qu'on livrait aux caprices d'un homme fort despotique de tempérament et fort ignorant de leurs coutumes. Le papyrus Ier de Turin, que je vous citais tout à l'heure et qui nous donne le compte rendu d'un procès jugé par l'épistratège de Thébaïde sous Évergète II, nous dit, en effet, expressément que ce haut personnage n'avait pas à s'occuper de l'antique loi du pays, της χωρας νομος, bonne tout au plus aux laocrites, mais seulement de ce qui lui paraissait utile et juste.

C'était exactement ce que nous voyons un peu plus tard, du temps de Cicéron, pour la justice proconsulaire dans les provinces de l'empire romain. Tel proconsul supprimait entièrement pour les habitants l'ancien droit du pays. Tel autre annonçait qu'il en tiendrait compte dans une proportion plus ou moins grande dont il fixait les limites avec des contours très vagues. Et sans cesse il changeait, remaniait, créait une jurisprudence que son successeur abandonnait au plus vite — d'autant plus vite que souvent il *cassait*, d'une façon générale, tous les jugements rendus par ce prédécesseur quand il avait eu contre lui quelques motifs d'inimitié personnelle. Ce fut assez tard, et seulement sous l'empire, qu'on établit la *chose jugée* pour les provinciaux comme pour les autres et qu'on restreignit de plus en plus les pouvoirs judiciaires exorbitants des proconsuls. Les proconsuls eux-mêmes cédèrent enfin la place — même dans les provinces qu'on avait laissées au sénat — à des représentants de César, gouvernant au nom de l'empereur et lui demandant ses instructions, comme ce Pline récemment installé dans une province jadis proconsulaire et dont la correspondance administrative avec Trajan — qui le traitait en ami — est si instructive.

Qu'il s'agisse, d'ailleurs, d'un proconsul ou d'un vicaire ou procureur de César, la latitude qu'avait le préfet — juge souverain — n'était pas moins grande pour créer et surtout pour détruire les droits régissant les provinciaux.

Nous avons, à ce point de vue, pour l'Égypte même, des documents des plus instructifs relatifs à des affaires tout à fait semblables, jugées par des procureurs du roi sous les Lagides et par des *praesides* gouverneurs sous les Romains.

Il s'agissait d'un de ces vieux contrats de mariages égyptiens revêtant la forme d'une obligation d'un tout autre caractère, c'est-à-dire d'un prêt-créance.

Vous vous rappelez, Messieurs, que cet usage (se rattachant intimément à la nouvelle conception du mariage qu'avait introduite Amasis dans la législation de son pays et qui affranchissait, pour ainsi dire, l'*union matrimoniale, liberorum procreandorum causa,* des obligations parallèles qui y avaient été jusqu'alors annexées dans le mariage religieux), — que cet usage, dis-je, remontait assez haut pour certains mariages légitimés après la naissance des enfants, puisque nous en avons trouvé des exemples depuis le temps de Darius. On changeait de la sorte, pour ainsi dire, une dette d'honneur, d'un caractère moral très élevé, en dette d'argent plus matérialisée en quelque sorte, mais qui n'en comportait pas moins tous les effets légaux que la dette d'honneur aurait exigés.

Le contrat de mariage par créance nuptiale, par *sankh*, pour me servir de l'expression égyptienne, devint bientôt en Égypte d'un emploi très fréquent. Sous les Lagides, il a encore le but spécial que nous avons indiqué : le Roman de Setna tout autant que les contrats contemporains nous prouvent que c'était le mariage par excellence des filles séduites, qui souvent faisaient joindre à l'écrit de *sankh* ou de créance, un écrit « pour argent » ou de reçu du prix, c'est-à-dire de vente sur tous les biens du mari que leur créance hypothéquait.

Mais il arrivait souvent aussi que ce second écrit manquait et qu'on avait recours aux juges royaux pour obtenir la liquidation judiciaire à laquelle la créance hypothécaire isolée donnait seule droit. Tel était le cas qui se présentait, sous Philométor, dans le procès qui nous a été conservé par le papyrus grec XIII de Turin, depuis longtemps rétabli et commenté par nous.

Un nommé Chonouphis, dans le but de doter une jeune fille devenue mère, et désirant régulariser sa situation par un mariage avec son séducteur, avait fait rédiger, à la charge de celui-ci, un contrat égyptien de la forme de ceux dont un grand nombre nous sont parvenus en démotique et par lequel le mari reconnaissait un *sankh* de 500 drachmes d'argent, reçu par lui pour verser à la femme annuellement soixante mesures d'orge et 72 drachmes d'argent. La femme et l'enfant déjà né, devenant légitimes par cela même, signaient à l'acte, comme consentant à l'hypothèque générale qui frapperait les biens du mari.

Celui-ci, à ce qu'il paraît, ne remplit pas bien ses obligations et Chonouphis alla trouver les procureurs du roi siégeant dans la basilique de Memphis pour juger les affaires du roi et celle des particuliers, devant lesquels il déclara avoir prêté εσημανεν δεδανηκεναι, par un contrat régulier transcrit au greffe, ces 500 drachmes avec les intérêts échus, puisque les clauses de ce prêt avaient été violées.

Les juges ordonnèrent en conséquence au πρακτωρ των βασι-λικων, d'opérer la liquidation des biens du mari.

Telle ne fut pas toujours la solution obtenue devant une juridiction étrangère aux vieux usages de l'Égypte, dans des cas tout à fait semblables. Nous possédons, en effet, deux autres procès grecs — cette fois, il est vrai, d'époque romaine — qui ont, l'un et l'autre, trait à des *sankh* nuptiaux, et dans un des cas, le *praeses* alla, en présence de contrats de ce genre, non moins authentiques, mais, après les plaidoiries des *rhéteurs* les plus connus de la ville, jusqu'à annuler, non seulement le mariage — peut-être discutable au point de vue uniquement romain du soldat en question — mais la créance elle-même, qui en était la base, en dépit d'un rescrit très favorable aux mariages militaires qu'avait rendu l'empereur Trajan et qu'un autre papyrus nous a également conservé.

Vous le voyez, Messieurs, les documents grecs abondent maintenant sur ce mariage sous forme de prêts, dont j'avais fait connaître d'abord les formulaires égyptiens et qui avaient tant étonné, tant scandalisé même quelques personnes, allant jusqu'à les révoquer en doute. Je puis dire qu'il en est de même pour tous mes autres déchiffrements qui forment la base de nos études actuelles et que les documents grecs viennent confirmer et commenter chaque jour, tout autant que les bilingues, etc. C'est là une des grandes joies d'un savant consciencieux que de voir les choses répondre aux hommes en se massant autour de lui.

Revenons-en à la question que nous avons tout d'abord abordée, c'est-à-dire de la distinction complète qu'il y a à faire entre la créance gréco-égyptienne et la créance égyptienne proprement dite, comme entre l'ensemble du droit macédonien et du droit égyptien, coexistant parallèlement sur le même sol.

Le prêt-créance macédonien se contractait sous une double forme authentique. On pouvait le faire, en qualité de semitransaction judiciaire, devant le juge du marché, l'agoranome, qui, déjà à Athènes, décidait pour toutes les contestations se présentant sur l'agora et dont l'importance, dans l'Égypte ptolémaïque, s'était encore beaucoup accrue. Le contrat était alors inséré *in actis* et cette *insertio in actis* remplaçait toute autre garantie d'authenticité quelconque. On n'avait donc besoin ni de notaires ni de témoins.

Il en était tout différemment pour le contrat rédigé par le συγγραφοφυλαξ dans une des φυλακη de Memphis par exemple. Le συγγραφοφυλαξ qui, dans le droit athénien, était le premier citoyen venu, auquel les parties confiaient un acte tout scellé, était devenu en Égypte, sous les Lagides, un véritable officier public, aussi bien que le monographe ou notaire égyptien. Si le monographe était obligé, de par la loi, à faire enregistrer et transcrire au greffe tous les actes rédigés par lui, comme nos notaires actuels, le συγγραφοφυλαξ des Macédoniens devait les enregistrer lui-même, dans sa propre φυλακη, remplaçant alors le greffe ou γραφιον, et un de ses employés était chargé de cet office. Mais cet enregistrement n'était pas du tout l'équivalent de l'insertion *in actis* dans les registres judiciaires d'un magistrat proprement dit. Elle n'empêchait donc aucune des formalités légales d'authenticité qui, en droit macédonien — et en droit athénien — consistaient surtout dans la présence et la signature d'un certain nombre de témoins et dans le scellement du contrat, avec les cachets des parties et des dits témoins.

En droit égyptien au contraire, le monographe (notaire *écrivant seul*) écrivait seul, en effet, l'acte et les noms des témoins : et sa signature, jointe à leur liste, suffisait à donner toute authenticité au contrat, qui restait ouvert sans cachet d'aucune sorte. Que le contrat ait été rédigé par l'agoranome et inséré *in actis,* ou au contraire écrit par un συγγραφοφυλαξ et enregistré dans la φυλακη même qui devait le conserver, en droit macédonien et pour tous ceux auxquels on n'avait pas conservé l'usage du droit égyptien, sa forme foncière n'en était pas moins identique.

A la différence du droit égyptien, dans lequel tous les contrats revêtaient la forme unilatérale, le droit macédonien — comme le droit grec en général, celui de Delphes par exemple, — exigeait la bilatéralité des contrats. Le prêt lui-même était, pour les Grecs, un acte double qui nécessitait la mention, non seulement de la volonté de prêter dans la pratique par le créancier, mais de l'acceptation du prêt par celui qui devenait ainsi le débiteur. On lisait donc, par exemple, dans un des actes de prêts empruntés, rédigés à la mode macédonienne : εδανεισεν Κονουφις... δραχμας δεκα δυο « a prêté à Chonouphis 12 drachmes », puis plus loin : τουτο δ᾿ εστιν το δανειον ο ειληφεν Πετειμουθης « tel est le prêt qu'a reçu (accepté) Petemouth », absolument comme dans la vente achat ωνη-πρασις *emptio-venditio,* on disait d'abord : απεδοτοτο Ωρος, « Horus a vendu », απεδοτο Πιμωνθης « Pimonthès a vendu », απεδοτο Περισπαριον « Perisparion a vendu », avec l'indication précise et détaillée des objets cédés ; puis, dans une phrase séparée, on ajoutait la mention de ce que fait la partie qui reçoit : επριατο Οσοροηρις « a acheté Osoroeris », επριατο Νεχουθης « a acheté Nechutès », επριατο Θισμεπως « a acheté Thesmepos ». Il en était de même dans la *locatio-conductio* et dans tous les autres contrats, toujours bilatéraux en droit gréco-macédonien.

Dans la vente macédonienne primitive, les deux actions simultanées de l'acheteur et du vendeur ne suffisaient pas. Il fallait, en outre, l'intervention d'un troisième acheteur, le provendeur et garant, προπωλητης και βεβαιωτης (ou βεβαιωτης) que nous rencontrons également dans les ventes delphiennes comme personnage séparé, mais dont, en Égypte, et par suite de l'influence du droit égyptien et de la bebaiosis égyptienne, on avait accepté la confusion avec la personne du vendeur lui-même. On disait alors : « Le propolète et le bebaiote de ces choses, est le vendeur qu'a accepté à ce titre l'acheteur. » Pour le prêt, il ne pouvait en être de même. Le garant, la caution, appelé tantôt εγγυητης, tantôt εμπιστωσαμενος, intervenait donc encore dans les actes de prêts gréco-macédoniens et y remplaçait d'ordinaire aussi, par une garantie personnelle, les garanties réelles des actes égyptiens. Une semblable exigence se rencontre dans les locations grecques — même du monde attique, etc., etc.

Les formes spéciales du contrat gréco-macédonien subsistèrent pour la vente et pour le prêt, très tardivement à l'époque romaine, toutes les fois qu'il s'agissait d'un contrat rédigé soit devant l'agoranome, soit devant les anciennes juridictions macédoniennes. Les Romains, en effet, conservèrent, après la conquête d'Auguste, aux Macédoniens leur droit, comme ceux-ci l'avaient conservé aux Égyptiens après la conquête d'Alexandre. Il y eut ainsi en Égypte trois droits parallèles : le droit romain pour les Romains ; le droit macédonien pour les Macédoniens, et le droit égyptien pour les Égyptiens, qui rédigeaient toujours en démotique — nous en avons de nombreux exemples — des contrats ayant conservé intacts tout leur ancien formulaire et toutes leurs anciennes garanties.

Mais, à côté de ces trois droits particuliers et formalistes, il s'en était formé un autre plus simple de contours, résultant du *jus gentium*, et qui était par rapport à ces droits dans les mêmes rapports que la *langue franque* par rapport à chacune des langues qui lui ont actuellement donné naissance en Orient.

J'ai eu déjà l'occasion de vous dire, l'année dernière, l'importance considérable qu'avait prise l'acte de *reconnaissance* ou *homologation*. Cet acte était fait sur le modèle d'une *confession*, si je puis m'exprimer ainsi. Comme les actes de droit égyptien pur, il était unilatéral de sa nature, c'est-à-dire que la partie qui s'obligeait ou abandonnait un droit s'adressait à l'autre pour lui faire cet *aveu*. L'acte d'homologation était une sorte de passe-partout. Il pouvait s'appliquer au prêt comme il s'appliquait à la location, à la vente, etc. ; nous en avons des exemples absolument contemporains de l'époque où nous voyons encore employer parallèlement les actes de droit égyptien pur et les actes de droit macédonien pur, ou les actes de droit romain pur ; voici le commencement d'un acte d'homologation de prêt :

Σαταβους Τεηος περσης της Επιγονης ομολογω εχειν το δανειον

παρα Μαρης του Μεσουηριος δια χειρος εξ οικου αργυριου επισημου κεφαλαιου νομισματος δραχμας εβδομηκοντα δυο.

Sabatous, fils de Teès, perse de l'Épigonie : je confesse avoir le prêt (δανειον) de Marès, fils du Mesouèris, de la main à la main et reçu de sa maison à savoir 72 drachmes de capital de la monnaie d'argent gravée.

Vient ensuite l'indication de l'intérêt, τοχος, fixé pour ce δανειον : τοχου ως εχ δραχμης μιας τριοβολου της μνας τον μηνα εχαστον; avec une drachme et un triobole d'intérêt par mine et par mois (18 pour 100 par an). Puis, l'indication du terme auquel on doit payer : ας χαι αποδοσω εν μηνι μεχιρ του ισιοντος εβδομου χαι τριαχωστου ετους Καισαρος χαι ποιησω χαθοτι προγεγραπται, « lesquelles drachmes je paierai dans le mois de Méchir de la prochaine année 37ᵉ d'Auguste, et je ferai comme il est écrit. »

Cet acte est un sous-seing privé; mais la main de la partie elle-même n'a pu l'écrire comme dans la plupart des actes que le Digeste appelle pour cela des *chirographes*. C'est un voisin ou un ami qui a écrit pour elle, parce qu'elle ne savait pas écrire : εγραψεν υπερ αυτου Πανεφρυμις Στοθητιος δια το μη ειδεναι αυτον γραμματα, « a écrit pour lui, Panephrumis, fils de Stothoetis, parce qu'il ne connaît pas les lettres. »

L'acte est daté de l'an 36 de César, c'est-à-dire d'Auguste, le 24 de Mésoré. Je l'ai reproduit avec d'autant plus de complaisance que cette date, relativement ancienne, le rattache presque au droit ptolémaïque et me fait songer involontaire‑ ment à ce prêt de six témoins, εξ μαρτυρων, sans hypothèque, qu'on oppose, dans un papyrus grec ptolémaïque de Leide, à l'acte authentique et notarié de prêt exigeant seize témoins et permettant seul au débiteur de faire liciter les biens de son créancier en vertu de son hypothèque.

J'aurais grande tendance à croire, pour ma part, que l'acte d'homologation ou de confession, chirographe par excellence, a été d'abord imaginé pour le prêt simple avant d'être appliqué aux autres genres de contrats, tels que la vente, la location, etc. Nous savons par Diodore de Sicile, etc., que Bocchoris, en organisant son code des contrats et

en donnant aux divers contrats égyptiens cette forme hiératique et sacramentelle qu'ils ont conservée pendant tant de
siècles, avait cependant laissé subsister, à côté de l'acte
authentique de prêt, les prêts purement fiduciaires que le
serment avait souvent consacrés — d'où est venu au prêt
le nom de *sankh* adjuration — et dont le serment décidait
en définitive, puisque, à défaut d'autre preuve, on devait
s'en référer au serment du seul débiteur, allégation de Diodore qu'a prouvée d'ailleurs une multitude de nos textes
démotiques de serments judiciaires.

Mais, entre le prêt authentique avec notaire et seize
témoins et le prêt que rien ne venait établir, n'y avait-il pas
bien des termes intermédiaires ?

Il y avait d'abord le prêt de six témoins qu'on discutait
dans le papyrus de Leide déjà cité. Mais ces six témoins
que représentaient-ils eux-mêmes ? une garantie surajoutée.
Je ne crois plus du tout maintenant que ce nombre de six
témoins ait été le moins du monde sacramentel, comme
l'était certainement le nombre des seize témoins qu'on
exigeait, soit pour les mutations de propriétés immobilières, soit pour l'hypothèque pouvant entraîner cette mutation et donnant seule droit à l'action légale que les Macédoniens appelaient la πραξις καθαπερ εκ δικης, — le droit
de vente comme s'il y avait eu jugement, — garantie qui,
dans leurs propres contrats authentiques, remplaçait l'hypothèque égyptienne proprement dite et aboutissait au même
résultat.

Il y avait aussi la confession écrite faite par la partie sans
aucune espèce de témoins et dont l'acte que nous venons de
reproduire nous offre un exemple, puisque le seul tiers que
nous y voyons intervenir prête sa main à la partie et non
son témoignage. Cette confession écrite n'était peut-être,
comme l'instrument du droit romain, qu'un commencement
de preuve. Elle ne faisait pas foi par elle-même sans qu'on
en ait établi nettement la parfaite ingénuïté. Mais on comprend très bien comment un document de ce genre valait
encore mieux entre les mains du créancier que cette absence

complète de pièce écrite qui le livrait absolument à son débiteur. Il en était alors de cette homologation du prêt comme chez nous de la lettre commerciale à laquelle on se borne souvent et qui ne blesse personne. C'est de cet écrit d'homologation du prêt — dont l'origine pourrait être très ancienne — que seraient ensuite venus les autres écrits d'homologation s'appliquant à la vente, à la location, à tous ces actes plus importants pour lesquels la législation de Bocchoris et de ses successeurs avait exigé tant de garanties. Évidemment, celui qui avait acheté par cette voie n'avait pas la propriété égyptienne de la chose, pas plus qu'il n'aurait eu la propriété quiritaire pour laquelle la mancipation était nécessaire. Mais il avait la chose *in bonis* : et cette possession bonitaire lui suffisait, d'autant plus que, sans cesse, sous les Lagides, la propriété bonitaire était donnée par l'État lui-même, qui faisait adjuger, sous le moindre prétexte politique, les biens de ses sujets, dans ces ventes publiques dont mon ami Wilcken a fait connaître les formulaires et qui n'exigeaient la livraison d'aucune de ces pièces établissant la légitimité de la propriété à toute époque, livraison si indispensable en droit égyptien pur.

En droit égyptien pur, la créance, qu'il nous faut maintenant étudier en détails, était, je vous l'ai dit, la suite d'une obligation religieuse consacrée en présence des dieux, comme la *sponsio* dépendant de la stipulation romaine primitive. C'était, je vous l'ai dit aussi, un contrat complètement unilatéral parce qu'il dépendait de l'idée de devoir personnel et non de celle de mutualité.

Pénétrons un peu la philosophie de cet acte, si je puis m'exprimer ainsi. L'écrit de *sankh* commençait toujours en démotique par la reconnaissance du fait ou par la reconnaissance du droit qui imposait le devoir.

S'il commençait par celle du fait, sa formule était celle là même que l'on trouvait dans les reçus : « tu m'as donné — et mon cœur en est satisfait — telle somme d'argent ou telle quantité de céréales, etc. » Si la reconnaissance du débiteur portait, au contraire, sur le droit du créancier, elle ressemblait plutôt à un aveu, aveu tel que celui que ce même débiteur aurait pu faire devant un tribunal et qui devait tout naturellement produire plus tard la forme de cet acte d'homologation dont nous venons de parler — aveu dont les Coptes indiquaient encore dans leurs contrats le but judiciaire : *nsedjnoui ntahomologei*. « Que l'on m'interroge et je confesserai (je ferai l'homologation). »

Dans le droit égyptien pur, cet aveu, sous sa forme consacrée « tu as à faire à moi », « tu as action sur moi » pour telle somme ou telle quantité de blé, rappelait déjà les conséquences même judiciaires que l'acte en question pourrait avoir pour le débiteur s'il n'accomplissait pas au jour dit l'engagement contracté par lui dont il reconnaît l'existence. Dans le *sankh* la forme initiale d'aveu et la forme initiale de reçu venaient, d'ailleurs, comme une conclusion impliquant l'existence de conventions antérieurement débattues entre les parties.

Il en est exactement de même pour la stipulation du droit romain. Pour que le créancier puisse dire à son débiteur : « Fais-tu la *sponsio* de me donner telle chose à tel moment? » *spondes ne*, etc., de manière à ce que le débiteur puisse se borner à répondre sans commentaire « je fais cette *sponsio* » — *spondeo* — il faut évidemment qu'il se soit établi antérieurement un accord complet entre les parties. La *sponsio* romaine résultant d'une stipulation se rapproche donc par certains côtés de l'aveu, de la reconnaissance d'une convention comme l'acte du *sankh* en Égypte. Mais elle se rapproche par d'autres côtés du serment, comme cet acte du *sankh* dont le nom égyptien est tiré de ce serment même. Nous en avons la preuve par ce fait que quand, en droit romain, à côté de la *sponsio* du débiteur vrai, on se fut servi, à la mode grecque, de la *sponsio* prononcée par des tiers pour leur faire garantir cette dette principale, et quand des lois populaires eurent limité l'étendue de cette garantie, on remplaça, pour tourner ces lois, la vieille expression consacrée *spondeo* par les expressions *fidei promitto*, *fidei jubeo*. Or ces expressions, contenant comme premier élément le mot *fides*, sont une sorte de reflet éloigné de l'ancienne invocation des dieux, de l'ancien serment aux dieux.

Après la première partie de l'acte du *sankh* contenant la constatation du fait ou du droit, base de l'obligation, venait une seconde partie contenant l'engagement formel du débiteur représenté en droit romain par le mot *spondeo*. Cet engagement formel « que je te donne, etc. », venant immédiatement après cette reconnaissance, s'y rattachait d'une manière intime, comme, dans les contrats de mariage par exemple, les clauses qui ont pour but d'assurer l'entretien et la subsistance de la femme se rattachent d'une manière intime à la reconnaissance de la prise pour femme en guise de conséquence forcée. Il en est semblablement, d'ailleurs, pour la mancipation égyptienne. Là, encore, c'est par la reconnaissance d'un fait — fait qui, cette fois, est la réception du prix de la chose — que débute l'acte *pour argent,* l'acte de mancipation, dans lequel vient aussitôt après, et s'y rattachant d'une manière intime, la cession de la chose payée.

Dans cette contexture générale de tous les actes de droit égyptien pur, n'êtes-vous pas frappé par cette idée de devoir — de devoir quasi religieux — que je vous ai dit être la base de tout le droit égyptien? Celui qui constate qu'il a pris femme constate en même temps qu'il doit subir les conséquences de cette prise pour femme, créant pour lui le devoir de nourrir la femme qu'il a prise.

Celui qui constate qu'il a reçu le prix d'un bien constate également qu'il doit subir les conséquences de la convention en vertu de laquelle il a reçu cet argent et céder le bien qu'on lui a payé.

Celui qui constate qu'il a reçu de l'argent ou du blé en prêt constate également qu'il a le devoir de subir toutes les conséquences de la convention en vertu de laquelle il a reçu cet argent ou ce blé et les rendre au jour convenu, etc.

Mais pourquoi, me dira-t-on, ces secondes constatations qui découlent juridiquement des premières sont-elles toujours expressément écrites dans les divers actes égyptiens rédigés sous le code Bocchoris?

Est-ce que, si la partie qui s'oblige n'avait pas indiqué elle-même nettement la portée de son obligation basée sur un fait reconnu par elle, les juges n'auraient pas pu eux-mêmes préciser les limites de son obligation d'après les termes de la loi ?

Oui, sans doute. Mais c'était précisément là ce que craignait le législateur égyptien. Les juges, en Égypte, étaient tous des prêtres : et, Bocchoris, dans sa réforme, en mettant le droit civil à la place du droit sacré n'avait pas changé la composition des tribunaux et avait laissé les jugements entre les mains de la caste sacerdotale. Mais il pouvait craindre que cette caste ne changeât peu à peu son droit par une série de jugements faisant précédents et créant une savante jurisprudence. Il ne laissa donc plus les tribunaux juger de la portée des actes et des questions de droit se rattachant à la constatation d'un fait. Mais il voulut au contraire que l'intéressé indiquât cela par lui-même et d'avance, réduisant ainsi les tribunaux à n'être que des tribunaux de vérité et aux juges que des juges de vérité.

C'était à ces juges de vérité qu'il appartenait seulement de constater d'abord la vérité de l'acte, c'est-à-dire son authenticité, puis la vérité des allégations contenues dans cet acte, par exemple la filiation des parties, puis la question de savoir si, en vérité, l'homme qui s'était obligé avait rempli les obligations qu'il avait prises, et, dans le cas contraire, à lui appliquer en toute vérité les conséquences prévues par lui de ce non accomplissement. Vous vous rappelez sans doute que le président de la cour suprême — cet archidicaste encore mentionné dans les papyrus grecs d'époque romaine assez tardive et qui, encore à cette époque, était un prêtre — devait, selon le récit de Diodore de Sicile, mettre sous les yeux des juges, quand ils avaient à rendre leur sentence, la statue de la Vérité, les assimilant ainsi en quelque sorte à ces juges de vérité qui sont les assesseurs d'Osiris dans son tribunal d'outre tombe, selon le chapitre cxxv du Rituel funéraire. En faisant des magistrats de simples juges de vérité, Bocchoris semblait donc encore s'inspirer des vieilles traditions, alors qu'il changeait complètement l'assiette du droit. Nous venons de vous dire que les juges, en cas de non accomplissement des engagements pris par le débiteur dans la seconde partie de l'acte du *sankh*, devaient lui appliquer en réalité les conséquences prévues par lui.

En effet, ces conséquences se trouvaient formellement exprimées dans l'acte du *sankh*. Après la première partie : constatation d'un fait ou d'un droit; après la seconde : engagement de subir à titre du devoir les conséquences naturelles de ce fait ou de ce droit, on distingue, dans l'acte du *sankh*, une troisième partie dans laquelle, sont indiquées les peines qui frapperont ce débiteur en cas de manquement à ce devoir. La principale de ces clauses pénales était ce que les Grecs ont appelé hémiolion, c'est-à-dire la moitié du tout à joindre au tout aussitôt après le terme du paiement. Ce n'est pas, d'ailleurs, la somme prêtée primitivement que l'on double, mais la somme telle qu'elle sera au jour de l'échéance quand on joindra au premier capital le grossissement produit par le calcul des intérêts légaux. Ce grossissement était ordinairement calculé d'avance dans les actes du *sankh* égyptiens à terme fixe, de telle sorte que l'indication du montant de la somme à payer le jour de l'échéance comprenait tous les intérêts comme le capital. Les Grecs établis en Égypte désignaient sous le nom d'ατοχος la somme à payer ainsi en bloc, sans qu'on eût à faire à l'échéance aucun calcul d'intérêt. Mais les Égyptiens se servaient d'une expression plus juste : « tant d'argenteus ou tant de mesures de blé ayant leur grossissement en eux ». Il pouvait être plus commode de masser les intérêts et le capital de pièces d'argent qui avaient leur grossissement en elles. On arrivait ainsi à une précision encore plus grande et à mieux éviter toute espèce de surprise pour le débiteur en lui mettant d'un seul coup sous les yeux toute la somme dont il aurait à prendre la moitié pour l'ajouter au tout en cas de non exécution de son engagement au jour dit.

Parmi les autres clauses pénales que le débiteur peut

accepter et s'imposer en cas de manquement à ses obligations quand il rédige un acte de *sankh* égyptien, nous mentionnerons l'amende envers la partie et l'amende au roi pour les sacrifices du roi et de la reine qu'on rencontre aussi dans d'autres actes que les actes de *sankh*. Mais il faut remarquer que l'amende envers la partie exclut l'hémiolion dont elle tient la place et dont elle est le plus souvent l'équivalence un peu gonflée, tandis que l'amende au roi n'exclut pas du tout l'amende envers la partie. La raison en est facile à comprendre. En effet, l'amende envers la partie n'était, comme l'hémiolion, qu'un avantage stipulé pour elle en cas de retard, tandis que l'amende au roi avait surtout pour but de mettre l'acte sous la compétence des agents du roi. En en faisant l'accessoire d'une question fiscale à juger par les gens du fisc, elle exposait le débiteur à des moyens d'exécution qui n'auraient pas pu l'atteindre dans le cas où, le contrat ne mettant pas le fisc en jeu, il ne se fût agi que d'une simple créance individuelle.

La contrainte par corps, que Diodore de Sicile nous dit avoir été abolie par Bocchoris pour les particuliers, mais qui, dans ce cas, aurait été bientôt rétablie, puisque nous la voyons fonctionner depuis les réformes d'Amasis jusqu'à une période qui s'étend entre la fin du règne de Darius et le commencement du règne d'Artaxercès, la contrainte par corps, dis-je, existait toujours par rapport aux débiteurs du fisc et du roi, comme nous le prouve le décret de Roselle et beaucoup de papiers grecs et démotiques provenant du Serapeum. La clause de l'amende au roi permettait de l'exercer même pour une dette particulière. Le déplacement de juridiction avait, d'ailleurs, pour effet de changer dans une certaine limite le droit à appliquer et de substituer, au nom de l'autorité royale, la législation des prostagma et même le bon plaisir du roi, la jurisprudence des rescrits au droit national du code égyptien de Bocchoris. On pouvait même de cette manière rendre efficaces — le procès du papyrus grec Ier de Turin nous le prouve — des sous seings privés et d'autres actes dépourvus des formes légales et qui, d'après le code de Bocꞔoris, auraient été nuls. C'était donc à ce point de vue une garantie pour le créancier, garantie jugée équivalente de l'hypthèque générale, que nous trouvons dans d'autres actes du même genre, puisque ceux qui ont l'amende au roi n'ont pas l'hypothèque et réciproquement.

Outre l'hypothèque générale — (garantie essentiellement égyptiene et qu'on retrouve, soit par elle-même, soit par son équivalat, la prise de gage, également formulée en termes généraux et s'appliquant à tous les biens dès le début du code de Bocꞔoris, tandis que l'amende au roi n'intervient qu'à une épque ptolémaïque assez tardive) — les actes de *sankh*, présentent aussi parfois, à la basse époque, une hypothèque spéciale portant sur un bien déterminé. Mais cette hypothèque spéciale ne paraît guère être qu'un acheminement à la cessiꞔ du bien, cession stipulée conditionnellement à titre de vent dont le prix serait représenté par le montant de la dette por le cas où cette dette ne serait pas payée à l'échéance.

Dans le cas aussi de non paiement à l'échéance les actes de *sank* prévoient l'intervention d'un *ret* ou *agent* qui peut exiger ar les moyens légaux l'effet du contrat et faire les poursuies. En effet, le code égyptien, qui ne permet jamais de créé un droit ou une obligation pour ou à la charge d'autrui permet cependant de faire exécuter le droit ainsi créé au bénéfice d'autrui par les intéressés eux-mêmes. Le principe est que l'intéressé seul peut s'obliger. Le principe est aussi qu'il ne peut s'obliger que pour lui et qu'on ne peut admettre, en droit civil égyptien, aucune caution, aucuns *corei promittendi* étrangers. Mais il va sans dire que, quand i s'agit d'une famille où les droits sont pour ainsi dire grapés et liés en faisceaux, on peut et on doit admettre l'intervntion des membres de la famille intéressés par l'acte et qu'aprés un acte de prêt, par exemple, on fait consentir la femre dont l'hypothèque grève déjà les biens de son mari débiteu, etc. Ceci n'est pas plus contraire au principe de la personalité de l'obligation que n'y est contraire l'existence de ces rt qui n'ont pu créer cette obligation, mais peuvent la faire excuter par les moyens légaux.

Il va sans dire, d'ailleurs, que la personnalité de l'obligation, en droit égyptien, ne s'étendait pas jusqu'à ne pas faire des fils les héritiers des obligations passives comme des obligations actives et de toute la fortune. Cette doctrine de l'hérédité s'appliquant à tout, aux dettes et aux maladies, aux péchés de race, comme aux biens et aux divers avantages que le père a préparés par son travail à ses enfants, est la seule cause, je dirai presque la seule excuse, du régime des biens qui existe maintenant dans tout le monde civilisé et qui partage toutes les douceurs de la vie entre les mains d'un certain nombre de privilégiés. Admettre l'hérédité des avantages en écartant l'hérédité des charges, c'est là une monstruosité complètement contraire aux bases mêmes de la morale.

TROISIÈME PARTIE

OBLIGATIONS

PREMIER MEMENTO

— Sur quels principes le droit contractuel peut-il se baser?

— Si le droit contractuel peut se baser, d'une part, sur les principes de la morale, science des devoirs, et, d'une autre part, sur les principes de l'économie politique, science de l'argent et des valeurs, ne peut-on pas dire que chacune de ces deux sciences, celle des devoirs et celle de l'argent, a été, dans l'antiquité, cultivée jusqu'à la perfection par un grand peuple?

— Quel est le peuple qui personnifie en quelque sorte la science des devoirs, la morale?

— Dans cette admirable morale égyptienne qu'est-ce qui vous frappe le plus?

— Est-ce que cette proclamation de la charité, de l'assistance mutuelle, de la fraternité humaine, n'a pas eu d'écho chez les peuples voisins de l'Égypte?

— Chez les Grecs d'Athènes, par exemple, ne connaissez-vous pas un certain genre de prêts qui tiraient leur nom même du mot charité, amour, ερως?

— Les εραγα étaient-ils fréquents à Athènes? N'en est-il pas souvent question dans les plaidoyers des orateurs?

— Le fameux plaidoyer d'Hypéride contre Athénogène, retrouvé par nous l'année dernière, ne nous en fournit-il pas un bel exemple?

— Les ερανα que Midas, l'esclave gérant de la boutique de parfumerie appartenant à Athénogène, s'était fait remettre par des amis et connaissances, ne se montaient-ils pas, selon Athénogène, à une somme considérable?

— Dans le plaidoyer d'Apollodore contre Nicostrate, qui se trouve dans les œuvres de Démosthène, n'est-ce pas au moyen d'ερανα qu'est payée en partie la rançon de Nicostrate pris par des pirates?

— Dans le plaidoyer de Lysias contre un des trente tyrans, l'orateur, dont le client se trouvait accusé d'avoir été l'ami intime d'un personnage très impopulaire, ne s'appuie-t-il pas, pour repousser cette imputation, sur ce fait que lorsque ce personnage avait été obligé à payer une forte amende, son client n'était pas venu contribuer, comme tous les amis, à parfaire la somme au moyen de prêts d'amitié, d'ερανα?

— Les grandes idées de panhellénisme, d'assistance et de protection envers tous les Grecs qui ont fait, en pratique comme en théorie, la gloire d'Athènes, ne vous paraissent-elles pas encore une dérivation parallèle des grands principes de charité et d'assistance fraternelle si admirablement développés par les moralistes égyptiens?

— Quant à la science de l'argent, dont les Chaldéens avaient fait pour ainsi dire leur spécialité, n'a-t-elle pas précédé chez eux l'existence même des monnaies frappées?

— N'en trouvons-nous pas une formule déjà très savante dans les bilingues du palais d'Assourbanipal, bilingues dont le texte primitif avait précédé la conquête de la Chaldée par les Sémites?

— Comment l'appréciation des choses se faisait-elle à cette époque?

— Cet établissement d'équivalence, d'égalité de valeur, entre un objet quelconque et un poids d'argent déterminé, pour arriver à trouver ainsi une proportion régulière entre les valeurs de toute chose, n'offre-t-elle pas de grandes analogies avec l'idée d'établir, au moyen de la balance, une égalité de poids entre une quantité déterminée d'un même métal pesant et les divers objets qu'on voulait apprécier à ce point de vue?

— Une fois la pesée matérielle, la pesée de poids, si je puis m'exprimer ainsi, étant effectuée, ne peut-on pas changer de plateau, sans que cette égalité cesse, ce que l'on a placé sur la balance?

— L'idée de la pesée morale des valeurs étant déduite par analogie de celle de la pesée physique et matérielle des objets, ne vous semble-t-il pas que celle de l'antichrèse, telle que l'entendaient les Chaldéens (et plus tard que celle de la vente) en découlaient tout naturellement?

— En quoi différait de la vente l'antichrèse chaldéenne?

— Puisque, dans l'antichrèse, celui qui avait cédé sa chose pour en recevoir la valeur en argent, changeant ainsi, pour ainsi dire, de plateau ce qui avait été l'objet d'une pesée de valeur, de l'établissement d'une équivalence, pouvait plus tard tout remettre en l'état primitif, reprendre sa chose et rendre l'argent, peut-on comparer cette opération en droit moderne à un échange de propriété, à une aliénation proprement dite?

— Si ce n'est pas la propriété qui est échangée dans ce cas, qu'est-ce donc?

— Cette possession que le propriétaire cède momentanément comporte-t-elle des droits étendus pour celui qui en est investi?

— S'il en a non seulement l'usage mais la jouissance, mais, plus encore, le droit de la céder dans les mêmes conditions à un tiers, en quoi sa situation diffère-t-elle de celle d'un propriétaire proprement dit?

— Comprise de cette façon, avec la faculté pour le propriétaire primitif, ou sa famille, de reprendre l'immeuble à un jour donné en rendant l'argent, les cessions, même successives de ces immeubles, compromettaient-elles l'organisation primitive des cités chaldéennes?

— Ne devenaient-elles pas des opérations purement commerciales, pour ainsi dire, où l'idée d'argent, l'idée de valeur dominait tout?

— Mais, au point de vue des obligations, des créances, ne voyez-vous pas quelles conséquences devait avoir l'égalité complète établie entre la possession d'une somme d'argent et la possession d'un bien fonds, d'une pièce de terre, portant des fruits et pouvant nourrir par ses fruits son possesseur?

— L'intérêt légal, considéré comme fruit naturel de l'argent, calculé d'après la moyenne de ce que rapportaient naturellement les autres biens, qu'on échangeait par équivalence de valeur avec une quantité déterminée d'argent, ne nous apparaît-il pas en Chaldée dès une époque très ancienne?

— N'en est-il pas déjà question dans les bilingues du palais d'Assourbanipal?

— Ceux qui se plaçaient à ce point de vue ne devaient-ils pas considérer comme une chose très légitime de se faire payer les intérêts légaux, les fruits naturels, des sommes d'argent qu'ils prêtaient, c'est-à-dire dont ils livraient la possession, sans recevoir en échange une possession équivalente?

— Ne trouvez-vous pas, à ce point de vue, certaines ressemblances entre le prêt d'argent et la location proprement dite d'un bien immeuble, d'une terre productive, quand on les compare l'un et l'autre à l'antichrèse chaldéenne?

— Dans l'antichrèse chaldéenne, une fois l'égalité établie entre la valeur d'une terre productive et la valeur d'un poids déterminé d'argent, on échangeait la possession de l'une contre la possession de l'autre, sans avoir plus à s'occuper ni des produits moyens de la terre, ni de l'intérêt légal de l'argent, puisque tout devait se compenser. Mais pouvait-il en faire de même quand il n'y avait plus de compensation?

— Qu'est-ce que le prix de location de terre, le prix de fermage? N'est-ce pas la représentation des revenus du sol, représentation établie par équivalence entre ces revenus et une somme d'argent?

— Dans les pays où l'antichrèse était traditionnelle, cette somme constituant le prix de location ne devait-elle pas être égale à celle qui eut représenté l'intérêt légal de la somme qu'on aurait donnée pour le fonds de terre, si, au lieu de location non compensée, on se fût servi de cette vieille forme de l'antichrèse?

— La location, d'une part, et, d'une autre part, le prêt à intérêts, ne vous apparaissent-ils pas ainsi comme les deux parties dissociées d'une seule et même opération?

— Si le paiement d'un intérêt annuel peut être ainsi considéré comme une conséquence naturelle et pour ainsi dire indispensable du prêt d'argent découlant de l'antichrèse, de la mobilisation des biens, des équivalences établies entre des biens de toute sorte dans un intérêt commercial, en est-il de même quand le prêt se rattache à l'idée de charité et d'assistance fraternelle?

— Les prêts d'amitié des Athéniens, les ερανα, portaient-ils intérêt?

— Est-ce qu'à Athènes même, à côté des ερανα, il n'y avait pas d'autres genres de prêts, qui, à la différence de ceux-là, portaient intérêt?

— Qu'est-ce qu'on appelait à Athènes δανειον?

— Le δανειον, prêt portant intérêts, n'avait-il pas souvent à Athènes certaines garanties réelles, c'est-à-dire ne comportait-il pas certains droits portant sur les choses, sur les biens possédés par le débiteur, droits établis au profit de son créancier?

— La πραξις, dont le nom répond assez bien au mot français *exécution* et qui représentait le droit donné au créancier de saisir directement les biens de son débiteur et de les vendre afin de rentrer dans son argent, ne présente-t-elle pas certaines analogies avec l'hypothèque générale, qui existait en Égypte sous le code de Bocchoris?

— Aussi, comment les Grecs, établis en Égypte sous les Ptolémées, nommaient-ils la créance égyptienne qui comportait ce droit d'hypothèque générale?

— Cette créance égyptienne que les Grecs nommaient δανειον, comment les Égyptiens eux-mêmes la nommaient-ils?

— A quoi se rattachait originairement ce nom de *sankh?*

— Mais les créances ne reposaient plus sur un serment à l'époque des Ptolémées, quand le mot égyptien *sankh* et le mot grec δανειον s'appliquaient également à la même créance?

— Jusqu'où faut-il donc remonter pour trouver l'origine de ce mot *sankh* conservé traditionnellement?

— Sous le droit hiératique qui précéda le code de Bocchoris, croyez-vous que la créance, basée sur le serment, que le *sankh* avait été, dès le début, muni des mêmes garanties d'hypothèque générale qu'il eut sous le code de Bocchoris?

— Croyez-vous aussi que la somme prêtée comportait, comme sous ce code, un intérêt légal?

— Ne vous semble-t-il pas que le code de Bocchoris, fait par un allié des rois d'Assyrie, à une époque où depuis long-temps les peuples imbus de la vieille civilisation Chaldéenne étaient dans des rapports constants avec l'Égypte dont ils venaient de s'emparer sous le père d'Assourbanipal, croyez-vous, dis-je, que ce code de Bocchoris ne traduit pas, sur plus d'un point, l'influence d'idées chaldéennes, très habile-ment adaptées d'ailleurs aux traditions du peuple égyptien?

— L'idée de l'intérêt légal est bien une idée chaldéenne qui découlait de l'antichrèse. Mais le taux de l'intérêt légal était-il le même en Égypte, sous le code de Bocchoris, qu'il avait été en Chaldée depuis les temps les plus anciens et que nous le retrouvons encore dans les contrats babyloniens du temps de Nabonid ou de Darius?

— Sans aborder encore l'histoire complète des intérêts légaux ou non, cette différence de taux, 30 pour 100 en Égypte, 20 pour 100 en Chaldée, n'écarte-t-elle pas déjà l'idée de simple emprunt, d'imitation servile?

— L'hypothèque générale elle-même, cette institution fon-damentale du code de Bocchoris, n'est-elle pas une garantie bien calculée pour se substituer en droit civil à la garantie du serment en droit religieux?

— En droit religieux, par le serment, en invoquant l'inter-vention des dieux, on mettait en cause sa vie présente, sa vie future, tout ce qui se rattachait religieusement à sa per-sonne, pour assurer l'exécution de l'engagement que l'on prenait. En droit civil, par l'hypothèque générale, qu'est-ce que l'on mettait en cause ?

— Puisque c'était l'ensemble des biens, n'était-ce pas tout ce qui se rattachait civilement à cette personne ?

— Du temps de Bocchoris, la personne elle-même : la liberté du débiteur ne pouvait-elle pas être mise en gage, ce qui rendait l'analogie encore plus parfaite ?

— Jusqu'à quel règne voit-on durer la mancipation égyptienne, soit comme forme de droit, soit comme cession réelle de la personne mise ainsi à l'état de servage ?

— Dans cette période intermédiaire d'assez longue durée, depuis Bocchoris jusqu'à la seconde partie du règne de Darius, ou plus tôt à la première du règne d'Artaxercès, les sanctions attachées à la créance *sankh* par la loi civile et qui pouvaient aller jusqu'à la servitude du débiteur, ne vous semblent-elles pas s'expliquer en partie par les traditions du droit religieux ?

— Quelle était la peine du faux serment, d'après le droit religieux, ainsi que le rapporte Diodore de Sicile ?

— Le serment violé n'est-il pas bien proche du faux serment et ne peut-on pas considérer la servitude, sorte de mort civile, comme étant plutôt un adoucissement par rapport à la mort réelle, à la mort physique ?

— L'idée de devoir ne vous semble-t-elle pas celle qui explique le mieux certaines sévérités de la loi égyptienne, d'ailleurs si douce et si libérale sur la plupart des points ?

— Quelles vous paraissent être, en effet, les deux idées fondamentales qui dominent tout dans ce code de la morale égyptienne, qui, sous forme des confessions négative et affirmative, faisaient partie du livre des morts dès les plus anciennes époques, dont on trouve d'ailleurs le reflet sur une multitude de stèles funéraires et dont je vous ai traduit dans mes cours un des plus beaux spécimen dans le rituel funéraire de Pamont ?

— L'idée de devoir et l'idée de charité sont l'une et l'autre unilatérales pour ainsi dire. Celui qui accomplit son devoir le fait sans réciprocité. Celui qui assiste quelqu'un par charité ne compte rien recevoir de celui qu'il assiste. Est-ce que vous ne trouvez pas encore une dérivation bien curieuse de ces principes dans la forme même que prend le contrat égyptien sous le code de Bocchoris?

— Cette forme unilatérale de l'obligation, de la créance, du *sankh* éyptien, n'existait-elle pas d'ailleurs aux époques les plus anciennes quand le serment était la base du *sankh?*

—La *sponsio* romaine n'est-elle pas, à ce point de vue, une imitation du vieux *sankh* égyptien?

— Pourtant cette *sponsio* romaine n'avait plus rien de religieux, pas plus que le *sankh* usité en Égypte sous les Ptolémées. Mais ne vous semble-t-il pas que l'une et l'autre gardaient quelque chose de hiératique de cette origine première?

— A côté du *sankh*-δανειον sur lequel nous aurons bientôt à revenir, de ce prêt d'argent qui, bien qu'égyptien essentiellement par sa forme, comme par son nom et ses garanties, avait emprunté aux Chaldéens la théorie des intérêts légaux, ne retrouvons-nous pas en Égypte, même à l'époque des Ptolémées, la preuve de l'existence de prêts qui ne portaient pas intérêts, qui étaient des actes de charité et qui se rattachaient davantage encore au droit de l'époque hiératique?

— D'après le code même de Bocchoris, quelle était la seule garantie du créancier pour ces prêts d'argent qui n'avaient pas été contractés par écrit d'après les formes exigées par le nouveau code?

— Si la bonne foi du débiteur ne lui faisait pas avouer dès le début sa dette, quel était le seul moyen de preuve que le créancier pût employer?

— Dans le prêt d'amitié, dans le prêt de charité qui ne portait pas intérêts il pouvait donc intervenir encore un serment comme aux temps anciens. Mais savez-vous si quelquefois ce serment pouvait être un serment *faciendi,* un engagement pris devant les dieux, au lieu d'être seulement un serment invoqué à titre de preuve?

— La vieille forme de l'obligation égyptienne s'était donc exceptionnellement conservée dans toute sa pureté, jusqu'aux

époques les plus récentes, dans ce pays où avaient pris naissance les actes basés sur les principes de charité, de devoir,
de conscience, de responsabilité dans ce monde et dans
l'autre, devant des dieux vengeurs et devant la vérité conductrice de l'âme?

— Si l'économie politique des Assyriens, leur science de
l'argent avait pénétré en Égypte par les échanges réciproques
qui constituèrent le droit des gens, ne trouvons-nous pas
dans les contrats de Babylone la preuve de l'existence de
prêts d'amitié comparables aux εραυα grecs, faits sans intérêts
et qui semblent se rattacher comme origine à cette morale
égyptienne où l'assistance mutuelle et la charité sous toutes
ses formes occupaient tant de place?

— Vous rappelez-vous l'histoire de cet esclave qui prête
sans intérêts à l'esclave d'un autre maître la somme nécessaire pour payer la capitation de la femme de l'esclave emprunteur?

— Ne vous ai-je pas cité aussi des actes dans lesquels une
somme d'argent était prêtée d'abord comme prêt d'amitié
sans intérêts jusqu'à une date déterminée et devait porter
ensuite intérêts si elle n'était pas alors remboursée? Cette
dernière clause ne vous montre-t-elle pas comment les Chaldéens adaptaient à leur caractère, à leurs mœurs, à leurs
traditions nationales ce qu'ils empruntaient à l'Égypte,
comme les Égyptiens adaptaient à leur caractère, à leurs
mœurs, à leurs traditions nationales ce qu'ils empruntaient
à la Chaldée?

— N'est-ce pas à Athènes qu'on retrouve à la fois, parallèlement dans le δανειον d'une part et dans les εραυα de
l'autre, des applications également heureuses des principes
économiques des Chaldéens et des principes philanthropiques
de la vieille morale égyptienne?

DEUXIÈME MEMENTO

———

— L'acte que les Égyptiens nommaient acte de *sankh* et que les Macédoniens établis en Égypte nommaient δανειον, c'est-à-dire prêt, s'employait-il seulement, dans la réalité, pour des prêts d'argent proprement dits?

— Comment, dans une vente, par exemple, pouvait-on se servir d'un acte de ce genre?

— Quel avantage les Égyptiens trouvaient-ils à déclarer, dans l'acte de cession d'un immeuble, que le prix avait été payé sans aucun reliquat, alors que l'acheteur n'ayant pas entre les mains l'argent nécessaire, ne donnait, en représentation de ce prix, qu'un acte de *sankh*-δανειον, de prêt-créance?

— Est-ce que la forme même des actes avait conduit à les simplifier tous en les rendant unilatéraux?

— Comment peut-on dire que cette forme était la forme d'un discours puisque ces actes étaient écrits?

— La partie qui était censée porter la parole n'écrivait donc point elle-même?

— Est-ce qu'à Rome les stipulations qui étaient toujours censées verbales n'étaient pas très souvent consignées par écrit dans les dernières époques?

— N'a-t-on pas encore retrouvé de ces stipulations écrites?

— En cas pareil, l'acte valait-il en tant qu'acte écrit ou en tant que stipulation?

— Chez les Égyptiens, à partir de quelle époque exigea-t-on que l'acte fût écrit pour avoir toute sa force?

— L'écriture, avec toutes les précautions qu'elle comporte, signature du scribe, signature des témoins, ne vous paraît-elle pas dans de telles conditions une précaution, une garantie surajoutée, à propos d'actes déjà usités auparavant sous une forme purement verbale?

— Il y aurait donc eu en Égypte, entre l'époque purement hiératique où les engagements se contractèrent par des serments proprement dits, avec invocation des dieux gardiens du serment, et le code de Bocchoris, où les engagements se formaient par le procès-verbal écrit d'un discours prononcé par l'une des parties et s'adressant à l'autre, une période intermédiaire où on ne nommait pas les dieux et où on n'écrivait rien?

— Ne peut-on pas dire que dans cette période l'obligation créée par un acte de *sankh* se formait *verbis,* c'est-à-dire par les paroles prononcées, comme en droit romain elle se formait *verbis* dans la stipulation?

— Quelle était la grande différence de forme entre la stipulation romaine et l'acte de *sankh?*

— Pourquoi le créancier prenait-il la parole avant que le débiteur ne parlât dans la stipulation romaine?

— Est-ce que vous pourriez me citer d'autres exemples montrant bien que le droit romain avait la force pour base et principe?

— Dans la cession d'un bien par mancipation, le Romain se saisissait donc de la chose dont il devenait maître, comme dans la stipulation il se saisissait, pour ainsi dire, du droit créé à son profit?

— Mais pourquoi, dans ce dernier cas, ne parlait-il pas seul et ne suffisait-il pas de l'acquiescement tacite de l'autre partie comme dans la mancipation?

— Si l'accord des parties était la base même et la condition du contrat et s'il fallait que cet accord fût nettement indiqué par celui qui s'obligeait, vous paraît-il qu'il devait être, d'après la nature même des choses, aussi nettement indiqué, d'une façon formelle, par la personne envers laquelle on s'obligeait?

— Quelle est la raison de cette différence?

— Ainsi, suivant vous, l'homme qui s'oblige et qui crée ainsi au profit d'une autre personne un droit sur lui-même est le seul qui ait à agir au moment où se crée ce droit, tandis que l'autre partie n'entre en activité qu'au moment où il fait valoir le droit créé à son profit?

— Ne pourriez-vous pas nous montrer par le droit actuel qu'en pratique il en est bien souvent ainsi?

— Celui qui écrit de sa main la reconnaissance d'une dette et qui envoie cette reconnaissance par la poste à son créancier n'est donc pas obligé de faire parler celui-ci, de le faire intervenir activement d'aucune manière?

— Le créancier n'a aucun rôle actif dans l'acte de *sankh* égyptien. Pourquoi donc sa présence se trouve-t-elle supposée dans la confection de cet acte?

— La forme de discours exige donc la présence des deux parties en droit égyptien pour le *sankh,* comme en droit romain pour la stipulation?

— Ne l'exige-t-elle pas également en droit égyptien pour les différents actes relatifs aux cessions de propriété ou de possession, comme elle l'exigeait en droit-romain pour la mancipation créée dans le même but?

— Ne vous semble-t-il pas qu'en tout cela les *decemvir* se sont inspirés du droit égyptien en laissant de côté la nécessité de l'écriture que la barbarie et l'ignorance du peuple romain ne comportaient pas?

— Cette forme verbale ou, pour mieux dire, cette forme de discours a-t-elle existé dans le vieux droit de la Chaldée?

— Ne vous paraît-il pas que c'est justement parce que les actes chaldéens étaient déjà écrits à une époque très reculée qu'ils en sont venus à présenter une variété infinie de forme?

— La simplification des actes et la création de types consacrés, pour ainsi dire sacramentels, vous semblent donc une conséquence forcée des incertitudes de la mémoire humaine quand les actes ne sont point écrits?

TROISIÈME MEMENTO

— Par quoi commencent les actes égyptiens de *sankh*?

— La reconnaissance du droit du créancier par le débiteur se fait-elle toujours dans les mêmes termes?

— Ne pouvez-pas, à ce point de vue, diviser les actes de *sankh* en deux grandes classes?

— Celle de ces classes où la reconnaissance du débiteur porte sur le fait, ne commence-t-elle pas comme le ferait un reçu?

— Dans l'autre classe des actes de *sankh,* celle où la reconnaissance du débiteur porte sur le droit du créancier ne ressemble-t-elle pas plutôt à un aveu, aveu tel que celui que ce même débiteur pourrait faire, par exemple, devant un tribunal?

— Les mots : « tu as à faire à moi », « tu as action sur moi » — pour telle somme ou pour telle quantité de blé, etc., ne rappellent-ils pas, en effet, les conséquences, même judiciaires, que l'acte en question pourrait avoir pour le débiteur, s'il n'accomplissait pas au jour dit l'engagement contracté par lui dont-il reconnaît l'existence?

— Cette forme d'aveu ou cette forme de reçu ne vient-elle pas comme une conclusion et n'implique-t-elle pas l'existence de conventions antérieurement débattues entre les parties?

— N'en est-il pas, d'ailleurs, exactement de même dans la stipulation du droit romain?

— Pour que le créancier puisse dire à son débiteur : « Fais-tu la *sponsio* de me donner telle somme à tel moment? »

spondesne? etc. — de manière à ce que ce débiteur puisse se borner à répondre sans commentaire : « je fais cette *sponsio* », *spondeo* — ne faut-il pas qu'il se soit établi auparavant un accord complet entre les parties ?

— La *sponsio* romaine résultant d'une stipulation se rapproche donc par certains côtés de l'aveu, de la reconnaissance d'une convention existante, comme l'acte de *sankh* en Égypte ?

— Mais ne se rapproche-t-elle pas aussi, par d'autres côtés, du serment, comme cet acte de *sankh* dont le nom égyptien est tiré de ce serment même ?

— Quand, en droit romain, à côté de la *sponsio* du débiteur principal, on se fut servi de la *sponsio* prononcée par des tiers pour leur faire garantir cette dette principale et quand des lois populaires eurent limité l'étendue de cette garantie, par quelles expressions remplaça-t-on, pour tourner ces lois, la vieille expression consacrée, *spondeo?*

— Ces mots *fidei promitto, fide jubeo,* ne conservent-ils pas dans leur premier élément, le mot *fides,* une sorte de reflet éloigné de l'ancienne invocation des dieux, de l'ancien serment des dieux ?

— Quelle place occupe, dans l'acte de *sankh* égyptien, l'engagement formel du débiteur, représenté en droit romain par le mot *spondeo?*

— Venant ainsi immédiatement après la reconnaissance du fait ou du droit qui en est la base, ne vous semble-t-il pas se rattacher ainsi d'une manière intime à cette reconnaissance, comme, dans les contrats de mariage, par exemple, les clauses qui ont pour but d'assurer la subsistance et l'entretien de la femme se rattachent d'une manière intime à la reconnaissance de la prise pour femme, comme une conséquence forcée ?

— Rappelez-moi comparativement comment est disposé ce que nous pourrions appeler la mancipation égyptienne, c'est-à-dire l'acte par lequel on cède en Égypte la propriété d'un immeuble ?

— Ainsi c'est encore par la reconnaissance d'un fait —

fait qui, cette fois, est la réception du prix de la chose —
que débute *l'acte pour argent*, l'acte de mancipation dans
lequel vient aussitôt après, et s'y rattachant d'une manière
intime, la cession de la chose payée?

— Ne vous paraît-il pas qu'on retrouve en tout cela l'idée
égyptienne du devoir?

— Celui qui constate qu'il a pris femme constate en même
temps qu'il doit subir les conséquences de cette prise pour
femme, créant pour lui le devoir de nourrir la femme qu'il a
prise?

— Celui qui constate qu'il a reçu le prix d'un bien, constate
également qu'il doit subir les conséquences de la convention
en vertu de laquelle il a reçu cet argent et céder le bien
qu'on lui a payé?

— Celui qui constate qu'il a reçu de l'argent ou du blé en
prêt constate également qu'il a le devoir de subir toutes les
conséquences de la convention en vertu de laquelle il a reçu
cet argent ou ce blé et les rendre au jour convenu, etc.?

— Pourquoi ces secondes constatations, qui découlent juridiquement des premières, sont-elles toujours expressément
écrites dans les divers actes égyptiens rédigés sous le code
de Bocchoris?

— Est-ce que, si la partie qui s'oblige n'avait pas indiqué
elle-même nettement la portée de son obligation basée sur
un fait reconnu par elle, les juges n'auraient pas pu eux-
mêmes préciser les limites de son obligation d'après les
termes de la loi?

— Qu'est-ce qu'étaient ces juges en Égypte? A quelle caste
appartenaient-ils?

— Bocchoris donc, dans sa réforme, en mettant le droit
civil à la place du droit sacré, n'avait pas changé la composition des tribunaux et avait laissé les jugements entre les
mains de la caste sacerdotale?

— Ne pouvait-il pas craindre que cette caste ne changeât
peu à peu son droit par une série de jugements formant
précédents et créant une savante jurisprudence?

— S'il ne laissait plus les tribunaux juger de la portée des actes et des questions de droit se rattachant à la constatation d'un fait, s'il voulait que l'intéressé indiquât cela par lui-même et d'avance, à quoi donc avait-il réduit le rôle de ces tribunaux ?

— Ce n'étaient donc plus que des juges de *vérité,* ayant à constater d'abord la vérité de l'acte, c'est-à-dire son authenticité, puis la vérité des allégations contenues dans cet acte, par exemple la filiation des parties, puis la question de savoir si, en vérité, l'homme qui s'était obligé avait rempli les obligations qu'il avait prises et, dans le cas contraire, à lui appliquer en toute vérité les conséquences prévues par lui de ce non accomplissement ?

— Vous rappelez-vous quelle statue le président de la cour suprême devait placer sous les yeux des juges quand ils avaient à rendre leur sentence, selon le récit de Diodore de Sicile ?

— Cette déesse Vérité n'amenait-elle pas déja le mort devant les juges suprêmes dans la plupart des tableaux qui accompagnent le jugement de l'âme ?

— Vous rappelez-vous comment, dans ce rituel funéraire d'une origine si ancienne, dans un grand nombre de stèles qui s'en inspirent, on appelle les juges qui siègent avec Osiris pour ce jugement de l'âme ?

— En faisant des magistrats de simples juges de vérité, Bocchoris semble donc encore s'inspirer des vieilles traditions, alors qu'il changeait complètement l'assiette du droit ?

— Nous venons de vous dire que les juges, en cas du non accomplissement des engagements pris par le débiteur dans la seconde partie de l'acte de *sankh*, devaient lui appliquer en réalité les conséquences prévues par lui. Est-ce que ces conséquences se trouvent exprimées dans l'acte de *sankh ?*

— Ainsi, après la première partie de l'acte de *sankh :* constatation d'un fait ou d'un droit; après la seconde partie de cet acte : engagement de subir, à titre de devoir, les conséquences naturelles de ce fait ou de ce droit; vous distinguez dans l'acte de *sankh* une troisième partie dans laquelle sont indiquées les peines qui frapperont ce débiteur en cas de manquement à ce devoir?

— Savez-vous quelle est la plus habituelle de ces clauses pénales?

— Qu'est-ce qu'on appelle l'*hémiolion* en termes grecs?

— Cette moitié du tout à ajouter au tout, à quel moment se calcule-t-elle?

— Ainsi, ce n'est pas la somme prêtée primitivement que l'on double, mais la somme telle qu'elle sera, au jour de l'échéance, quand on joindra au premier capital le grossissement produit par le calcul des intérêts légaux?

— Est-ce que ce grossissement n'était pas habituellement calculé d'avance dans les actes de *sankh* égyptien, à terme fixe, de telle sorte que l'indication du montant de la somme à payer le jour de l'échéance comprenait tout, les intérêts comme le capital?

— Par quelle expression les Grecs établis en Égypte désignaient-ils les sommes à payer ainsi en bloc, sans qu'on eût à faire à l'échéance aucun calcul d'intérêts?

— Par quelle expression plus exacte les Égyptiens eux-mêmes exprimaient-ils la même idée que les Grecs rendaient par ce mot ατοκος?

— En quoi cela pouvait-il être plus commode de masser ainsi les intérêts et le capital dans un nombre de pièces d'argent qui avaient « leur grossissement en eux » suivant l'expression égyptienne?

— N'arrivait-on pas à une précision encore plus grande et à mieux éviter toute espèce de surprise pour le débiteur, en lui mettant ainsi d'un seul coup sous les yeux toute la somme dont il aurait à prendre la moitié pour l'ajouter au tout en cas de non exécution de son engagement au jour dit?

— Ne connaissez-vous pas encore d'autres clauses pénales que le débiteur peut accepter et s'imposer en cas de manquement à ses obligations, alors qu'il rédige un acte de *sankh?*

— L'amende envers la partie et l'amende au roi — pour

lés sacrifices du roi et de la reine — ne se rencontrent-elles pas comme clause pénale dans d'autres actes que ceux de *sankh?*

— L'amende envers la partie exclut-elle l'*hemiolion?*

— Si l'amende envers la partie exclut l'*hemiolion* dont elle tient la place et dont elle est le plus souvent l'équivalence un peu gonflée, l'amende au roi exclut-elle d'ordinaire cette clause pénale envers la partie?

— L'amende au roi paraît-elle avoir existé dès le début du code de Bocchoris?

— Quand elle apparaît dans les actes ptolémaïques, quel but semble-t-elle être appelée surtout à remplir?

— En mettant l'acte sous la compétence des agents du roi et en en faisant l'accessoire d'une question fiscale à juger par les gens du fisc, n'exposait-elle pas le débiteur à des moyens d'exécution qui n'auraient pas pu l'atteindre dans le cas où le contrat ne mettant pas le fisc — le roi — en jeu, il ne se fût agi que d'une simple créance individuelle?

— La contrainte par corps abolie par Darius (et non par Bocchoris comme l'ont dit les Grecs[1]) n'existait-elle pas toujours par rapport aux débiteurs du fisc ou du roi?

— N'en avons-nous pas la preuve tant dans le décret de Rosette que dans les papiers grecs et démotiques provenant des Serapeum?

— Le déplacement de juridiction n'avait-il pas, d'ailleurs, pour effet de changer, dans une certaine limite, le droit à appliquer et de substituer, au nom de l'autorité royale, la législation des *prostagma* et même le bon plaisir du roi, la jurisprudence des rescrits, au droit national du code égyptien du Bocchoris?

— Ne pouvait-on pas rendre efficaces de cette manière des sous-seings privés et d'autres actes dépourvus des formes légales et qui, d'après le code de Bocchoris, auraient été nuls?

— N'était-ce pas à ce point de vue une garantie pour le créancier?

---

1. Voir sur ce point les réserves énoncées plus haut, p. 81.

— Ne rencontre-t-on pas une autre garantie, et celle-là toute égyptienne, dans certains actes de *sankh?*

— Outre l'hypothèque générale, garantie essentiellement égyptienne, les actes de *sankh* ne présentent-ils pas quelquefois une hypothèque spéciale portant sur un bien déterminé?

— Cette hypothèque spéciale ne peut-elle pas être un acheminement à la cession du bien, cession stipulée conditionnellement à titre de vente dont le prix serait représenté par le montant de la dette pour le cas où cette dette ne serait pas payée à l'échéance?

— Ces trois genres de garantie : l'amende au roi, l'hypothèque générale, l'hypothèque spéciale avec cession conditionnelle se rencontrent-elles quelquefois dans un même acte?

— Y a-t-il une de ces garanties qui peut servir de clause pénale et, dans ce cas, remplacer l'*hémiolion*, qui n'a plus à être mentionné?

— Quand la cession définitive d'un bien déterminé se trouve promise pour le cas où la dette ne serait pas payée, n'a-t-on pas pu, sans en rien dire, tenir compte du grossissement que l'adjonction de la moitié en plus aurait fait subir à la dette en estimant la valeur du bien qu'on estime pour cette dette?

— La cession générale de tous biens, en cas de non paiement à l'échéance, ne pouvait-elle pas être traitée exactement comme la cession d'un bien spécial quand on ne prévoyait pas d'augmentation possible de la fortune d'un individu?

— Toutes ces garanties que nous venons d'examiner appartiennent-elles exclusivement à l'acte de *sankh* ou peuvent-elles se rencontrer dans d'autres actes?

— Avez-vous encore quelque chose à remarquer dans la rédaction des actes de *sankh* en dehors de cette division en quatre parties fondamentales :

1° La reconnaissance d'un fait ou d'un droit;

2° L'obligation basée sur ce fait ou ce droit;

3° L'accroissement de la dette à titre de peine en cas de non exécution de cette obligation;

4° Les garanties accessoires qui viennent assurer l'exécution finale du contrat, garanties qui peuvent se rencontrer également dans d'autres actes égyptiens?

— A quelle partie rattachez-vous ce qui a trait au terme?

— Si vous rattachez avec raison le terme à l'obligation elle-même — seconde partie de l'acte de *sankh* — à quelle partie rattacherez-vous ce qui regarde l'agent du créancier chargé des poursuites, le *ret?*

— Si le *ret* n'a à intervenir que pour assurer une exécution qui n'a pas été volontaire, et se rattache par conséquent à la dernière partie de l'acte, tout est-il complètement terminé quand le notaire achève d'écrire sous la dictée du débiteur?

— Est-ce qu'il ne peut pas y avoir, à la suite, d'autres personnes qui prennent la parole à leur tour dans l'intérêt du créancier?

— Ces personnes peuvent-elles ne pas faire partie de la famille du débiteur?

— Ainsi, il n'existe pas, à proprement parler, soit de *correi promittendi*, c'est-à-dire de co-prometteurs désintéressés, soit de cautions et de garants d'aucun genre n'appartenant pas à la famille et n'ayant pas un intérêt direct dans les conséquences de l'acte, à cause de leurs droits possibles sur les biens hypothéqués?

QUATRIÈME MEMENTO

— Dans le contrat de *sankh* égyptien le montant de la dette est-il toujours déterminé?

— Est-ce que vous ne trouvez pas dans le vieux droit romain, sous le régime des actions dites de la loi, une action spéciale qui avait été créée par deux lois successives pour les dettes dont la quantité était déterminée, d'abord pour celles d'argent, puis pour celles d'objets qui se comptaient à la mesure, tels que du blé, du vin, de l'huile, etc.?

— Cette *condictio*, qu'il ne faut pas confondre avec les actions personnelles nommées plus tard également *condictio*, n'a-t-elle pas paru aux jurisconsultes, particulièrement à Gaius, une superfétation inutile, alors que l'on avait déjà, pour les dettes d'un montant déterminé, certain, *pecuniae certae*, les autres actions de la loi, telle que l'*actio sacramenti*?

— Ne vous paraît-il pas maintenant très probable que si les Romains ont distingué, pour leur attacher une action spéciale, les stipulations dont le montant était ainsi déterminé des stipulations qui ne fixaient pas, dès le premier instant, le chiffre à réclamer, c'est parce que, dans d'autres pays, en Égypte, une classe spéciale de contrats munie de garanties spéciales était constituée par ces actes de *sankh* dont le montant était toujours déterminé?

— Pour que le montant de la somme à payer fût ainsi déterminé dans l'acte même alors que cette somme devait grossir par les intérêts jusqu'au paiement, qu'y avait-il à fixer également dans cet acte?

— Le terme, le jour de l'échéance, n'est-il pas, pour ainsi dire, un des éléments les plus solennels de cet acte ?

— Après avoir dit, par exemple, comme dans l'acte de Marseille : « Tu as action sur moi pour 5 argenteus et « 2 dixièmes au nom des argenteus que tu m'as donnés ! Que « je te donne en l'an 6, le 30 athyr, en 12 mois complets, une « année, l'argent de ces 5 argenteus et $^2/_{10}$, » après avoir spécifié que si la somme n'est pas payée au jour fixé l'*hémiolion* sera dû à titre de peine dès le lendemain de ce jour et sera payé alors de force, sans délai, n'ajoute-t-on pas encore autre chose relativement au terme ?

— Ces expressions « je ne puis te fixer pour eux » — (pour payer ces argenteus), a un autre temps ou jour. Je ne puis te dire : « je t'ai fait leur droit », n'interdisent-elles pas au débiteur tout paiement anticipé, comme tout paiement retardé ?

— Cette interdiction ne vous semble-t-elle pas, d'ailleurs, avoir été nécessaire pour conserver à l'acte de *sankh* le caractère d'une créance de somme déterminée comme la créance résultant à Rome de la stipulation *pecuniae certae?*

— Les intérêts étant calculés d'avance et par rapport au terme, n'aurait-il pas fallu en changer le calcul et, par conséquent, le montant de la dette, si l'on avait changé le terme et payé à tout autre temps ?

— Le taux de l'intérêt était-il facultatif en Égypte ? N'était-il pas fixé par la loi elle-même ?

— Du moment où, devant le notaire, on faisait le calcul d'avance pour indiquer, dans l'acte de *sankh*, quelle somme déterminée le débiteur aurait à payer au jour fixé, si le créancier avait pu recevoir, en vertu de son acte même, cette somme avant le jour du terme, n'aurait-il pas paru ainsi avoir placé son argent à taux usuraire, si la somme qu'on lui versait restait la même ?

— En cas de retard, l'intérêt n'eût-il point également cessé d'être également l'intérêt légal si la somme n'eût point changé ?

— L'acte de *sankh* devait donc produire son effet au jour

d'échéance. L'*actio* reconnue au créancier contre le débiteur lui donnait le droit et le pouvoir de recevoir la somme fixée ce jour-là, non un autre jour. Dès le lendemain, c'était une autre somme, une somme grossie de l'*hémiolion,* qui devait lui être versée ; mais, dans la pratique, le débiteur n'avait-il pas quelque moyen de se libérer d'avance envers son créancier ?

— La cession d'un droit vous appartenant en faveur d'un intéressé, cession faite soit pour de l'argent, soit même gratuitement, n'était-elle pas d'un très grand usage en droit égyptien ?

— Quand il s'agissait, par exemple, d'un immeuble, après le premier acte, l'écrit pour argent, correspondant à la mancipation romaine, et par lequel le vendeur reconnaissait avoir reçu le prix de la chose et en livrer le *dominium*, la propriété théorique, n'avait-il pas à faire encore à son acheteur un acte de cession pour lui en livrer la possession effective ?

— Aurait-il pu faire cet acte de cession à quelque autre qu'à l'acheteur, soit gratuitement, soit contre une somme déterminée ?

— En cas de succession, un des héritiers ne pouvait-il pas céder ses droits aux intéressés, c'est-à-dire à ceux qui venaient à son défaut et se partageaient alors sa part ?

— Aurait-il pu les céder à d'autres ? Aurait-il pu introduire ainsi dans l'hérédité, dans l'indivision, dans les partages de la famille, un tiers complètement étranger à cette famille ?

— Pour en revenir à l'acte de *sankh,* le créancier aurait-il eu le droit, en Égypte, de vendre à un tiers sa créance, résultant d'un acte de *sankh ?*

— Le lien de droit créé par cet acte de *sankh* entre le débiteur qui parlait et le créancier auquel il parlait, n'avait-il pas quelque chose d'aussi invariable, d'aussi inflexible, d'aussi hiératique que le lien de droit créé à Rome par la *stipulatio,* sous forme de *sponsio,* entre le créancier et le débiteur qui parlaient chacun à leur tour ?

— Mais ne vous semble-t-il pas que, d'après les principes généraux du droit égyptien, le créancier devait pouvoir, au profit des intéressés, se retirer du droit créé à son profit et le leur céder?

— Cette cession, si elle se faisait pour de l'argent, ne constituait-elle pas une sorte de vente, mais de vente tout à fait spéciale dont aucun autre que le débiteur et ses ayants cause n'eût pu invoquer le bénéfice?

— Les intéressés étaient-ils, en effet, dans l'acte de *sankh*, seulement au nombre de deux?

— Avait-on, d'une part, le créancier, et, d'une autre part, le débiteur seul?

— Est-ce que ce dernier n'indique pas, dans l'acte même, que le droit résultant de cet acte porte non seulement sur lui-même, sur sa tête, mais sur la tête d'autres encore?

— Quels sont ces autres?

— Est-ce que le père ne représentait pas toute la maison dans cette circonstance, comme l'aîné κυριος la représentait quand il défendait l'hérédité?

— En cas de cession de la créance par le créancier aux intéressés, les enfants ne devaient-ils pas venir figurer à côté du père au nombre de ces intéressés cessionnaires du droit de l'écrit, puisque ce droit portait sur leurs têtes aussi bien que sur celles du père?

— N'est-ce pas ainsi qu'on peut expliquer le plus naturellement la mention de la fille dans une cession de créance, datée du mois de Mésoré de l'an 44 d'Évergète II, cession dans laquelle le créancier Petnofréhotep abandonne au profit du débiteur Amenhotep, en même temps que de la femme Heribast, sa fille, le droit résultant pour lui d'un acte de *sankh* rédigé huit mois plus tôt et ayant son terme quatre mois plus tard?

— Quoiqu'il soit question de paiement dans cet acte, la formule initiale n'en est-elle pas celle des cessions de droit pures et simples et non celle des ventes?

— Quelle est cette formule initiale de toutes les cessions de droit?

— Au lieu de ces mots : « je te fais abandon, je te cède » *tuiui,* les ventes proprement dites ne commencent-elles pas

par une formule toute différente où il est d'abord question
du prix?

— N'est-ce point parce que le versement de l'argent, primitivement la pesée de cet argent avec une balance jouait
le rôle principal dans la vente égyptienne, comme dans la
mancipation romaine, qu'on commençait toujours ainsi par
dire dans cette vente-mancipation : « tu m'as donné, et mon
cœur en est satisfait, l'argent qui est le prix de telle chose »?

— Si, dans la cession de créance au débiteur, on eut commencé par cette formule, est-ce qu'on n'eut pas ainsi semblé
reconnaître au créancier le droit de vendre à quiconque sa
créance et d'en échanger la valeur contre une équivalence
en argent, comme il eut pu le faire en droit chaldéen, où la
vente de créance était très fréquente?

— La manière dont s'exprime Petnofrehotep dans l'acte
en question : « Je fais abandon du droit de l'écrit librement
consenti que tu m'as fait avec ta fille Heribast au mois de
choiak de l'an 44 du roi à vie éternelle (c'est-à-dire ici du
roi régnant) », cette manière de s'exprimer, dis-je, avait-elle
le même inconvénient?

— Le créancier se retirant de son droit, n'employait-il pas
au contraire ici exactement la même formule dont on se sert
par rapport au roi lui-même dans le décret de Rosette pour
indiquer qu'il renonce au droit d'exiger de ceux qui en sont
reliquataires les redevances non payées antérieurement? Ne
dit-on pas qu'il leur en cède, leur abandonne, *ui?*

— Et cependant peut-on supposer que le roi eût abandonné, eût cédé à d'autres qu'à ceux qui les lui devaient les
reliquats sur les revenus publics?

— Le capital prêté qui avait servi de base à l'acte de
créance rédigé au mois de choiak de l'an 44, avait-il dû être
indiqué expressément dans cet acte de créance?

— Est-ce que nous n'avons pas vu déjà qu'il était de règle
absolue d'indiquer dans l'acte de créance non point le montant de la somme prêtée au débiteur, mais celui de la somme
qu'il aurait à payer au jour fixé, somme dans laquelle les
intérêts légaux, calculés jusqu'à l'échéance, grossissaient le

capital prêté, à titre de fruits naturels, si je puis m'exprimer ainsi?

D'après ce même système avait-on à indiquer expressément, en cas de paiements anticipés, soit le capital primitif, soit la somme que ce capital aurait produite à l'échéance en y joignant les intérêts, si le paiement avait eu lieu à cette échéance?

— Pour que l'acte présentât bien cet aspect de complète sincérité qu'ont tous les actes égyptiens, ne fallait-il pas que le notaire calculât quel grossissement produisait l'intérêt légal au jour du paiement effectif et portât exclusivement cette somme totale sur l'acte de cession où le créancier en donnait reçu?

— Dans l'acte de cession que nous examinons la somme portée est de 1,440 argenteus, ce qui fait 4 talents et 240 argenteus ayant leur accroissement en eux, c'est-à-dire y compris les intérêts calculés d'avance. Or, huit mois s'étaient écoulés depuis le jour du prêt. La somme prêtée s'était donc élevée en capital à 4 talents juste, c'est-à-dire à 1,200 argenteus, puisque l'intérêt légal étant de 30 pour cent par an, l'intérêt des deux tiers d'année est des $^2/_3$ de 30 pour 100, c'est-à-dire de 20 pour 100 : 240 argenteus pour 1,200?

— Si le paiement ne s'était fait qu'à l'échéance, c'est-à-dire quatre mois plus tard, à combien se fût montée la somme au lieu de se monter à 1,240 argenteus?

— C'est donc le chiffre de 1,560 argenteus que nous retrouverions dans l'acte de créance primitif, s'il nous tombait sous la main et qui représenterait dans cet acte les mêmes avances faites au débiteur telles qu'il les aurait eu à « payer le 30 choiak de l'an 45, à la fin de douze mois complets, d'une année, douze mois complets en tout »?

— Ne vous semble-t-il pas que les Égyptiens d'alors considéraient ainsi la chose prêtée comme subissant un accroissement naturel, tout à fait comparable à celui qu'aurait subi, par exemple, un chêne, un sycomore, dont les feuilles et les branches se seraient multipliées avec le temps, dont le bois aurait représenté graduellement de plus en plus de

mesures, sans qu'il cessât de rester toujours le même chêne ?
Dans une vente de bois, si l'on eut évalué ce chêne ou
ce sycomore en coudées cubiques, comme on l'évaluerait
aujourd'hui en pieds, n'aurait-il pas fallu accroître cette
évaluation du même arbre suivant le nombre des années, si,
le jour de l'échéance, c'est-à-dire le jour de la coupe, s'était
trouvé très éloigné du jour de la vente ?

— Cette manière de considérer l'argent comme une chose
abstraite, si je puis m'exprimer ainsi, les Égyptiens ne vous
semblent-ils point l'avoir empruntée à un autre peuple ?

— Dans les actes de la Chaldée ne rencontre-t-on pas
sans cesse une formule de ce genre : « tant de mines ou de
sekels, argent d'un tel sur un tel ». Le mot argent n'est-il
pas alors pleinement synonyme du mot créance ?

— N'est-ce pas en partant du même principe que, dans
l'acte de cession de créance examiné par nous, Petnofrehotep, après les phrases citées plus haut, peut continuer
ainsi : « tu m'as payé ces argenteus pour lesquels je t'ai
donné jour, (tu me les as payés) avec leurs intérêts en
Mesoré de l'an 44. Tu m'as donné. Je les ai reçus de ta main.
Ils sont complets sans aucun reliquat. Mon cœur en est
satisfait et en ce qui les concerne j'ai satisfaction avec toi.
Je t'en fais cession. »

— De quoi Petnofrehotep fait-il cession ?

— Est-ce de 1,440 argenteus ?

— N'est-ce pas, au contraire, du droit de créance de l'argent
des argenteus représentant un capital grossissant par le
temps, prêté primitivement par lui et au nom duquel il vient
de recevoir la somme indiquée ?

— N'est-ce pas à propos de ce capital prêté par lui que
Petnofrehotep ajoute ensuite : « Je n'ai plus aucune parole
« à te dire au sujet de ces argenteus », phrase qu'il complète
par les mots : « et au sujet de l'écrit ». Cette phrase, dans son
ensemble, ne se réfère-t-elle point à la fois, d'une part, à la
créance constitué *re*, pour nous servir d'une expression de
droit romain, par le prêt d'argent; (car naturellement celui
qui a reçu l'argent d'autrui à titre de prêt doit le rendre) et,

d'une autre part, à la créance civile constituée par l'acte de *sankh* ?

— Petnofrehotep, en effet, ne se trouvait-il pas désintéressé à un point de vue comme à l'autre par le versement de la somme telle qu'elle était naturellement grossie au jour du paiement par le jeu de l'intérêt légal? Mais pour que le débiteur se trouvât libéré au point de vue civil, ne fallait-il pas que l'acte lui-même, l'acte de *sankh* en vertu duquel il eût dû payer à l'échéance, lui fût cédé formellement par un nouvel acte?

— N'est-ce point là ce qui est indiqué nettement par les phrases suivantes :

« Je t'ai fait l'écrit de bon accord ci-dessus avec tout ce
« qui s'y trouve. Je t'ai donné l'écrit de libre consentement
« que tu m'as fait avec femme Heribast, ta fille sus mention-
« née. Il est à vous, ainsi que son droit, et totalité de parole
« quelconque qu'il contient : et les argenteus et leurs fruits.
« Je n'ai aucune parole du monde à vous faire en son nom
« depuis le jour sus indiqué. »

— Est-ce bien là, d'ailleurs, une cession sérieuse, telle que les cessions de droit, qui se font avec garantie dans d'autres actes égyptiens?

— Quelle est la formule de garantie la plus habituelle en cas semblable?

— Cette formule : « Celui viendra en ce sujet en mon nom,
« je le ferai s'éloigner de vous de force, sans délai, sans aucune
« opposition » et qui est au fond la même que nous rencontrons dans ces actes n'est-elle pas, en général, munie d'une sanction, d'une clause pénale, dans les cessions de droits?

— De quelle nature est en général cette clause pénale?

— Ici, est-ce une amende que l'auteur de l'acte s'impose au profit du roi ou est-ce une amende qu'il s'impose au profit de l'autre partie?

— Lorsqu'il dit ainsi : « Si je m'écarte pour ne pas faire selon toute parole ci-dessus je vous donnerai 3,000 argenteus, ou, en d'autres termes, 10 talents, 3,000 argenteus en tout, etc. », quelle éventualité prévoit-il ?

— Est-ce qu'en effet, tout en ayant cédé l'expédition qu'il possédait de son acte de créance primitif, il aurait pu, d'après la minute, réclamer la somme à l'échéance s'il n'en avait pas été empêché par l'acte nouveau?

— Quelle proportion voyez-vous entre la somme qu'il avait reçue de son débiteur et l'amende qu'il s'engageait à verser aux mains de celui-ci s'il lui réclamait au terme fixé l'argent prêté, en s'appuyant sur la minute du notaire et les souvenirs des témoins?

— La différence entre le double de la somme versée en paiement par le débiteur, double qui serait de 2,880 argenteus et l'amende qui est de 3,000, argenteus ne représente-t-elle point exactement l'intérêt légal de quatre mois pour les 1,200 argenteus prêtés par Petnofrehotep?

— Or ces quatre mois, — ce tiers d'année — ne séparent-ils pas le paiement anticipé du terme?

— La somme que Petnofrehotep eût réclamée au moment du terme ne devait-elle pas ainsi dépasser de ces 120 argenteus la somme qu'il avait reçue lors du paiement anticipé?

— Cette différence, pouvait-il se plaindre qu'on la lui fît payer une fois, quand on aurait pu justement la lui faire payer deux fois comme la somme touchée par lui?

— Mais était-ce Petnofrehotep qui avait eu de lui-même l'idée de s'imposer une pareille amende?

— N'indique-t-il pas réellement le contraire quand, dans la dernière phrase de cet acte, s'adressant à son emprunteur et à sa fille, il leur dit : « Vous avez donné l'argent pour que « je fasse selon toute parole ci-dessus de force, sans délai. »

— Cela ne voulait-il pas dire que l'argent n'avait été payé d'avance qu'à des conditions déterminées, peut-être sur sa propre demande, et en tout cas de telle sorte que ces conditions débattues entre les parties, acceptées par celui qui prenait la parole pour céder son droit, devaient être mises dans sa bouche par le monographe chargé de rédiger cet acte au nom des prêtres d'Amon-rasonter, le dieu suprême de Thèbes, et des rois associés à sa divinité?

CINQUIÈME MEMENTO

—

— Quant vous avez vu les intérêts des créances être calculées par tiers d'années, comme ils le sont, par exemple, dans l'acte de cession de créance que fit le créancier Petnofrehotep en faveur de son débiteur Amenhotep, n'avez-vous pas été frappés de constater combien le calcul des intérêts était alors facile et cela ne vous a-t-il pas rappelé à l'esprit certains rapports qui ont existé chez tous les vieux peuples connus entre le taux de l'intérêt, les unités monétaires diverses et les périodes pour lesquelles ces intérêts étaient calculés d'habitude ?

— Dans la vieille Chaldée, où le taux de l'intérêt était de 20 pour 100, quelle était l'unité de temps, si je puis m'exprimer ainsi, qui était usitée dans les calculs de cet intérêt ?

— C'était donc par mois qu'on avait fixé le produit que devait donner un capital. Or, quelle fraction de ce capital représente par mois l'intérêt qui par an serait de 20 pour 100 ou, en d'autres termes, du cinquième de ce capital ?

— Puisque le douzième du cinquième est un soixantième, la proportion entre le capital et son produit était donc par mois d'un à soixante. Or, dans quelles proportions se trouvaient en Chaldée, l'une par rapport à l'autre, les unités monétaires en usage ?

— Combien le talent, par exemple, contenait-il de mines ?

— Combien la mine contenait-elle de sekels ?

— Puisque le sekel était le soixantième de la mine et puisque la mine, de son côté, était le soixantième du talent, ne voyez-vous pas combien le calcul de l'intérêt légal deve-

naît simple quand on y disait que chaque talent devait produire par mois son soixantième, c'est-à-dire une mine et que
chaque mine devait produire par mois son soixantième, c'est-
à-dire un sekel — (ce qui faisait par an, pour intérêt légal,
un vingtième du capital, 20 pour 100)?

— Dans l'Égypte ancienne, savez-vous quelle avait été
la proportion entre les deux unités monétaires le plus en
usage à la vieille époque, l'outen-argenteus et le kati?

— Ces deux unités monétaires représentant le décuple de
l'autre ne sont-elles point encore celles que l'on rencontre
pour l'argent, à l'exclusion de toute autre dans tous les actes
antérieurs à la conquête macédonienne, et par conséquent
celles qui existaient lorsque Bocchoris fit son code, et lorsque
Darius le compléta sur bien des points, comme nous l'avait
dit Diodore de Sicile?

— Savez-vous aussi comment se divisait dès l'origine
l'année égyptienne?

— Ce partage en trois grandes saisons, en trois tiers, n'est-
il pas resté jusqu'à la fin le partage fondamental de cette
année dans tous les monuments écrits soit en hiéroglyphes,
soit en hiératique, soit en démotique?

— Ne distinguait-on pas toujours dans l'écriture égyptienne les mois suivant la place qu'ils occupaient dans leur
saison et non par des noms particuliers?

— N'était-il pas dès lors naturel de calculer aussi par saison l'intérêt légal de l'argent?

— A 30 pour 100 par an, cet intérêt légal ne représentait-il
pas exactement, par saison de quatre mois, *par tiers* d'année,
10 pour 100, c'est-à-dire le dixième du capital et, comme la
petite unité se trouvait être le dixième de la grande, le calcul
de l'intérêt légal égyptien ne se trouvait-il pas ainsi tout
aussi simple que le calcul de l'intérêt légal chaldéen?

— Chaque grosse unité monétaire égyptienne, chaque
outen-argenteus ne se trouvait-il pas ainsi avoir pour fruit,
pour produit, pour « enfant », *mes*, par chaque saison, unité
de temps, une petite unité monétaire, un kati?

— Chez les peuples grecs la proportion entre les deux

unités monétaires les plus usitées, la mine et la drachme, resta-t-elle les mêmes qu'avait été en Chaldée, d'où venait la mine, la proportion entre cette mine et l'unité plus petite, le sekel?

— Si la mine contenait 100 drachmes en Grèce, au lieu de se diviser, comme en Chaldée, en 60 sekels, un intérêt représenté chaque mois par une petite unité, par une drachme pour chaque mine, ne faisait donc plus par an 20 pour 100, mais seulement 12 pour 100, puisqu'il y a douze mois dans l'année et puisque l'intérêt de chaque mois était d'un pour 100.

— Cet intérêt que les Grecs désignaient quand ils disaient simplement que l'argent était prêté à la drachme, ne le connaissez-vous pas comme intérêt légal chez un autre peuple?

— Quel était le taux de l'intérêt que les Romains nommaient la *centesima?*

— Si ce taux était de 12 pour 100 par an, à quelle unité de temps se rapportait le calcul qui aboutissait à cette proportion d'un centième?

— C'était donc à Rome, comme en Grèce, le mois qui était resté, comme en Chaldée, l'unité de temps pour le calcul des intérêts? Mais il faut passer par la Grèce, par l'intermédiaire des monnaies grecques, pour bien comprendre la *centesima* devenue l'intérêt légal chez les Romains. Croyez-vous pourtant que les Grecs, les Athéniens, par exemple, avaient un intérêt légal, comme les Chaldéens, les Égyptiens, etc.?

— Parmi les grands peuples de l'antiquité ne vous en rappelez-vous pas un autre qui n'avait pas l'intérêt légal, mais laissait aux parties le soin de fixer le taux exigé pour chaque prêt?

— Les taux conventionnels d'intérêt que l'on trouve dans les actes faits à Ninive peuvent-ils être considérables?

— Si les intérêts calculés pour l'année entière à Ninive peuvent s'élever au quart, au tiers, à moitié et plus même encore du capital, pour ce laps de temps ne devait-il pas arriver souvent que ces intérêts constituaient chez les Ninivites une abominable exploitation de besoins pressants qui n'était nullement basée sur l'équivalence des valeurs entre elles et était véritablement condamnable à titre d'usure dans le mauvais sens de ce mot?

— N'a-t-il pas fallu que les abus de ce régime aient été bien grands pour que les peuples chaldéens qu'avaient soumis les Ninivites, fussent revenus, aussitôt délivrés de leurs mains, à leur vieil intérêt légal?

— De pareils abus se sont-il produits à Athènes où le taux d'intérêt était libre comme à Ninive?

— Est-ce qu'à Athènes, à côté de la drachme, il n'existait pas une monnaie de compte encore plus petite, l'obole, son sixième, qui se divisait elle-même en demi-obole, quart d'obole et huitième d'obole ou chalque?

— Les Athéniens ne se servirent-ils pas de l'existence de cette obole et de ses divisions pour varier le taux conventionnel de l'intérêt, en indiquant par un nombre d'oboles et au besoin en outre par des fractions d'oboles, ce que chaque mine produirait chaque mois?

— Arrivait-il souvent que ces taux conventionnels en vinssent à atteindre ou à dépasser le taux de 20 pour 100 qui était l'intérêt légal chaldéen, quand du moins il ne s'agissait pas à Athènes de sommes exposées à des risques particuliers, comme il s'en trouvait dans les prêts maritimes, ou à la grosse aventure, et dans certains placements aléatoires, les uns et les autres pouvaient rapporter jusqu'à 30 pour 100 comme en Égypte?

— Pour en revenir à l'Égypte, l'intérêt des prêts ou créances de blé y était-il le même que l'intérêt des prêts ou créances d'argent?

— Ces 33 et un tiers pour 100 ou, en d'autres termes, ce tiers du capital prêté, où en trouvez-vous l'explication et l'origine?

— Si les mesures de capacité ont entre elles des proportions représentées par le chiffre *trois* où ses multiples, l'intérêt représente donc toujours la même proportion par rapport au capital que les petites mesures par rapport aux grandes?

SIXIÈME MEMENTO

QUESTIONNAIRE DÉVELOPPÉ [1]

— La contexture des actes de prêt-créance, de *sankh*-δανειον, ayant pour objet une quantité de blé déterminée ressemble-t-elle à la contexture des actes de *sankh* ayant pour objet une somme d'argent déterminée?

— Rappelez-moi combien de parties distinctes nous avons trouvées dans ces derniers?

Ainsi vous avez d'abord :

1° La reconnaissance de la dette, en fait ou en droit, avec fixation du montant de cette dette pour le jour où le créancier pourra agir, c'est-à-dire recevoir valablement ce montant d'après son acte ;

2° L'engagement pris par le débiteur de payer au terme et la fixation de ce terme.

Ne vous semble-t-il pas que ces deux premières parties se complètent l'une par l'autre et constituent l'obligation principale, la première prévue?

— Continuons.

Dans la contexture générale de l'acte de *sankh* vous trouvez ensuite :

3° La clause d'après laquelle la dette sera accrue d'une moitié en plus, d'un *hémiolion*, dans le cas où elle ne serait pas payée au jour du terme et dès le lendemain de ce terme.

---

1. On trouvera à la suite un questionnaire plus restreint du même sujet qui donnera une idée de ma méthode dans mes conférences préparatoires aux examens.

Ne vous semble-t-il pas qu'il s'effectuait ici une sorte de novation, que la première créance, telle qu'elle avait été fixée en *pecunia certa* pour le jour du terme, faisait place, dès le lendemain, à une créance nouvelle, plus considérable, qui ne pouvait pas se confondre avec la première puisque le montant n'était plus le même, et ne vous semble-t-il pas que c'était en se plaçant au point de vue d'une novation ainsi effectuée que le débiteur disait ne pouvoir payer ni avant ni après le jour de l'échéance ?

Avant, nous avons vu qu'il ne pouvait payer que le prix d'une cession d'une créance, ce qui est une chose toute différente.

Après, ce qu'il avait à payer, ce n'était plus la créance primitive, c'était une créance nouvelle plus grosse d'une moitié en sus.

— A laquelle de ces deux créances se rattachaient surtout les garanties dont l'indication constituait la quatrième et dernière partie de l'acte et qu'il y avait à faire valoir en cas d'exécution forcée ?

— Ainsi l'acte de *sankh* peut être divisé fondamentalement en deux obligations distinctes, dont la seconde, conditionnelle, ferait novation une fois le terme passé relativement à la première, laquelle s'éteindrait à ce moment.

— Ne voyez-vous pas quel rôle capital le terme joue dans l'acte de *sankh ?*

C'est par rapport à ce terme qu'on calcule le montant de la première obligation, en y faisant entrer jusque-là les intérêts de la somme primitive qui en est la cause, et c'est à partir de ce terme non seulement que la seconde obligation est exigible, mais que le créancier peut agir en employant les moyens de rigueur.

Or, à ce point de vue, au point de vue du terme, savez-vous s'il n'existe pas quelque différence entre certains prêts de blé et les prêts d'argent ?

— Ainsi le terme, la période de temps pendant laquelle le débiteur peut valablement s'acquitter de son obligation première a quelquefois, dans les prêts de blé, la durée de deux mois, tandis que, dans les prêts d'argent, il n'excède jamais la durée d'un mois et souvent même se trouve limité à un seul jour.

— Comment expliquez-vous ces divers genres de termes?

— Vous pensez donc qu'il fallait donner plus de marge au débiteur pour qu'il pût s'acquitter durant le temps fixé, lorsqu'il s'agissait de blé, que lorsqu'il s'agissait d'argent, — parce que l'argent, d'un transport plus facile, n'exigeait, d'ailleurs, avant le transport, aucune préparation préalable, tandis que le blé demandait la récolte, puis le battage, puis le mesurage, la mise en sac et le voiturage? Dans tout cela il y avait bien des causes de retard et l'on comprend que le terme pouvait être allongé jusqu'à l'espace de deux mois, comme dans certains prêts de blé Memphites. Mais ne pouvait-il pas être raccourci pour les prêts de blé quand les circonstances étaient telles que les difficultés prévues fussent beaucoup moindres?

— Ne pouvait-il pas être d'un seul mois ou même d'un seul jour?

— Quand, par exemple, le débiteur et le créancier demeuraient dans le même lieu, quand le débiteur n'était pas un cultivateur, mais un homme achetant lui-même le blé qu'il avait à livrer et quand l'échéance était postérieure à la date des marchés où les blés se vendaient d'ordinaire, était-il nécessaire de donner plus d'un jour de durée au terme?

— Pour résumer cette question du terme, combien de genres en trouvez-vous dans les prêts d'argent?

— Le terme d'un jour et le terme d'un mois, cela ne fait bien que deux. Et combien en trouvez-vous de genres possibles dans les prêts de blé?

— Vous ne connaissez pas de terme plus long que le terme de deux mois à ajouter pour les prêts de blé au terme d'un jour et au terme d'un mois qui leur sont communs avec les prêts d'argent?

Je n'en connais pas non plus jusqu'ici.

— L'allongement du terme, quand ce terme dépassait un jour, pouvait-il être considéré comme une faveur faite au créancier dans son intérêt, ou comme une faveur faite au débiteur dans l'intérêt de celui-ci?

— Si c'était une facilité donnée au débiteur dans son intérêt propre, afin qu'il fût moins exposé à encourir la clause pénale, qui eût augmenté sa dette d'une moitié en plus, quel instant du terme fallait-il avoir en vue pour le calcul des intérêts et la fixation du montant de la dette?

— Quand le terme n'excède pas la durée d'un mois, cette question est sans importance; car les Égyptiens, calculant les intérêts par saison ou quart de saison, c'est-à-dire par mois, ne tenaient pas ordinairement compte des fractions de mois dans l'acte de *sankh*. Mais quand le terme avait une longueur de deux mois, le chiffre à recevoir par le créancier comprenait un grossissement, qui n'eût point été le même si on l'eût calculé pour le premier mois que si on l'eût calculé pour le second mois de ce terme. Quel était celui de ces deux calculs que l'on employait?

— Ainsi, par rapport au créancier, le terme, eut-il une durée de deux mois, produisait toujours les mêmes effets, lui donnait toujours les mêmes avantages que s'il eût été limité au dernier jour de ce dernier mois. Ne m'avez-vous pas dit déjà la raison juridique de ce mode de calcul?

— L'allongement du terme, c'est-à-dire de la période pendant laquelle le débiteur avait le droit de payer, tel que le portait l'acte, le montant déterminé, la *pecunia certa* de son obligation (vous savez que, d'après le témoignage de Gaius, l'expression *pecunia certa* s'appliquait aussi bien à une dette de blé qu'à une dette d'argent), cet allongement du terme était considéré comme une faveur exceptionnelle à lui accordée en vue de certaines circonstances également exceptionnelles, mais qui ne pouvait préjudicier en rien à celui qui la lui accordait. Aurait-il pu, en effet, sans cela, malgré le créancier, s'acquitter à un autre jour qu'au jour du terme? N'était-il pas de l'essence même de l'acte de *sankh* d'annuler tout paiement fait en dehors du terme, si le créancier ne renonçait pas volontairement, par le moyen d'un nouvel acte de cession, au droit résultant de son acte de *sankh*?

— En ce qui touche la novation résultant de non paiement au terme, n'était-ce pas le dernier jour du terme que l'on avait aussi à considérer exclusivement?

— Les actes de *sankh* sont-ils les seuls dans lesquels nous trouvions appliqués les mêmes principes relativement au terme à propos de créances de blé?

— Est-ce que, dans les locations-fermages, lorsque le fermier s'oblige à verser au propriétaire, en guise de prix de location, soit une quantité déterminée de blé, soit une part déterminée de la récolte à une époque déterminée, cette époque, cette échéance d'une créance de blé, ce terme n'est pas quelquefois de deux mois au lieu d'être seulement, soit d'un mois, soit d'un jour?

— Est-ce que les phrases employées en pareil cas ne rappellent pas tout à fait celles que l'on rencontre dans la seconde partie de l'acte de *sankh* relative à une créance de blé, c'est-à-dire dans la partie de cet acte où le débiteur s'oblige formellement et où il précise le terme?

— Dans cette partie de l'acte de *sankh* que trouvez-vous de plus quand il s'agit de prêts de blé que quand il s'agit de prêts d'argent?

— Ces détails relatifs au lieu où le versement devra se faire, à la nature, à la qualité, à la mesure des céréales, et quelquefois à la personne compétente, à l'agent spécial qui pourra être chargé par le créancier d'en recevoir et d'en vérifier la livraison, ne se rencontrent-ils pas aussi bien dans les actes de location que dans les actes de prêts de blé?

— Prenons, en groupe, les formules correspondantes de deux actes de location qui ont un montant de fermage déterminé.

1° Dans un premier acte :

« *Que je te donne en la main de ton agent le montant du*
« *fermage de ton terrain ci-dessus* : deux mesures *cor*, ce
« qui fait les ²/₃ du triple *cor*, deux mesures *cor* en tout,
« comme redevance de ces terrains, selon la bonne mesure
« que ton agent d'affaires mesurera avec moi en froment
« pur, sans mélanges, chaque mesure *cor* étant de 29 mesures

« *onoipé*. Ces blés seront portés et soldés en ta maison de
« Djême, au terme du 30 pachons de l'an 53 qui va venir. Je
« donnerai cela : (sinon) que je te le donne avec son hémiolion
« (la moitié en plus), le mois après le mois nommé, de force
« sans délai. Le droit de l'acte de location ci-dessus est sur
« moi et sur mes enfants. »

2° Et dans un autre acte :

« Que je donne en la main de ton agent, au nom de la
« possession et de la location du champ et de *l'area* ci-dessus,
« 17 grandes mesures thébaines (*cor*), leur moitié est 8 ¹/₂ —
« 17 *cor* en tout — en froment pur, sans déchet et sans
« mélange, chaque *cor* étant de 29 *onoipé*, en la main de ton
« agent en ta maison de Thèbes, sans aucun frais, aucune
« dépense au monde, au terme de l'an 53 pharmouthi-pachons.
« Le blé de ces mesures, si je ne le donne pas, que je donne
« l'hémiolion en plus le mois après le mois indiqué, de force
« sans délai. Je ne puis dire : je t'ai donné blé, dommage-
« ment quelconque sans rachat établi. »

Joignons à ces formules celles d'une autre location payable
par une part proportionnelle dans les produits :

« En l'an 5, phaménoth-pharmouthi, que je donne en
« la main de ton agent le cinquième, pour la location et
« la possession de ton champ ci-dessus, sur totalité de biens
« quelconques ou de revenus quelconques qui sera sur ta
« part de champ ci-dessus :

« Que je te donne le cinquième de ce qui sera..... Je ne
« puis prendre un produit quelconque hors de ton champ
« ci-dessus sans t'avoir soldé ton cinquième au terme du
« 30 pharmouthi de l'an 5.

« Je ne puis te fixer un autre temps ou un autre jour après
« le temps et jour ci-dessus. Je ne puis te dire : je t'ai donné
« du blé, quoi que ce soit au monde, sans rachat établi. Je ne
« puis te dire : je t'ai fait le droit de l'écrit ci-dessus. L'écrit
« ci-dessus est en ta main. Le droit de l'écrit ci-dessus est
« sur ma tête et sur celle de mes enfants. »

Est-ce que, dans ces actes, le terme ne vous apparaît pas
avec les mêmes variations pour sa durée et la même inflexi-

bilité, la même rigueur relativement à ses effets, que dans les actes de prêt de blé, les actes du *sankh-δανειον*, dont nous vous avons parlé jusqu'ici?

— Le troisième des actes de location que je vous ai cités ne vous a-t-il pas offert cette particularité curieuse que le même terme y est indiqué avec une durée d'un mois : phaménoth-pharmouthi, lorsqu'il s'agit du versement de blé à effectuer par le débiteur et avec une durée d'un seul jour, le 30 du dernier mois, lorsqu'il s'agit du droit qu'aura le créancier d'empêcher tout enlèvement de blé par le locataire et de confisquer les produits du sol, s'il n'a pas été payé au temps voulu?

— Quant aux détails relatifs à la manière dont le versement doit s'effectuer, ne les retrouvez-vous pas, sous une forme très analogue, dans les contrats de prêts de blé?

— Qu'est-ce qui vous permettrait, par exemple, de reconnaître que les phrases suivantes, prises dans un prêt de blé actuellement à Berlin, n'ont pas été tirées d'un acte de location :

« Que je te donne tes trois grandes mesures (*cor*) sus-
« indiquées au terme du mois de pachons de l'an 4, à la fin
« de huit mois, $^2/_3$ d'année, huit mois en tout, en froment
« pur sans mélange, sans autres céréales, selon la mesure
« dont tu t'es servi pour mesurer les blés — les dits blés
« étant versés, portés et soldés en la main de ton agent —
« dans ta maison de Thèbes, sans frais ni dépense quel-
« conques, au terme du mois de pachons de l'an 4.

« Le blé de ces mesures, si je ne te le donne pas au temps
« et jour sus désignés que je te donne [1]…. le mois après le
« mois nommé, de force, sans délai. Je ne pourrai fixer autre
« temps, jour pour cela après le temps jour sus désigné. Je
« ne pourrai dire : « je t'ai donné blé, dédommagement quel-
« conque pour ces blés sans rachat établi. » Le droit de l'écrit
« ci-dessus sera sur ma tête et celle de mes enfants. »

— Ainsi, la seule différence fondamentale entre cette partie

---

1. Ici un calcul de mesures aboutissant à l'hémiolion.

de l'acte de location (la partie dans laquelle le locataire s'oblige à verser à l'échéance son prix de fermage) et la partie correspondante de l'acte de *sankh* (celle dans laquelle l'emprunteur s'oblige à payer à l'échéance le montant de sa dette), cette seule différence consiste en ce que, dans la location, le fermier a soin de rappeler que la cause de sa dette est la possession de la terre louée par lui. Pour le reste tout n'est-il pas semblable, non seulement en ce qui touche le terme, non seulement en ce qui touche la manière dont la livraison des blés dus devra s'effectuer, non seulement en ce qui touche l'hémiolion stipulé en cas de retard toutes les fois qu'il s'agit d'une dette dont le montant est déterminé, d'une *pecunia certa,* mais en ce qui touche le principe d'après lequel le débiteur s'oblige, pour lui et pour les siens, mais en ce qui touche la phrase par laquelle il s'interdit de prétendre s'être acquitté d'une façon quelconque *sans rachat établi?*

— Comment comprenez-vous ces derniers mots : « sans « rachat établi »?

— N'avons-nous pas un modèle du genre d'actes auquel ils font allusion ?

— C'est donc bien un acte et un acte écrit, notarié, acte semblable à celui par lequel Petnofrehotep cède à Amenhotep, pour une somme d'argent, le droit qu'avait créé à son profit sur ce dernier un acte de *sankh*; c'est bien un acte de ce genre, acte régulier, qui est prévu par les mots « rachat « établi »?

— N'en avons-nous pas, d'ailleurs, la preuve dans une variante à nous fournie par un acte du Vatican pour cette formule ?

— Dans cet acte où l'obligation a pour objet du blé et de l'huile la phrase : « Je ne puis dire : je t'ai donné blé ou « huile de cela *sans écrit* »; ne montre-t-elle pas, exactement comme la phrase: « Je ne puis dire : je t'ai donné blé, dédom- « magement pour les blés sans rachat établi », que le débiteur ne pouvait pas s'acquitter avant l'échéance sans un nouvel acte formel et qu'aucun témoignage n'aurait été reçu pour établir, soit l'existence d'un arrangement intervenu entre lui et le créancier, soit un paiement anticipé?

— Ne vous semble-t-il pas curieux de voir que, dans tous les détails de droit, pour tous les principes, l'acte de *sankh* est resté le type de l'obligation aussi bien quand la cause de l'obligation était un fermage que quand c'était un prêt?

— Revenons-en à l'acte que nous venons de citer et qui, maintenant conservé au Vatican, nous donne le texte d'un prêt de blé memphite. Je l'ai publié dans le premier numéro de la troisième année de la *Revue Égyptologique*.

— Vous rappelez-vous de quelle durée y était le terme?

— Ce terme de deux mois, semblable à celui que nous trouvons dans plusieurs actes de location, n'est-ce pas celui que vous trouvez également dans les autres actes de prêt memphites que j'ai cités dans le même article?

— Les prêts de blé memphites se bornent-ils à fixer le terme de l'obligation principale? N'indiquent-ils pas aussi la période dans laquelle, dans le cas où le débiteur ne se serait pas acquitté de son obligation principale à l'époque voulue, il devrait s'acquitter de l'obligation nouvelle, grossie d'une moitié en sus, qui s'y serait substituée après l'échéance?

— Est-ce qu'il y avait une sanction prévue au cas de non paiement à ce nouveau terme?

— Est-ce que l'exécution forcée en cas d'hypothèque générale, la saisie et la vente des biens du débiteur faite alors par le créancier, ou l'amende à payer au roi et les moyens de rigueur que les agents du roi mettaient en jeu à l'occasion de cette amende, sanction que vous m'indiquez ici, ne constituait pas une des parties fondamentales, la quatrième et dernière partie, des actes de *sankh*, aussi bien lorsqu'il s'agissait de prêts d'argent que lorsqu'il s'agissait de prêts de blé?

— La faculté de s'acquitter de la nouvelle dette, comprenant l'*hémiolion*, seulement après la sommation faite par le créancier et dans les deux jours qui suivraient cette sommation, n'était donc, dans les prêts memphites, qu'une faveur faite au débiteur et qui, jusqu'au bout de ce terme, le mettait à l'abri des moyens de rigueur?

— Ne trouvez-vous pas dans certains actes de prêt thébains une faveur semblable?

— Quand le débiteur s'engage à payer l'*hémiolion* dans le mois qui suivra l'expiration du terme, est-ce que le créancier pourrait employer les moyens de rigueur durant ce nouveau terme d'un mois?

— Ce nouveau terme d'un mois pour payer, après l'échéance primitive, la dette grossie d'une moitié en plus, n'est-il pas souvent accordé au débiteur dans les prêts d'argent, comme dans les prêts de blé?

— Mais lorsqu'il s'agit d'une somme d'argent à verser, ce nouveau terme durant lequel le débiteur n'est point exposé aux moyens de rigueur, ne se trouve-t-il pas souvent réduit à l'espace d'un seul jour?

— Après cela on en venait aux moyens d'exécution.

Savez-vous si ces moyens d'exécution, si les garanties de créance étaient les mêmes dans les obligations résultant d'une location que dans les actes de *sankh* proprement dits?

— Ainsi l'hypothèque générale se rencontre comme garantie de l'obligation prise par le fermier de payer le prix de sa location dans tous les actes de location?

— Après que le débiteur a dit, dans des formules déjà citées par nous : « Le droit de l'écrit ci-dessus est sur ma tête « et sur celle de mes enfants, » il ajoute : soit simplement : « Tous mes biens présents et à venir sont en garantie de toute « parole ci-dessus »; soit, avec plus de développements : « La « totalité de mes biens présents et à venir est en garantie de « toute parole ci-dessus jusqu'à ce que j'agisse en confor- « mité ». Il ajoute même souvent, dans l'acte de location comme dans l'écrit de *sankh* : « Ton agent prend puissance « pour toute parole qu'il dira avec moi au nom de toute « parole ci-dessus. Que je les accomplisse à son égard sans « aucune opposition. »

— N'êtes-vous pas frappé de voir que toutes les parties consécutives de l'acte de *sankh*, moins la première, se retrouvent dans le même ordre lorsqu'il s'agit de l'obligation contractée par un locataire?

— La première partie de l'acte de *sankh* est, disons-nous, la seule qui ne se retrouve pas dans l'acte de location. Mais pourquoi cela? Qu'est-ce au fond que cette première partie?

— Si c'est la reconnaissance d'un droit antérieur créé au profit du créancier par le versement d'une somme d'argent ou d'une quantité déterminée d'huile et de céréales, en un mot par un fait semblable au fait constitutif d'un prêt proprement dit, et si c'est en même temps une limitation du droit de ce créancier par le calcul de ce que peuvent lui donner à l'échéance le capital joint à ses intérêts légaux, est-ce que tout cela était possible dans un acte de location?

— Est-ce que l'exposé des faits de la cause, si je puis m'exprimer ainsi, ne devait pas changer de forme?

— Est-ce que le fait, base de la créance, n'était pas un fait différent?

— Est-ce qu'il pouvait s'agir de calculs d'intérêt pour une dette qui ne résultait pas du grossissement d'un capital préalablement existant?

— Ce qui remplace donc, dans les actes de location, la première partie des actes de *sankh*, c'est ce qui a trait à la possession de la propriété et à sa culture.

Mais après cela viennent successivement :

1° L'obligation formelle que prend le débiteur de s'acquitter au terme fixé (avec les détails accessoires relatifs à la manière dont il devra s'acquitter) ;

2° La clause relative à l'augmentation de la dette, d'une moitié en plus, en cas de non paiement à l'échéance (avec les détails relatifs au temps que le débiteur aura pour s'acquitter de cette nouvelle dette, remplaçant conditionnellement l'autre, avant d'être exposé aux moyens de rigueur) ;

3° L'indication des garanties attachée à la dette, en assurant l'exécution forcée (avec les détails relatifs à cette exécution forcée et à l'agent que le créancier pourra charger de la poursuivre).

Cet emprunt de toutes les parties essentielles de l'acte de *sankh*, de tous ses principes, dans un acte aussi différent par sa nature et son origine, ne vous paraît-il pas prouver qu'en

Égypte l'acte de *sankh* jouait un rôle aussi important que la stipulation à Rome, sous le régime pur de la loi des XII Tables?

— Quelles étaient les deux formes d'actes les seules en usage dans le droit quiritaire, les deux formes d'actes propres à ce droit?

— Les obligations, quelles que fussent, d'ailleurs, leur nature et leurs causes, n'y pouvaient-elles pas revêtir alors la forme de stipulation, comme les cessions de possessions immédiates la forme de mancipation?

— En ce qui touche la vente, par exemple, si la cession s'effectuait de suite, on se servait d'une mancipation. Mais si l'acheteur ne devait recevoir l'objet qu'à une date déterminée, s'il s'agissait d'une vente à terme, la mancipation n'était plus possible et n'était-ce pas alors à la stipulation qu'on avait recours?

— En droit égyptien, l'acte de *sankh* n'a-t-il pas également servi pour de véritables ventes à termes, des ventes de blé, par exemple?

— N'est-ce pas, en réalité, d'une vente à terme qu'il s'agit quand, dans un acte de Leide daté de l'an 43 d'Évergète II, un employé du temple de Djème, Patma, fils de Snachomneus, s'engage envers la femme Chachpéri, fille d'Amenhotep, qui, pas plus que lui, n'est cultivateur, par un acte de *sankh* dont la première partie est ainsi conçue :

« Tu as action sur moi pour 4 grandes mesures de blé (*cor*) « et demie, ou en argent 200 argenteus, au nom de l'argent « des blés que tu m'as donné. »

— La cause de l'obligation n'est-elle pas nettement indiquée par ces mots : « au nom de l'argent des blés », des argenteus les représentant, de leur prix, prix que Chachpéri avait versé d'avance à Patma?

— Ne savons-nous pas, par un document grec du Musée du Louvre, rapproché de beaucoup d'autres documents démotiques de la même famille, que Chachpéri et ses enfants, bien qu'appartenant à une famille de choachytes, c'est-à-dire de prêtres inférieurs chargés des rites funéraires, faisaient le commerce de blé?

— Le blé qu'elle vendait, par exemple, pour la nourriture des soldats, n'était pas produit par elle-même. Ne fallait-il pas qu'elle s'en procurât au moyen d'achats pour en revendre?

— Dans l'acte de *sankh*, dont nous venons de citer le commencement, comment expliquer que l'obligation soit alternative, puisque Patma dit à Chachpéri : « Tu as action sur « moi pour 4 mesures et demie de blé ou en argent pour « 200 argenteus? »

— Vous pensez donc, n'est-ce pas, que Patma, qui n'était pas cultivateur, ne voulait pas courir les risques d'une hausse trop forte du blé en cette année et qu'il se réservait de rendre, intérêts compris, l'argent reçu, s'il n'avait pas pu, au moment des marchés qui suivraient la récolte, se procurer au prix indiqué la quantité de blé en question?

— Dans cette obligation alternative de blé ou d'argent, le terme est-il le même pour le blé et l'argent?

— Il y a donc une distance de deux mois entre le terme fixé pour le paiement en blé et le terme fixé pour le paiement en argent, le premier terme étant au mois de pharmouthi et le second au mois de payni. Et pourtant n'est-il pas d'abord exclusivement question de ce dernier terme dans la phrase par laquelle le débiteur s'oblige?

— Comment expliquez-vous la contradiction apparente entre cette première phrase de la seconde partie de l'acte de *sankh* : « Que je te donne ces 4 grandes mesures et demie « de blé ou ces 200 argenteus au terme du mois de payni de « l'an 44, » et ce qui suit : « Le détail est : les blés au mois « de pharmonthi de l'an 44, les argenteus en pachons »?

— Vous considérez donc ici l'obligation comme calculée surtout par rapport à l'argent, de la même manière que s'il s'agissait d'un prêt ordinaire qui serait payable au mois de payni avec les intérêts compris? Il est, en effet, très probable que, dans la réalité des choses, Patma avait besoin d'argent quand il reçut de Chachpéri l'argent qu'il promettait de payer soit en nature de blé, soit en nature d'argent. Mais à propos de quoi la fixation d'un terme précis dans l'obligation était-elle aussi importante?

— N'avons-nous pas vu déjà précédemment que quand le terme avait une certaine durée, une durée de deux mois, par exemple, le calcul des intérêts légaux et le moment de la novation par la substitution à l'ancienne créance d'une nouvelle créance grossie de l'*hémiolion*, d'une moitié en sus, étaient exactement les mêmes que si le terme n'avait eu qu'une durée d'un jour et que s'il eût été fixé au dernier jour de la période pendant laquelle le débiteur pouvait valablement payer la dette primitive?

— Puisque c'était là un principe général en droit égyptien ne devait-il pas sembler naturel d'appliquer le même principe à l'obligation alternative, quand l'alternative était créée dans l'intérêt du débiteur, comme le prolongement d'un terme ordinaire?

— Mais n'était-il pas bon d'indiquer, tout d'abord, d'une manière expresse, le terme auquel se rapportait, soit le calcul de l'intérêt, soit la clause pénale de l'*hémiolion*, pour que l'acte eut le caractère de sincérité absolue et de clarté exigé toujours dans les contrats égyptiens?

— Est-ce par rapport au blé ou est-ce par rapport à l'argent qu'est calculé plus loin le montant de la créance conditionnelle qui devrait résulter de l'adjonction de la moitié en plus à la créance primitive en cas de non paiement de celle-ci à l'échéance?

— Si la nouvelle créance ne doit plus être alternative, mais être une créance d'argent payable en argent par le versement de 300 argenteus, pourquoi donc les blés sont-ils toujours d'abord en nom dans l'obligation alternative de la première partie de l'acte?

— Pourquoi est-il dit, immédiatement avant la fixation de l'*hémiolion*, à propos des 200 argenteus payables en payni, que ces 200 argenteus seront versés pour l'argent (pour le prix de ces blés)?

— Et un peu plus loin à propos des 300 argenteus, qui constitueraient la dette grossie par l'adjonction de l'*hémiolion*, que ce sont des argenteus de rachat?

— Dans un droit logique ces formules ne découlaient-elles

pas tout naturellement de l'indication contenue dans la première partie de l'acte de *sankh*, indication d'après laquelle la cause de cet acte de *sankh* était une somme versée pour prix d'une quantité de blé?

— N'est-ce pas une preuve bien frappante de l'emploi fréquent des actes de *sankh* dans les ventes à terme que de voir toutes les formules de l'acte de *sankh* s'appliquer ainsi à l'idée première d'une vente à terme, alors même qu'en réalité il s'agit plutôt d'un prêt d'argent, motivé par un besoin d'argent et pour lequel la vente à terme ne figure qu'à titre de faculté laissée au débiteur dans son intérêt propre?

— Les ventes à terme qui servaient de bases à des actes de *sankh* en Égypte, pourraient-elles être assimilées à de simples promesses de vente sans commencement d'exécution?

— Est-ce que le prix n'était pas payé ou censé payé dans les actes de *sankh* semblables à celui que nous venons de citer, comme il était payé ou censé payé dans la vente immédiate effectuée par la mancipation égyptienne, par l'écrit pour argent?

— A quel principe général, également applicable à tous les genres d'actes de *sankh*, se rattachait cette nécessité de paiement préalable pour motiver l'engagement de livrer à une époque déterminée une quantité déterminée de céréales, par exemple?

— Est-ce que ce principe d'après lequel, en droit égyptien, les obligations contractées doivent avoir une cause indiquée dans l'acte, n'est pas aussi, au fond, le principe qui domine dans la mancipation égyptienne?

— En était-il de même pour la stipulation romaine?

— Quand les jurisconsultes romains disaient que la stipulation était une obligation *verbis*, n'était-ce pas surtout par opposition aux obligations *re* qui se basaient sur un fait matériel? N'était-ce pas pour dire que la formule une fois prononcée suffisait pour obliger même celui qui n'aurait pas eu d'autre cause d'obligation?

— N'est-ce pas très tard qu'en droit romain on est venu à annuler des stipulations *sine causa*?

— S'il fallait un fait matériel pour motiver un acte de *sankh*, ce fait ne se rencontrait-il pas tout aussi bien dans une vente de blé avec livraison immédiate et paiement différé que dans une vente de blé avec paiement immédiat et livraison différée?

— N'avons-nous pas, dans un papyrus grec, le rappel d'un acte égyptien, d'un acte de *sankh*, désigné en grec sous le nom de δάνειον, prêt, et qui a trait, en réalité, à une de ces ventes de blé avec livraison immédiate et terme donné pour le paiement?

— Est-ce que, dans cet acte, où les fournisseurs des soldats d'une garnison s'étaient engagés, suivant les formes d'un δάνειον égyptien, pour 6 talents 4 mille drachmes, prix des mesures de blé achetées par eux au moment de l'acte, c'est-à-dire au mois de paophi, et versées alors entre leurs mains par celle qui devenait leur créancière, où ils s'étaient engagés à verser cette somme au mois de pharmouthi de la même année et sinon à payer leur dette grossie de l'*hémiolion* au mois suivant, c'est-à-dire au mois de pachons, est-ce qu'un tel acte pourrait être regardé comme un prêt ordinaire, malgré ce mot δάνειον?

— N'est-il pas, d'ailleurs, également question, dans ce même papyrus grec, d'autres actes semblables qui avaient abouti à un paiement du prix du blé, fait sans délai au terme fixé, tandis que celui-là motivait un recours au juge?

— Le recours au juge, en effet, n'était-il pas la suprême ressource, malgré l'hypothèque générale, le droit de saisie directe donné au créancier par les formules ordinaires de l'acte de *sankh*, quand le débiteur n'avait pas de biens au soleil, ce qui était probablement le cas pour ces débiteurs militaires?

— Dans un autre papyrus grec, également au Musée du Louvre, ne voyons-nous pas la πράξις, l'exécution immédiate et forcée, être remplacée par une novation acceptée par les deux parties et effectuée devant le juge du marché, l'agoranome, sorte de juge de paix grec établi par les Ptolémées pour les arrangements à l'amiable?

— Dans l'acte égyptien que vise et rappelle cette novation,

rédigée elle-même à la grecque suivant les formes usitées devant l'agoranome, n'était-ce pas du blé qu'il y avait à livrer, soit qu'il s'agit en réalité d'un prêt de blé, soit qu'il s'agit d'une vente à terme conclue sous forme de δάνειον?

— Comme dans l'acte précédent le terme ne s'était-il pas écoulé sans que le versement s'effectuât, ce qui tenait peut-être à ce que, dans l'intervalle, le créancier et le débiteur étaient morts tous les deux?

— Dans la novation qui intervient entre leurs enfants ne fait-on pas entrer en compte, malgré cette circonstance, l'accroissement de la dette par l'adjonction de la moitié en plus, accroissement résultant tout naturellement, sans mise en demeure, de ce seul fait que l'échéance était passée sans que le paiement s'effectuât?

— N'était-il pas également tenu compte des intérêts écoulés depuis lors?

— La nouvelle créance ainsi constituée n'est-elle pas réglée tout à fait à l'égyptienne, si je puis m'exprimer ainsi, en ce qui touchait le fonds des choses, malgré les différences de formules dues à ce que le contrat passé devant l'agoranome et inséré par lui dans ses procès-verbaux, *in actis,* était forcément rédigé à la mode grecque?

— En quoi surtout diffère une rédaction grecque d'une rédaction égyptienne, aussi bien pour un acte de prêt que pour un acte de vente?

— Est-ce que les Grecs donnent à leurs contrats une forme unilatérale?

— Est-ce qu'ils font parler à la première personne une des deux parties et elle seule?

— Est-ce que tout n'y est pas basé sur le consentement réciproque et rédigé comme un procès-verbal dressé par un tiers pour constater ce consentement réciproque?

— En un mot, si nous employons les définitions dont se servaient les jurisconsultes romains de la grande époque, ne devrions-nous pas dire que les actes grecs paraissent être exclusivement formés *consensu,* à la différence des actes qui seraient constitués par quoi?

— Ainsi les actes égyptiens seraient constitués à la fois *re* et *verbis*, par la chose même, par le fait, en même temps que par les formules — ce en quoi ils diffèrent aussi de la stipulation romaine qui est constituée par quoi ?

— Pensez-vous qu'en faisant résulter le lien de droit, dans cette stipulation, évidemment imitée d'ailleurs du droit égyptien, exclusivement des paroles prononcées, des formules consacrées, les Romains aient ainsi amélioré la théorie du *sankh* égyptien, qu'ils simplifiaient en apparence ?

— Est-ce que tout ce que nous avons dit relativement aux prêts de blé, à leurs termes, aux effets de ce terme, etc., ne s'applique pas également à d'autres objets qui s'évaluent également à la mesure, comme l'huile, par exemple ?

— Ne vous rappelez-vous pas d'ailleurs que, d'après Gaius, dans le vieux droit romain on nommait aussi bien *pecunia certa* ces blés, ces huiles, etc., qui s'évaluaient à la mesure, que l'argent même, qui s'évaluait à la quantité ou au poids ?

— Dans les créances mixtes, à la fois de blé et d'huile, n'avez-vous pas pourtant une remarque à faire relativement à l'époque fixée pour la livraison en nature ?

— Est-ce que la différence de l'époque des récoltes pour le blé et pour l'huile n'avait pas dû naturellement conduire à une différence dans les termes pour ces deux substances ?

— En ce cas, comment procédait-on relativement à l'*hémiolion* qui résulterait du non paiement à l'échéance ?

— Lorsque, comme dans un acte memphite, les blés pouvaient être versés durant une période de deux mois, tandis que l'huile ne devait être versée que plus tard dans le terme d'un mois différent, procédait-on, comme dans l'obligation alternative payable soit en nature de blé à un premier terme, soit en nature d'argent, à un autre terme ?

— Est-ce qu'il y aurait eu en équité une raison quelconque pour ne tenir compte que du dernier terme, alors qu'il s'agissait en réalité, comme dans cet acte, d'une vente à terme de blé et d'huile ?

— Pour être mentionnées dans un seul et même acte, ces deux ventes n'étaient-elles pas parfaitement distinctes ?

— Le terme de chacune des livraisons ne devait-il pas être pris à part et considéré isolément en ce qui touchait l'hémiolion, comme en ce qui touchait les autres calculs?

— Le notaire égyptien d'ailleurs n'a-t-il pas nettement indiqué l'application de ces principes d'équité et de droit en faisant dire au débiteur, relativement au blé, après cette phrase : « Les blés purs, sans mélange, rendus, conduits et soldés en « ta maison de l'Anubeium, selon la mesure entière du dro- « mos d'Anubis, en mesures combles, sans frais ni dépense », l'incise suivante : « Ne reçois pour ces choses ni compte, ni « parole quelconque jusqu'au mois de payni de l'an 9 », puis, par rapport aux huiles, après la phrase : « Que je te solde « les huiles de tekem (*xixi*) ci-dessus, en huile pure, sans « mélange de mauvais liquide, sans que je les délaie par « aucun mauvais liquide au monde, les dites huiles soldées « en ta maison, dans le Sérapeum, sans frais, ni dépense », cette incise parallèle : « Ne reçois aucun compte ni aucune « parole à ce sujet jusqu'au mois d'epiphi de l'an 9 »?

— Chaque terme ne se trouvait-il pas de la sorte bien mieux isolé que si l'on s'était borné à dire : « Je te paierai les blés en payni-phamenoth et les huiles en epiphi »?

— La distinction des termes fixés pour la livraison des blés et de l'huile ne se retrouve-t-elle pas, d'ailleurs, comme étant de la nature des choses dans des actes de créance qui ne sont plus motivés par une livraison matérielle comme dans un prêt ou dans une vente, mais par un devoir familial comme celui de nourrir sa mère, etc., genre d'actes que nous devons examiner à part?

QUESTIONNAIRE RESTREINT [1]

— Dans les actes de *sankh*, de créance relatifs à la livraison d'une quantité déterminée de blé à une époque déter-

---

1. Ainsi que je l'ai dit plus haut, j'ai cru utile de joindre le questionnaire restreint au questionnaire développé pour donner une idée de ma méthode d'enseignement avec mes élèves.

minée, ne retrouvez-vous pas les mêmes éléments constitutifs que dans les actes de créance de *sankh* relatifs au versement d'une somme d'argent déterminée à une époque déterminée ?

— La première partie, reconnaissance de la dette, qu'indique-t-elle ?

— Est-ce que chacune de ces deux indications : le *montant* de la dette à payer à l'échance et *la cause* de cette dette, sont indispensables dans l'acte de *sankh* ?

— En ce qui touche la cause de la dette, pourquoi est-il indispensable de la faire connaître ?

— Est-ce que l'Égyptien n'aurait pas pu valablement s'obliger sans cause par l'acte de *sankh*, comme le Romain pouvait, sous le régime de la loi des XII Tables, s'obliger sans cause par la stipulation, ce qui faisait dire aux jurisconsultes romains que dans cette stipulation l'obligation en était formée *verbis* ?

— Quant au montant, à quoi servait de le calculer d'avance, aussi bien quand il s'agissait de blé à verser que d'argent, relativement au dernier jour de l'échéance ?

— N'était-ce pas ce chiffre ainsi fixé et comprenant les intérêts jusqu'à ce jour qu'il fallait augmenter de moitié en cas de non paiement à l'échéance ?

— Venons-en à la seconde partie de l'acte de *sankh* dans les prêts de blé, celle de l'engagement pris par le débiteur de s'acquitter au terme.

— Que remarquez-vous dans les prêts ou créances de blé relativement au terme ?

— Est-ce que ce terme, c'est-à-dire l'époque durant laquelle le débiteur pourra s'acquitter en versant ce qui a été indiqué d'abord dans la première partie de l'acte, n'est pas quelquefois d'une durée plus longue lorsqu'il s'agit de blé que lorsqu'il s'agit d'argent ?

— Est-ce qu'il n'y a pas pour cela une raison toute naturelle expliquant cet allongement jusqu'à une durée de deux mois ?

— A qui cet allongement (motivé par les causes de retard dans la récolte, le battage, le transport, etc.), devait-il profiter ?

— Puisqu'il devait profiter seulement au débiteur, n'était-il pas juste que l'on procédât dans les calculs des intérêts comme si le terme n'avait eu qu'un jour de durée, le jour de son expiration?

— Que trouvez-vous encore, dans cette seconde partie des actes de créance de blé, qui soit à remarquer en plus que ce nous avons vu dans les actes de créance d'argent?

— Les détails relatifs au lieu où le versement s'effectuerait, à la nature des céréales, à la mesure dont on se servirait, à l'agent du créancier qui pourrait être chargé de recevoir et de vérifier la livraison, tous ces détails ne se retrouvent-ils pas également dans des actes babyloniens qui n'ont aucune analogie de forme avec les actes égyptiens de *sankh?*

— Ne peut-on donc pas les considérer comme un développement surajouté, accessoire et non essentiel de cet acte de *sankh?*

— Quant à la troisième partie de l'acte de *sankh*, celle dans laquelle il s'oblige à payer la moitié en plus s'il laisse passer l'échéance sans s'être acquitté, n'est-elle pas tout à fait semblable dans les créances de blé et dans celles d'argent?

— N'en est-il pas encore de même pour la quatrième partie de l'acte de *sankh*, partie relative aux garanties qui assurent au créancier l'exécution par des moyens de rigueur de l'acte non exécuté volontairement par son débiteur?

— Dans les actes de location ne retrouvons-nous pas les trois dernières parties de l'acte de *sankh*, telles que nous venons de les voir dans les créances de blé, et cela alors qu'il s'agit de l'engagement que le fermier prend de payer sa redevance à une époque déterminée?

— Qu'est-ce qui tient, dans la location, par rapport à cet engagement, la place de la première partie de l'acte de *sankh?*

— Ainsi, les détails relatifs à la *possession* du terrain, à sa *situation,* à sa *culture,* etc., jouent, par rapport à l'engagement pris par le fermier, le rôle de cause?

— Quant à la fixation du montant de la dette, vous semble-t-il qu'en l'absence de tout capital préalable et de tout calcul d'intérêts, elle pouvait avoir besoin d'être mise en vedette dès le début de l'acte, avant l'engagement pris par le fermier de la payer à l'échéance?

— Ne vous semble-t-il pas que sauf ces différences, voulues par la nature des choses, l'acte de *sankh*, de prêt-créance, de δανειον, a servi de type pour l'engagement pris par le fermier dans l'acte de location, engagement régi dans tous ses détails par les mêmes principes de droit?

— L'acte de *sankh* n'était-il pas employé, d'ailleurs, pour des ventes de céréales dans lesquells le paiement intervenait de suite, tandis que la livraison des céréales vendues ne devait avoir lieu qu'à terme à une époque fixe plus ou moins éloignée?

— Ne l'employait-on pas également dans le cas inverse, c'est-à-dire dans des ventes de céréales livrées de suite, mais dont le prix était payable seulement à terme, à une époque fixe, déterminée, portée dans l'acte?

—. Est-ce que, dans ces cas, on n'appliquait pas absolument les mêmes principes que lorsqu'il s'agissait de prêts proprement dits?

— Est-ce que les intérêts n'étaient pas calculés relativement à l'échéance, c'est-à-dire à son dernier jour?

— Est-ce qu'à partir du lendemain la dette, en cas de non paiement, ne se trouvait pas grossie d'une moitié en sus par ce fait même?

— Est-ce qu'on ne stipulait pas les mêmes garanties en vue de l'exécution forcée?

— L'acte de *sankh*-δανειον, prêt-créance, était donc bien à peu près, n'est-ce pas, d'un aussi grand usage dans le droit égyptien que la stipulation dans le droit romain des XII Tables?

C'était le type des opérations faites à terme, comme l'écrit pour argent et l'acte de cession étaient les types des opérations terminées de suite.

SEPTIÈME MEMENTO

———

QUESTIONNAIRE RESTREINT [1]

Dans la quatrième partie de l'acte de *sankh*, partie relative aux garanties et à l'exécution forcée, le débiteur ne prend-il pas soin de dire d'ordinaire que cette obligation portera non seulement sur lui, mais sur ses enfants?

— Relativement au créancier trouve-t-on quelque phrase analogue à cette phrase mise dans la bouche du débiteur : « Le droit de cet écrit est sur ma tête et sur celles de mes enfants »?

— Pourquoi semble-t-il superflu de dire que les enfants du créancier hériteraient de sa créance après sa mort?

— Si vous jugez que c'était là un principe de droit qui n'avait pas besoin d'être inscrit dans l'acte, comment expliquez-vous que le débiteur devait exprimer en ce qui le touchait un principe tout à fait parallèle?

— C'est donc par suite de cette règle que, pour plus de sincérité, l'acte devait formellement énoncer toutes les conséquences possibles de l'engagement pris par le débiteur pour qu'en connaissant d'avance toute l'étendue il en fixât lui-même les limites; c'est en vertu de cette règle que le débiteur déclarait obliger toute sa famille par l'obligation qu'il prenait?

— Cela n'établit-il pas, d'ailleurs, même durant la vie du

---

1. Je ne retrouve plus sous la main mon septième memento développé et je me borne ici au restreint.

père, une solidarité plus grande entre les membres de la famille ?

— N'est-ce pas, du moins en partie, en qualité de chef de famille, de représentant légal, à titre de κυριος, de toute cette famille, qu'il oblige ainsi formellement ses enfants en même temps que lui-même ?

— Suivant le principe général de l'égalité des deux sexes ne voit-on pas, dans un contrat de Leide que nous avons eu à examiner précédemment à d'autres points de vue, la femme intervenir en qualité de chef de famille, si je puis m'exprimer ainsi, pour donner reçu de la somme versée comme prix de blé entre les mains de son mari et s'obliger solidairement en vertu de ce versement, elle et ses enfants ?

— Dans ce cas, ce n'est pas le mari dans l'acte principal, mais c'est elle dans l'acte surajouté qui dit : « Le droit de l'écrit ci-dessus est sur nous et sur nos enfants ». Ne vous semble-t-il pas que dans ce ménage le mari ne devait jouer qu'un rôle bien secondaire, tandis que la femme dirigeait tout et jouait le rôle important, comme dans ces maisons où le mari avait cédé, de son vivant, tout ce qu'il possédait à sa femme et à leurs enfants ?

— Ce qui semble, d'ailleurs, indiquer qu'il en était ainsi et que tous les immeubles appartenaient à la femme, c'est que c'est elle et elle seule qui, d'une manière formelle, donne à la créancière hypothèque générale sur tous les biens de la famille.

— C'est elle également et elle seule qui dit à cette créancière : « Ton agent prend puissance pour toutes paroles qu'il dira avec nous au nom de toute parole ci-dessus pour que nous les accomplissions à son égard en tout temps. »

— Est-ce que cette formule se rattachait par un lien quelconque avec la formule relative à l'hypothèque générale ?

— C'était donc par ces mots que la femme donnait à un étranger, à cet agent du créancier, le droit de saisir directement les biens qu'elle avait hypothéqués, le droit de πραξις sur ces biens, pour le cas où les termes se seraient écoulés sans que les obligations résultant de cet acte eussent été remplies ?

— C'est pour cela, n'est-ce pas, qu'il vous paraît tout naturel de placer dans la même bouche la clause conférant l'hypothèque et la clause relative à la mise en pratique de cette hypothèque par un étranger?

— Cet étranger, l'agent, le *ret* du créancier, n'avait-il pas d'ailleurs été mentionné par le mari lui-même dans la seconde partie de l'acte principal à propos de la manière dont le versement du blé pourrait s'effectuer à l'échéance?

— Cet agent, ce *ret* du créancier, simplement désigné comme tel, ne vous semble-t-il pas dans ces deux cas jouer, par rapport au créancier, le rôle de ce que nous nommons un mandataire?

— Est-ce que le rôle des mandataires était, d'une façon générale, comparable en droit égyptien à ce qu'il était en droit romain de la dernière époque, à ce qu'il avait été dans le droit chaldéen de la plus grande époque du temps de Nabuchodonosor le Grand, etc.?

— En droit babylonien un mandataire pouvait agir au nom d'autrui, se porter fort au nom d'autrui, opérer une novation au nom d'autrui. Il pouvait même vendre pour autrui, acheter pour autrui, s'obliger pour autrui, etc. Le pouvait-il en droit égyptien?

— La nécessité de parler soi-même pour s'obliger et de s'obliger pour soi-même souffre-t-elle, en droit égyptien, d'autres exceptions que les exceptions familiales?

— Il n'y avait donc point, en droit égyptien, pour le débiteur, d'autres mandataires possibles que ceux qui étaient investis d'un mandat légal et d'autres répondants possibles que ceux qui formaient avec lui une même maison?

— Passons au créancier.

Nous voyons qu'on prévoit pour lui un représentant, un mandataire. Mais quels seront les droits de ce mandataire?

— Pourrait-il créer un droit indépendant de celui que le débiteur donnait à ce créancier dans l'acte, au profit de ce créancier?

— Son rôle ne se borne-t-il pas, lors de l'échéance, à recevoir et à vérifier le versement, puis plus tard, si cette échéance s'est passée sans paiement, à choisir dans les biens du débiteur les gages qu'il fera vendre de préférence pour rembourser le créancier et tout au plus à accorder de nouveaux délais au débiteur pour recevoir le montant de la dette avec l'*hémiolion* et les intérêts calculés à partir du terme ?

— Toute limitée qu'elle l'est ainsi, cette représentation possible du créancier, tandis que personne ne peut tenir la place du débiteur, ne vous paraît-elle pas avoir des analogies très frappantes avec le principe adopté très tôt par les Romains et d'après lequel le fils de la famille et l'esclave représentaient la personne du père ou du maître quand il s'agissait d'acquérir pour lui, de recevoir pour lui, de faire quelque chose à son bénéfice, de l'enrichir en un mot, tandis qu'ils ne représentaient plus à aucun degré cette personne quand il s'agissait d'engager ce même père ou ce même maître, de verser de l'argent pour lui, de l'obliger ou de l'appauvrir en quoi que ce fût ?

— Sous le régime de la loi des XII Tables le mandat ordinaire, le mandat d'un étranger, existait-il déjà en principe en droit romain ?

— Ne se rattache-t-il pas à cette seconde couche de droit, d'origine babylonienne, qui fut empruntée beaucoup plus tard par les Romains, tandis que la première couche, la couche de la loi des XII Tables, était d'origine égyptienne ?

— A quoi se rattache, en droit babylonien, toute la théorie du mandat, de la représentation d'un homme par un autre ?

— N'est-ce point aux besoins du commerce, à la théorie du capital personnifié, mais ayant besoin d'une personne qui parle pour lui, quelle que soit d'ailleurs cette personne qui s'y associe ?

— N'avons nous pas vu que l'organisation du pécule servile, celle des sociétés de tout genre, pour l'ensemble des biens, pour un commerce, pour une affaire, celle du système des garanties personnelles, des cautions qui interviennent sans cesse dans les actes babyloniens pour toutes les circonstances possibles — et celle du mandat dont les applications sont au moins aussi nombreuses, aussi savantes sous le règne de Nabuchodonosor à Babylone que sous celle de la famille phénicienne dans l'empire romain; n'avons-nous pas vu, dis-je, que tout cela se rattache à la vieille formule chaldéenne qui personnifie un capital en en faisant l'équivalent d'une tête d'esclave, par exemple?

— N'est-ce pas là aussi l'origine du développement extraordinaire qu'a pris le commerce en Babylonie?

— Mais le principe n'était-il pas, d'après la morale égyptienne, que chacun devait toujours répondre par lui-même de ses propres actes?

Le Puy-en-Velay. — Imprimerie R. MARCHESSOU, boulevard Carnot, 23.